刘仁增 著

梦山书系

语用

开启语文教学新门

海峡出版发行集团 | 福建教育出版社

梦 山 书 系

"梦山"位于福州城西，与西湖书院、林则徐读书处"桂斋"连襟相依，梦山沉稳、西湖灵动、桂斋儒雅。梦山集山水之气韵，得人文之雅操。福建教育出版社正坐落于西湖之畔、梦山之下，集五十余年梓行之内蕴，以"立足教育、服务社会、开智启蒙、惠泽生命"为宗旨，将教育类读物出版作为肩上重任之一，教育类读物自具一格，理论读物品韵秀出，教师专业成长读物春风化雨。

"梦"是理想、是希望，所谓"梦想成真"；"山"是丰碑，是名山事业。"积土成山，风雨兴焉"，我们希望通过点点滴滴的辛勤积累，能矗起教育的高山；希望有志于教育的专家、学者能鼓荡起教育改革的风雨。

"梦山书系"力图集教育研究之菁华，成就教育的名山事业之梦。

目 录

前　言　语用教学：内涵、原理与实施/1
绪　论　语文教学的语用观/1
　一、语义理解、语法知识是百年语文教学的基本形态/1
　二、语文教学的实质是语用教学/3

第一章　语用教学的创建/8
第一节　内涵界定/8
　一、概念定义/8
　二、核心词说明/8
　三、内涵阐释/10
第二节　原理概说/12
　一、语用教学的内在机理/12
　二、语用教学的原理解说/15
　三、语用教学的基本模型/16
第三节　价值辨析/20
　一、认识论价值：确立语文教学新的核心价值观/20
　二、方法论价值：构建语文课堂新的教学方式/27
第四节　形态特征/32
　一、语用教学与其他教学的差异/32

二、语用课堂的特征描述/ 36

第二章　语用课堂的实施/ 46

第一节　教学策划/ 46

一、课文细读的精准到位/ 46

二、教学价值的精心确定/ 59

三、教学内容的精当选择/ 64

四、"教""学"活动的精妙安排/ 69

第二节　教学策略/ 78

一、切入点的捕捉/ 78

二、教学点的展开/ 86

三、语言点的拓深/ 91

四、高潮点的掀起/ 97

第三节　教学范式/ 101

一、凸显目标指向的教学范式/ 101

二、彰显设计特色的教学范式/ 104

第四节　教学设计/ 112

一、字词语用设计/ 112

二、句子语用设计/ 118

三、语段语用设计/ 120

四、篇章语用设计/ 122

第五节　教学课型/ 129

一、读写策略指导课/ 129

二、阅读感悟交流课/ 131

三、读写结合迁移课/ 133

四、品词析句欣赏课/ 135

五、口语表达练习课/ 138

六、写法发现导引课/ 140

　　七、朗读领悟训练课/ 142

第三章　语用课例的呈现/ 145

第一节　不同文体的教学示例/ 145

　　一、小说类文体的教学/ 145

　　二、散文类文体的教学/ 157

　　三、诗歌类文体的教学/ 176

　　四、童话类文体的教学/ 198

　　五、纪实类文体的教学/ 217

　　六、寓言类文体的教学/ 239

　　七、说明类文体的教学/ 249

　　八、神话类文体的教学/ 263

第二节　其他内容的教学例举/ 277

　　一、《语文园地》《回顾·拓展》教学/ 277

　　二、口语交际教学/ 290

附录：语用教例的多维审视/ 298

　　一、语用理念评述/ 298

　　二、语用策略赏析/ 304

余论　语用教学的现实困境/ 314

　　一、知识困境：用以指导学生语用实践活动的有效知识大量缺席/ 314

　　二、认识困境：语文教学走入了思维误区和实践盲区/ 315

　　三、转化困境：学难以致用/ 316

后记　一路走来一路歌/ 321

参考文献/ 326

前 言

语用教学：内涵、原理与实施

长期以来，小学语文教学的低效一直困扰着小学语文界。究其因，可能纷繁复杂，但从根本上说，主要是至今尚未完全解决两个问题：一是语文为何？二是语文何为？前者属于对语文学科本质认识的宏观范畴，直接影响小学语文教学的定位和走势；后者关乎语文课堂如何实施的微观层面，左右着小学语文课堂教学行为的正确与否。只有宏观认识到位，微观操作得法，小学语文教学才能走出困境，才能取得令人满意的效果。

"语文为何"是个语文本体论问题，其实也是语文课程的性质问题。当下，你随便问一个语文教师这一问题，答案不难脱口而出："学习语言文字运用。"因为，课程标准（这里指《义务教育语文课程标准》2011年版，下文中亦会简称为"课标"或"新课标"）明明白白写着呢。但是，如果你以为语文教学从此可以万事大吉，那就过于天真了。由于课程标准对语文学科性质只是一句简洁的表述，并没有作具体的解释和说明，加上长期以来没有专家学者对这个问题进行深入的研究，许多教师对这个问题没有进行深入的思考，对其本意和精髓自然缺乏准确把握，语文教学误入歧途的现象已见端倪。

有些教师说，新课标只提"运用"不提"理解"，意味着"运用"远比"理解"重要，有"运用"的课堂就是好的课堂，至于"理解"当然可有可无，无关痛痒。于是，教学就干脆跳过文意理解的环节，不管学生对语言内容和表达妙处是否理解、领会，直奔言语迁移就好。众所周知，理解是运用的基础，没有语言理解，何来正确运用？其结果是，处在不明就里状态下的学生，或者茫然不知、面面相觑，或者只言片语、言不由衷。"理解"不到位，"运用"也不扎实，"理解"和"运用"两败俱伤，语文教学也走向了排斥"理解"只重"运用"的极端。

有些教师一说到"学习语言文字运用"，脑子想的就是读写结合、课堂小练笔。于是乎，不论课文中是否存在适合读写结合的内容，总要安排学生写一写，好像不写，就不能体现"学习语言文字运用"的课程理念。这样的教学行为暴露了教师以为教材中有什么，就要立竿见影地练什么的思想。其实，"写"是一种运用，"说"也是一种运用，"听"和"读"还是一种运用。"语言文字运用"应涵盖语言文字的"理解"和"表达"两个层面。落实"学习语言文字运用"，未必都要"写一写"，听、说、读、写，都应该属于"语言文字运用"的范畴。

有些教师认为，"学习语言文字运用"就是理解语文知识、关注语言形式。当学生掌握了课文运用了什么修辞手法或描写方法之后，教学就"完美"收官，这在当下的语文课堂并不鲜见。它以读懂和领会为目标定位，以理解和掌握为教学归宿，关注的是"这句话写了什么、表达什么感情"之类的内容意义，满足于"这句话怎么写、说明了什么"之类的概念获取。至于隐藏于语言文字之间的情感、形象、意味、韵律，则熟视无睹，属于典型的以"知道"、"理解"为特征的教学，语言学习陷入了把"怎样写"、"如何言说"概念化的泥潭。学生获得的只能是干巴巴的知识和概念，无益于语文素养的提升。

也有教师剑走偏锋，觉得"学习语言文字运用"就是要以写作、表达为本位。阅读教学当然要指向写作，这是毫无疑义的。因为，提高学生习作能力的途径之一，就是要通过阅读课，从课文中汲取写作的营养，习得写作的方法。但是，除此之外，阅读教学还肩负着培养学生理解、感受语言的任务，尤其要强调有效的阅读策略的指导与迁移，从而帮助学生提高阅读能力。倘若把"学习语言文字运用"视为以写作为本位，势必窄化"语言文字运用"的内涵，对学生语文综合素养的提升有百害而无一利。

看来，准确把握"学习语言文字运用"的内涵与真义多么重要又并非易事。试想，连这样一个关系到语文教学"性命攸关"的终极性命题都没有得到正确理解、准确阐释，语文教学不南辕北辙才怪呢！

这只是事情的一个方面。事情的另一方面是，即便正确理解了，也并不意味着在实践层面上就能有效落实。道理很简单，纵观百年语文教育史，尽管语言训练在每一个历史时期都或多或少地存在着，但基本上属于附庸地位，以语义学、语法学、语形学为核心的语文教学观始终主导、统治着语文课堂。在此教育思想指导下的语文课，内容理解、知识传授成了语文教学的基本形态。而基于"学习语言运用"的语文教学，必然树立新的语文教学价值观，进而需要教学范式的重建。习惯成自然，长期习惯与纯熟地掌握着以"理解"、"感悟"为本位的教学模式和手段的语文教师，想在短时间内改变已有的教学模式，重建新的教学范式，谈何容易。

正是基于这样的现实以及由此带来的思考，加上十多年"语用"（即"语言文字运用"的学术应用简称）教学实践的成果积累，我在个人第一本语用教学专著《让语文回家——刘仁增语用教学新思路》的基础上，重新写了这本书。从几年前的"新思路"到今天的"新门"，看似只是提法的不同，但在提法不同的背后，却是我对语用教学的重新理解和全面思考。

与《让语文回家》一脉相承的是，这本书依然秉持语用的主张，高举语用的大旗，在理论观点和教学策略两个方面，阐述如何把教师和学生从"理解本位"、"感悟至上"的桎梏中解放出来，把他们引向语言应用、言语提升的学习之途，从而把"语文课"上成"语文"的课。除此之外，更多的当然要着力凸现"新门"之"新"，以体现本书的亮点。

一"论"概念。本书对一些重要概念作了言简意赅、通俗易懂的阐释。比如语用教学"是指教师通过对文本语言的精准把握和学习活动的精心策划,以'语用'为核心,建构教学内容明朗化、课堂环节'精''深'化、学习活动结构化、言语实践增值化的'四化'课堂,让学生在发现、感悟、模仿、类推、创造等积极语用状态下感受语言魅力,习得读写经验,生长言语智慧,提高语用技能,促进语文素养的形成和发展"。还对"语用"、"以'语用'为核心"等关键词进行了具体的解释说明。又比如"语用教学的要义":"不仅在于对语言要素即语言知识的教学上,更在于语言功能即语言交际的教学上;其核心要义不是学习、获得'语言知识',而是'言语经验'和'语用方法';其根本目标不是培养'懂得语言'、'谈论语言'的人,而是培养'使用语言'、'能用这种语言讲话、写文章'的人。"还比如,语文的教学"独当之任":"既不是包罗万象的'百科知识'传授,也不是凌空蹈虚的'人文意义'理解,还不是枯燥乏味的'语言知识'训练,而是动态生成的'语言功能教学',其教学内容指向'言语主体'、'语境'、'言语实践'、'生活世界'、'生活化',为语文教学的人文内涵寻找到'落地基础'。语言功能教学,说到底就是'使用语言学习语言使用'的教学,让学生在一个个具体的语言实践活动中领悟、掌握语言的交际功能、特点和规律,从中获取必要的言语经验和语用方法,从而建构言语能力。"这样的概念阐释,意在说明语用教学涵盖听说读写,既要促进言语智慧的生成,还要注重阅读策略的提升,避免语文教学走入顾此失彼的死胡同。

二"论"原理。任何一种教学总是有其内在的规律的,只有把握其规律,方能事半功倍,语用教学当然也是如此。所以,本书用了不少文字对语言学习的内在原理、语用教学的运行机制以及其背后支撑的教育理论进行了探讨。这样的探讨和表述并不深奥,比如,把语用教学的运行机制以图示的形式加以呈现,其基本的操作步骤和过程,形象直观,一目了然。尤其是指出了一个人言语发展的关键和核心在于生成与转化。这是因为语言表达虽有共性可言、规律可循,但是,语言表达更多的是依赖只能意会无法言说的缄默性知识,仅靠"共性"的语言知识远远满足不了"个性"的表达。所以,从意到言,从言到意,从能指到所指,能否顺利转换与生成就成了语言学习的核心环节。依据这样的原理,本书提出了语用教学的课堂教学模型:"发现—领悟—模仿—类推—创造"。其中的"模仿"与"类推"强调了"举一反三"与"举三反一"的内在关联,认为它是促进语言生成与转化的重要手段。这样,就从理论的高度和科学的角度说明了,把握转换的交切点,寻求转换的适合方式,展开转换的过程,创造转换的环境,是决定语文教学质量的关键性因素,也是语用教学区别于理解型、感悟型教学的显著特点,更是提高语文教学质量、提升学生言语能力的秘密所在。

三"论"做法。既然是以"语用"为核心而不是以"感悟"为本位的教学,其教学目标、教学方法、教学策略又有哪些与众不同之处,其实际效果如何呢?这是许多教师所要了解和期待的,也是本书要着力加以阐明的重点内容。本书把语用背景下的文本解读、体系架构、课堂形态、范式重构、课型创新、案例剖析等一些具体的实施策略、方法与手段等作为全书的重点,用了大量的笔墨和篇幅进行了浓墨重彩般的描述。为了让教师们有更直观、更真切的感受,全书用了大量的教学实例,既向读者说明一篇课文从文本解读到设计思路再到教学实施的演化、发展过程,又深入浅出、直观形象地展示了语用教学灵动、生动、扎实的课堂操作策略与方法。更自以为是新亮点的是,还针对当下语文教学不分文体,一律教成一个模样的弊端,专门安排了"不同文体的教学示例"一节,分别对散文、小说、诗歌、童话、寓言、说明文等小学语文教材中常见的文体进行具体、充分、详尽的说明。每一文体都先展示教学实录,再分析此类文体特征,并提供此类文体的教法策略,应该会给大家有所助益的。

一个好的教学成果,如果只能远观,不能近"玩",就难以推广,仅为供人欣赏的艺术品,实在是件遗憾的事。时下,不少教师所普遍感到的名师的课好看好听不好学不好仿的弊端,已经成了大家心中的"痛"。这本书不以空洞的理论作为行文的主体,而是从实际操作的角度来动态地研究和展示语用教学的整体架构、实施策略及课堂效果,告诉人们语用教学不是

"阳春白雪",高不可攀。从教学思想上说,语用教学似乎带着一丝"贵族气"与"品质化",可从教学策略上看,语用教学完全洋溢着"平民味"与"乡土气",其思路人人可以借鉴,教学策略人人可以模仿,教学成果人人可以创造,颇具操作性和推广意义。

这样说,该不会给人"王婆卖瓜,自卖自夸"之嫌吧?此言虚实如何,诸君何妨一读?

绪 论

语文教学的语用观

一、语义理解、语法知识是百年语文教学的基本形态。

我国语文教学走到今天已逾百年，教学范式历经变革。虽然每个时期的教学主体、核心、内容和方法有所不同，语义和语法教学却成为语文教学的基本形态。且不说以记诵和讲解"四书五经"等儒家经典为主的传统语文教学，也不说以语法、逻辑、结构等为教学重点的语文知识型教学，即便是进入了新课程改革时期，内容理解和知识识记也依然是语文教学的课程目标和价值追求。

一教师教学《别了，我爱的中国》一课，把教学目标定为以下几方面：1. 激发学生热爱祖国，憎恨帝国主义的思想感情。2. 理解课文内容，深入体会"别了，我爱的中国，我全心爱着的中国"一句三次出现，分别表述了怎样的思想感情。3. 理解含义深刻的句子。4. 学会本课生字；培养有感情地朗读课文的能力。初看，这个目标设定，有字词句的学习，有朗读，有思想感情的体会，似乎符合新课标三个维度教学目标的要求，其实听课后会发现教师还是把精力全放在深入体会"别了，我爱的中国，我全心爱着的中国"这句话表达了作者怎样的思想感情上。一堂课过去了，学生无非也只获取了些文本信息，扩展了些智力背景（如为何离开中国）等而已。这样的课，是典型的以得"意"为主要目标组织阅读教学的，阅读是主线，理解内容是目的，识字、听、说、写穿插其间，其轻重取舍必须服从阅读活动的需要。在这样的课堂上，学生获得的主要是文本的"意"；至于文本的"言"是否获得，完全听凭学生的悟性。悟性好并学习自觉的学生，所得就多些；而悟性差又不够自觉的学生，所得就少些。于是，课文学完，学生脑中留下的也只有文中的人和事了。这一模式的最大缺陷就是"得意而忘言"，不适当地放大了"学阅读"的任务，忽略了"学语言"这一语文课程的核心任务，导致语文课"语言学习"的缺失。

但是，以"语言学习"为重点的课就一定是理想的语文课吗？答案是否定的。由于受到传统语文教学的影响，虽然在理念上也强调培养学生在认知和理解基础上"运用"祖国语言文字的能力，教学实施上也不缺乏对公共"母语范本"的认知、理解、鉴赏乃至全盘背诵和默写，可实际上这种模糊的"运用说"其实只是一种接受为本的"窄语用"。指向的是一味记住知识名称、单纯掌握语文这个工具，而不是为满足学生心灵自由和情感需要的表现性语用。请看《威尼斯的小艇》第二自然段的教学片段：

师：读读第二自然段，说说这一段写了什么？

生：这段话写了威尼斯小艇的三个特点，一是长、窄、深；二是两头向上翘；三是轻快灵活。

师：很好。这些特点你是从哪些地方体会到的？

生：我是从"威尼斯的小艇二三十英尺长，又窄又深，有点儿像独木舟"中的数字和"长"、"窄"、"深"中知道了小艇的特点的。

生：这段话用田沟里的水蛇写出了小艇轻快灵活的特点。

生：我是从这段话中把小艇说成是新月的比喻句，知道了小艇的特点的。

（学生读句子）

师：对啊，这段话运用了比喻的修辞手法，把威尼斯小艇的特点写得更生动、形象，这样的写法值得我们学习。再读这段话。

这样的教学在当下的语文课堂并不鲜见，它关注的是"这句话写了什么、表达什么感情"之类的内容意义，满足于"这句话怎么写、说明了什么"之类的概念获取，注重讲授系统化和静态化的语文知识，至于隐藏于语言现象背后的情感、形象、意味、韵律，则熟视无睹，属于典型的以语法、逻辑、结构等语法学知识为重点的教学。学生获得的只能是干巴巴的语文知识和语法概念，实在无益于语文素养的提升，其造成的后果确实让人触目惊心：社会不规范用字花样百出，错别字大行其道，篡改成语成了时尚，乱用生造词、语言拖沓晦涩之风有蔓延之势。"即使在知识分子相对集中的高校和科学院里，大学生、研究生，甚至少数教员、研究员和个别领导，在写作、说话中，用词不当、文气不顺、语句不通，前言不搭后语，把握不住该先说什么、后说什么，词汇贫乏，这是一个比较普遍的现象。甚至在严肃的法律条文中也都存在不少语言问题。"

二、语文教学的实质是语用教学。

语文教学之所以会满足于课文内容的理解感悟和语文知识的概念获取，致使语义教学与语法教学成为语文教师的"集体意识"，原因是多方面的。

首先，语文本体论认识的模糊。所谓"语文本体论"，就是"语文是什么，语文干什么"的问题，它直接决定了语文学科为什么教（学）、教（学）什么、怎么教（学）等一系列最基础、最关键、最核心的问题。由于"语文"作为一个课程的名称，才有半个世纪的历史，一方面，它不像其他课程那样，建立在一个相对比较成熟的学科理论基础之上，我们无法轻易认识语文的本源和实质、要素与构成，自然也难以把握语文课到底是一门什么样的课，可以教什么、必须教什么。另一方面，"语文"本身就是个模糊的集合概念，"语言文字说"、"语言文学说"、"语言文章说"、"语言文化说"等观点的纷争，混乱了教师的思想。而语文课程性质的争论，又很大程度上转移了我们对语文教育根本任务所应有的关注。再加上实验稿《课程标准》对语文本体论问题的"躲闪"、"回避"，语文课堂出现人文至上、感悟为主的"乱花渐欲迷人眼"之乱象、怪象，也就在所难免了。

众所周知，语文成为学科，是现代教育分科教学的产物。分科的实质是分工，分化出来的学科，理所当然首先应当承担起属于自己的专责。那么，现代语文学科的"独当之任"是什么呢？百年的语文教学经验与教训证明，既不是包罗万象的"百科知识"传授，也不是凌空蹈虚的"人文意义"理解，还不是枯燥乏味的"语言知识"训练，而是动态生成的"语言功能教学"。其教学内容指向"言语主体"、"语境"、"言语实践"、"生活世界"、"生活化"，为语文教学的人文内涵寻找到"落地基础"。语言功能教学，说到底就是"使用语言学习语言使用"的教学，让学生在一个个具体的语言实践活动中领悟、掌握语言的交际功能、特点和规律，从中获取必要的言语经验和语用方法，从而建构言语能力。这样的语用思想终于在《义务教育语文课程标准》（2011年版）得到了清晰而明确的体现。短短几百字的"前言"13次提到了"语言文字运用"，并且将其作为语文课程性质的核心要素："语文课程是一门学习语言文字运用的综合性、实践性课程。"如此旗帜鲜明地表述学科性质，如此突出和强调语用思想，是以往任何一部教学大纲或课程标准所没有的。

其次，语用学和语言学理论的缺乏。语用学源于哲学家对语言的探索，"语用学"这个术语是美国哲学家莫里斯于1938年首先提出的。他在《符号学理论基础》一书中提出符号学是由符号关系学、符号意义学、符号实用学三个部分组成的。由于语言文字是最常见的符号系统，莫里斯的观点被后人借用到语言学中，相应产生了句法学（语法学）、语义学和语用学。句法学回答的是"句子是按什么规则组成的"，语义学回答的是"意义是按什么方法确定的"，语用学回答的是"语言的使用在一定的语言环境里产生了什么样的影响和效果"。比如"你怎么还没走"这句话，语法关系清楚，字面意义也明白，但在不同的场合，由不同的人说出来，会表达不同的意义。如果是说话人知道听话人要在某个时间外出办事，眼看时间快到了，这句话就表示提醒、催促或者是批评、责备的意思；如果是一个人老想着出国，老对别人说快要办好手续了，但老没见他出去，这句话就可能是关心、调侃或者是嘲讽；如果是下班时间早过了，有人还在办公室里忙，说这句话就含有关心爱护或者是猜测对方是不是在等什么电话或者什么人；如果是一个人找上门要求办事，工作人员不理他，过了半天，那人还没走的意思，说这句话就完全是不友好的驱赶。

在语用学看来，话语有静态的话语和动态的话语之分，它是以是否与语用的主体、语境等因素发生关系来判别的。没有形成关系的就是静态的话语，而产生因素结合的动态话语，会在意义方面发生变化，往往增加了诸多言外之意、言中之情，这就是文本语义。文本语义因为有了语境的暗示引申，自然就比有声语言更加丰富，更加微妙，更加精致。由此，话语的意义也自然分成了语言意义和语用意义两类，用张志公先生的话说就是"表层语义"和"深层语义"，前者是字面的理性意义，后者则是说写者所要真实表示的意义，还常常包含着说话人的感情因素。如"死"本是一个中性语词，但有褒义和贬义之分，褒义的有：牺牲、逝世、辞世、谢世、走了、没了、驾鹤西归、与世长辞等；贬义的有：完蛋了、吹灯拔蜡了、玩完了等等，只有在具体的语境中才能准确地把握其真实含义。毛泽东在《为人民服务》一文中，把"死"用在"为人民利益的人"的身上时，"死"是"牺牲"、"就义"、"献身"的意思，带有褒义色彩；用在"替法西斯卖力、替剥削人民和压迫人民的人"身上时，则是"毙命"、"报销"、"呜呼哀哉"、"一命呜呼"等，含有贬义。同样一个字，前一个和后一个，意思完全不同，内涵完全对立，构成了"同语对立"的语言特点，使得作者爱憎分明的情感得以生动传神地表达。可见，正是深层语义的存在，才使得语言的内涵丰富多彩，语言的情感细腻别致，语言的意蕴耐人寻味，语言也具有了无尽的想象力和表现力。如果语言只有表层语义而缺乏深层语义，语言就不具备不同的表达功能，语用就会变得枯燥无味，也就根本表述不出人们丰富的内心世界。所以，对于语言学习而言，不仅要弄清楚语言意义，更要准确地把握话语的语用意义，因为后者才是说写者的真实意图，是理解的关键。只有透过语言的表层语义深入到语言的深层语义，去触摸语言的生命，去感受语言的温度，去体察语言的脉动，才能细致地把握语言所表现出来的多彩世界、宽广生活和丰富情感，体味语言的表达精妙。这是语文教学的重要任务。

再次，对语文教学价值取向变化的漠视。暂且不论高度重视培养未来公民必备的语言表达技能和积极语用能力已成为国际母语教育共同的价值追求和发展趋势，仅就我国语文教学的价值取向变化上看，当白话文逐步替代文言文后，语义教学原有的许多功能推动了应有的意义。因为白话文平白如话，不像文言文有很多词不知道意思，很多经典读不懂，非教不可、非理解不可。如果再一味停留在语义教学的层面上，只有在一问一答中陷入内容理解、文义分析的泥潭。从这意义上说，白话文教学的重点不在于你能不能认字、能不能理解句义，甚至也不在于你能不能读懂整个篇章，而在于字、词、句、篇营造的语境能给我们的认知和思想情感带来什么样的触动——这就是语用教学范畴。有时候，字义、句义、段义，甚至篇章表层意义都懂了，但未必明白语境的深层含义，语文教学就要走进这种意义森林的深处——这同样是语用教学范畴。还有，自从白话文进入教学后，言文一致、生活和教学一致，言语所伴随的行为就进入了教学范围，语言使用者的解释和交流就变得极为重要了——这更是语用教学范畴。这些恰恰是语文教学由传统进入现代以来最根本的特征。语用，成了现代语文教学的必然选择。

由此不难得出这样的结论：只有"运用"，才能突出语文内在的质的规定性，使语文课程中的阅读和其他课程中的阅读真正区别开来；也只有不断地"运用"，才能让学生逐渐成为熟练、妥帖、合理甚至有创意地"使用语言"、"能用这种语言讲话或作文"的人。语文教学不是语法教学，不是语形教学，也不是语义教学，而是语用教学。这就需要语文教学必须突破单纯的字词句篇、语修逻文（指语法、修辞、逻辑、文学）等知识樊篱，从型塑"被表达"的"语用工具"到培育基于阅读后开悟、想象和创思而善于独立判断、自主表达的"语用主体",促使母语教育目标开始一次历史性的重要升华,即由重在养成认知、记忆、复述和平面化再现的语用能力提升到以个性言说、独立评论、审美表达直至创意表达为目标指向的表现性语用能力。

第一章 语用教学的创建

第一节 内涵界定

一、概念定义。

语用教学，是指教师通过对文本语言的精准把握和学习活动的精心策划，以"语用"为核心，建构教学内容明朗化、课堂环节"精""深"化、学习活动结构化、言语实践增值化的"四化"课堂，让学生在发现、感悟、模仿、类推、创造等积极语用状态下感受语言魅力，习得读写经验，生长言语智慧，提高语用技能，促进语文素养的形成和发展。

二、核心词说明。

（一）语用。

所谓"语用"，主要包含三层意思：第一，凭借以教材课文为主的文本和母语环境，获得言语技能；第二，运用言语技能，在一定的语境中正确、合理、妥帖地进行表达，并将已学过的字、词、句、篇等内容，根据语境的需要加以规范、恰当、个性的运用；第三，运用阅读技能自主阅读新的文本，从中获得信息，学得知识，增长见识，丰富精神，滋养心灵，提升能力，解决学习、生活和工作中的问题。后两层意思分别指向言语智慧和读写策略两个方面。

这里需要特别强调的是，我们所追求的"语用"，不是掌握多少系统的语用知识，也不仅是形成一种一般意义上的语用技能，而是一种经过学习者自身言语建构后的语用艺术和智慧。

（二）以"语用"为核心。

语用教学是以"语用"为核心，而非唯"语用"的教学，这是出于对语文学习的一种全新的理解，认为学习语言不是一种纯客观的认识过程，而是一种带有浓厚主观色彩的感性与理性统一的感悟过程。这种感悟，不是纯知识性的感知，它包括对文字符号，文字符号所负载的思想内容，文字材料组合的方式方法，文字符号所渗透的情感、韵味等等的总体的综合性的感知和领悟。比如那首脍炙人口的汉乐府《上邪》："上邪！我欲与君相知，长命无绝衰。山无陵，江水为竭，冬雷震震，夏雨雪，天地合，乃敢与君绝！"这流传千年的山盟海誓，不论是它的语气、用字、句式，还是它的节奏、韵律、意象，都可以说是前无古人后乏来者的旷世绝响。在这一唱三叹的语言形式下，分明有一股夺人心魄的炽烈情感喷薄而来，我们分明看到古代女性，背负着世俗的巨大压力，在向她的爱侣进行着激情四溢的告白。由于过于激动，或许她还急促地喘息着，一束鬓发拂过唇边，她纤细的嗓音中透着执著，也蕴着柔情。这正应了那句话：人文原在语言中！

（三）积极语用。

积极语用是表达主体基于心理需求和自由思维而以个性理解、个性言说、个性阅读等为形式特征，因而富于创造活力的主动完整的表现性言语行为。就小学生而言，大致表现在三个方面：一是语言理解上，能抓住人家的讲话或书写文本所表达的主要内容，能知道一席讲话或一篇文章好在哪里，不好在哪里。二是语言表达上，能做到文从字顺，条理清楚，词语运用和标点使用基本正确、没有错别字；能懂得根据不同的场合、对象和情景，选用合适的内容和语言。三是语言矫正上，无论是看自己还是别人的文字，能凭语感初步判断某个词语使用的好坏，某个句子使用的正误与好坏，对语病有改正的能力。

三、内涵阐释。

语用教学的概念界定，涉及语文学习的三个方面，一是理解，二是运用，三是理解与运用的内在联系。

（一）语用视野中的"理解"。

理解是把握语言意义最主要的方法，也是掌握阅读技能最主要的标志。语用视野中的"理解"，既包含理解语言文字所承载的思想内容和文章情感，又要理解作者怎样围绕中心选择材料、组织材料，怎样剪裁布局、分段谋篇，怎样根据表达中心、描述事物的需要，准确地遣词造句、修饰文字等。一句话，"理解"贯穿在语言形式和语言内容的全部认识过程中，从理解作者的遣词造句、布局谋篇到掌握作者在文章中所表达的思想感情。而"理解如何运用语言文字"又包含理解、分析、鉴赏语言材料、语言结构和表达方法三个方面。从语言材料看，文章的语言材料是为表达思想内容而特定选用的，为什么用这个词语不用那个词语当然是有讲究的，需要我们引导学生理解这些语言材料的感情色彩，透过语言的表面去探究其内涵的深意，体会这样表达的妙处；从语言结构看，主要包括词与词的关系、句与句的关系、段与段的关系等三种，理解了句、段、篇的结构特点，特别是那样别具匠心的语言结构，感悟这样组织语言、构思篇章的表达效果，对提高学生的言语能力至关重要；从表达方法看，任何人用语言文字表情达意时，都有个方法或手段问题，由于表达思想观点、感情的需要，必然选择一定的表达方法，或叙述，或说明，或议论，或抒情，或多种表达方式综合运用，每种形式都有它独特的表达效果。阅读时领悟、欣赏作者的表达方法，对学生的鉴赏能力和写作能力的提高大有裨益。

（二）语用视野中的"运用"。

一方面，"运用"有层次之分：一个是规范、熟练地运用语言文字，一个是出色、有创意地运用语言文字。规范、熟练地运用语言文字重在要求在运用语言文字时遵守已有的、共同的语言和言语规则；而出色、有创意地运用是在规范运用的基础上更高的一个层次，是对规范运用的超越，是对既有语言和言语规则的突破。比如，一位学生说老鼠见了他，"吓得没命地跑，突然一头撞到墙上，四脚朝天地躺在地上，不省鼠事。"这句话中的"不省鼠事"一词就是小作者独出心裁的创造性运用。另一方面，"运用"有内容之别：既包括运用从课文中学到的语言文字的基本规律，也包括运用从课文中学到的语言运用的基本规律。前者指的是根据表达的需要如何选择正确、恰当的语言材料和内容，后者是说这些语言材料和内容怎样使用才能达到最佳的表达效果。比如，《祁黄羊》一课最突出的语文现象就是人物的对话，教学时可先让学生抓住祁黄羊和晋悼王的两次对话的内容，理解作者是通过人物"说"的不同方式（如"说"在话前、"说"在话后、不用"说"字）和"说"的不同语气（如诚恳、坚决、疑惑、郑重等）来描写这两次对话的，体会这样写的好处；接着，设计一道运用性练习，运用这些方法改写第一自然段中"祁黄羊请求晋悼公准许他辞职"这一内容。如此，学生既引用了课文的语言，又迁移了对话的描写方法，做到了语言材料和表达方法的双重运用。

（三）语用视野中的"理解"和"运用"。

美国学者格雷把阅读心理过程分为四步骤，即"感知——看到文字，读出字音；理解——把单词转化为意义；反应——领会作者说的是什么；综合——与实际联系的应用"。这说明不论是哪一类知识（尤其是隐含性知识），要实现从知识到能力的质变，不经历"反应"和"综合"是不可能做到的。而"反应"和"综合"的过程，其实就是一种个性化的感悟和体验，最终因体悟而内化，纳入到自己的语言图式和知识体系中。所以，必须重视语言体验在"理解"与"运用"中的桥梁纽带作用。有了语言体验,当学生面对那些丰富多彩、变化多端、复杂多样的语言形式和语言现象时,就能沉入语言情境,触摸到语言温度,感受到语言形象,获得语言经验,把握语言规律,掌握语用技能,从而为规范、熟练甚至是创造性地"运用"奠定坚实的基础。

一言以蔽之,语用教学不仅在于对语言要素即语言知识的教学上,更在于语言功能即语言交际的教学上。其核心要义不是学习、获得"语言知识",而是"言语经验"和"语用方法"。其根本目标不是培养"懂得语言"、"谈论语言"的人,而是培养"使用语言"、"能用这种语言讲话、写文章"的人。

第二节 原理概说

一、语用教学的内在机理。

俄国著名语言学家和诗学家雅各布森提出话语发生"六因素说":

语境

信息发送者—信息—信息接受者

接触方式

代码

从这一图示中,我们不难看出,信息发送者(说话者或写作者)把有关某一言语外的或言语环境(或参照对象)的信息,用一种共同的符号,通过某种接触(即通过身体的或心理连接的渠道),传递给信息接受者(听话者或读者)。其中,最为重要的还要有"语境"。通俗点说就是,在日常语言交际活动中,交际双方都要依据一定的语境,以语言代码为媒介,在或口头或书面或电子的接触中实现交流活动的正常进行及至成功。

但是,语用教学重在言语能力的重构,仅靠话义传递显然不够,还得发生言语的"质变"。而"质变"的关键点在于从理解到运用的转化，在于言语主体与言语对象之间的信息转换、生成和建构。由此形成这样的运行机理：

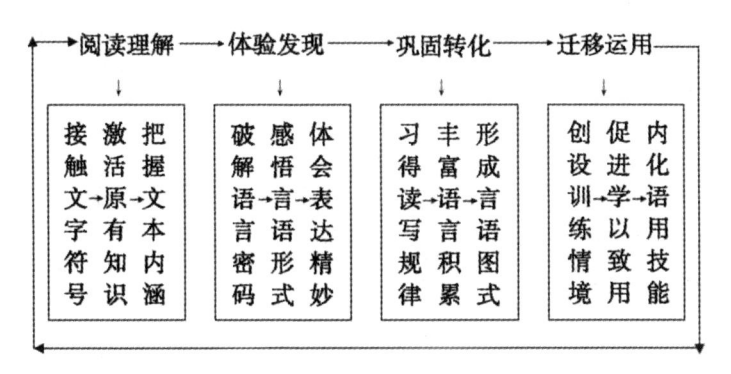

```
→阅读理解──→体验发现──→巩固转化──→迁移运用─┐
    ↓           ↓           ↓           ↓     │
┌─────────┐ ┌─────────┐ ┌─────────┐ ┌─────────┐│
│接 激 把 │ │破 感 体 │ │习 丰 形 │ │创 促 内 ││
│触 活 握 │ │解 悟 会 │ │得 富 成 │ │设 进 化 ││
│文→原→文 │ │语→言→表 │ │读→语→言 │ │训→学→语 ││
│字 有 本 │ │言 语 达 │ │写 言 图 │ │练 以 用 ││
│符 知 内 │ │密 形 精 │ │规 积 式 │ │情 致 技 ││
│号 识 涵 │ │码 式 妙 │ │律 累   │ │境 用 能 ││
└─────────┘ └─────────┘ └─────────┘ └─────────┘│
      └─────────────────────────────────────────┘
```

从上图可知，语用教学的四个程序既各自独立，又相互关联，形成了环环相扣、层层深入、循环往复、螺旋上升的运行机制，即：在直面语言材料、感知文字符号的基础上，通过思维把握言语的意义，积贮语言材料，熟悉语言规则，并用自己的话来理解、迁移和改造原有语言，形成一定的智力活动方式，从中提高言语能力。

（一）语言的感悟与发现。文字符号是语言的建筑材料，是构成文章最基本的单位，文章内容就是通过一个个具体的文字符号表达出来的。对文字符号所代表的意义的理解是学习语言的第一步，那么，如何理解文字符号的意义呢？按美国学者格雷的阅读心理过程，就有"感知——看到文字，读出字音"、"理解——把单词转化为意义"、"反应——领会作者说的是什么"三个部分指向阅读理解。由此可知，阅读是由感知、记忆、思维、想象以及判断、推理、评价、解决问题等智力行为构成的认知过程。对语言的感知与发现，是任何一种教学的基本前提。但对于语用教学而言，这里的感知与发现，已经超越了一般意义上的对语言信息的理解与感受，即知道文字符号所代表的意义，懂得课文所蕴含着的意思、情感和主旨，而指向遣词造句、文章结构、写作手法、文体特征等语言现象的理解和感受。语言表达形式的发现，拓展了"理解"的视野，拓深了"感受"的层次，拓宽了"认知"的范围，赋予语言教学丰富的内涵和应有的高度，这就是语用教学之所以格外重视语言现象发现的原因所在。

（二）语感的触动与体验。语文教学中，学生从最初在书本上接触知识到最终完全内化、变成自己的语文能力需要一个过程，这一过程表面上是一条从知识到能力的直线，其实是一个复杂、渐变的过程，在两者之间还需要有"感知—体悟—练习（积累和运用）"等中介环节。那种把知识强行灌给学生，以为这样就可以提高语文能力的做法，违背了语文能力形成规律，已被无数的事实证明是错误的。可见，不论是哪一类知识（尤其是隐含性知识），要实现从知识到能力的质变，只停留在对语言内容的感知与理解，不经历"体悟"和"练习"是不可能做到的。而"体悟"和"练习"的过程，其实就是一种感悟和体验。这种感悟和体验，是个人内在的心理行为，别人是无法替代的。它不是纯知识性的感知，而是包括对文字符号，文字符号所负载的思想内容，语言材料组合的方式方法以及所渗透的情感、韵味、意味的总体综合性的感知和领悟，最终因体悟而内化，纳入到自己的语言图式和知识体系中。因此，"理解"并不是实现"运用"的必要条件，只有语言体验，才能让学生沉入语言情境，触摸到语言温度，感受到语言形象，获得语言经验，把握语言规律，掌握语用技能，从而为规范、熟练甚至是创造性地运用语言奠定坚实的基础。而感悟和体验正是语用教学的核心环节。语用教学中的体验特别讲究在听说读写的语言实践中进行，重在两个方面的体验：一是对语言形式及其对语言内容表现力的体验，体悟语言表达的分寸感、情趣感、意蕴感、韵味感、节奏感，切身感受语言的魅力和表达的精妙，丰富、细化语用经验；二是对语言规则及其在具体语境中运用的体验。按美国语言学家乔姆斯基的观点，语言是可以创造的，即获得语言并不是去学会特定的某些句子，而是利用组句规则去理解和创造句子，句数是无限的。所以，语言学习不能满足于语言知识概念的认识和掌握，而应该把力气用在指导式的发现上，让学生通过语言规律的习得和语用经验的积累，生成、进而创生出每个人"自己的语言"。

(三）言语的生成与转换。格式塔心理学家认为，通过对问题情境的内在性质有所顿悟的方式来解决问题，就可以避免与这一问题情境不相干的大量随机、盲目的行动，而且有利于把学习所得迁移到新的问题情境中去，不仅有助于迁移，而且不容易遗忘。可见，顿悟的核心在于把握事物的本质，而不是无关的细节，从而引发学习上质的变化。就语文学习来说，在发现语言现象的过程中，学生就会有所顿悟，把顿悟来的东西上升到概念和规则，并用概念和规则指导自己新的阅读和写作实践，这样就实现了言语的生成与转换，达到学习语言文字运用的目的。所以，仅仅认识和掌握语言知识概念固然无助于语言能力的提高，即便了解语言表达规则，积淀了语用经验，如果缺乏迁移式的运用，学生的语言能力依然在原地跑步，难有实质性的提升。正缘于此，语用教学的每一堂课都积极创设一定的语用情境，让学生运用学习到的语言规则，根据自己表情达意的需要选择恰当的语言材料，使用妥帖的表达形式，通过语言历练变积累的语用经验为真实的语用技能。

二、语用教学的原理解说。

语用教学是一个以"听""读""视"为输入，以"说""写""评"为输出且互为有机循环的"全语用"。

"语境"是语用教学的基石。任何言语活动总是由一定的人、在一定的时候、于一定的空间里、因为一定的原因、就一定的事项、希望达到一定的目的而进行的。所以，要想真正领会一篇文本的内容或者准确理解他人话语的意思，都必须借助相应的语境来完成。同样，你写一篇文章，如果真正进入到一个意义场、一个审美场，就会产生一种欲罢不能的感觉，语言自己就会说话。凭借着"语境"的神奇力量，语用主体就能在对摄入的信息进行解码的过程中，正确把握信息的表层意义和深层意义；也能根据自己表达的需要，规范、妥帖、得体地运用语言，表情达意。

"转换"与"生成"是语用教学的核心和枢纽。尽管语言运用存在着一定的规律，但是，这不等于掌握了语言规律就一定可以顺利地实现转换。这是因为，一方面，语言运用的规则固然很多，可并不是"放之四海而皆准"，在实际的语言运用中，往往存在着不在语言规则范围内的表达特例；另一方面，语言表达更多的是依赖只能意会无法言说的缄默性知识，仅靠"共性"的语言知识远远满足不了"个性"的表达。所以，从意到言，从言到意，从能指到所指，能否顺利转换与生成就成了语言学习的核心环节。语言文字的运用就发生在"转换"与"生成"这个核心与中枢环节上。把握转换的交切点，寻求转换的适合方式，展开转换的过程，创造转换的环境，这是语文教学的秘密，也是决定语文教学质量的关键性因素。

"得体"是语用教学的价值追求。"得体"就是语言的运用要注意并适应各种情境条件，要符合时间、地点、场合、对象、目的、话题等语境条件，选用恰当的语句来表情达意，避免用词不当、转述不清等现象。语言的"得体"包括：文体色彩得体，语体色彩得体，感情色彩得体，敬说谦说得体，转述语言得体等等。注意掌握语言使用的分寸，在某种特定的语境中，能说什么，不能说什么；说什么好，说什么不好；怎么说效果好，怎么说效果不好。建立丰富的言语图式，懂得如何自然、老道地表达，这看起来容易，其实难度很大，其中隐藏着是否懂得合理选择的问题，这就需要我们注重培养学生语言趋优的意识。这里所说的"优"并不是说语言越优美、越华丽越好，而是说语言本身并没有优劣高低之分，只有恰当得体之别。只要能够准确地表达自己的意思，并让对方愉悦地领会和接受，什么样的语言都是"优"的，这样"优"的语言就是得体的。从这个意义上说，在语言运用的过程中，让学生体验在某个语境下，为什么这样说而不那样说，怎样表达得更好，这种选择意识的培养是非常重要的。它关系到学生文字运用的品质问题，理当成为语用教学的价值追求。

三、语用教学的基本模型。

以"语用"为核心的语用教学有一套体现自身特点的常规课堂教学结

构和模型，那就是"发现—领悟—模仿—类推—创造"。

（一）发现：生发语意，聚焦形式。

东方人所特有的整体思维方式决定了我们对于语言作品的介入只能是从整体入手，所以介入语言作品首先是整体感知作品的内容。显然，这种对于内容的感知是难以关注具体的语言形式的，就像我们对于一个人的最初印象一样，是整体、感性、模糊的，但基本的意图还是能够体会到的。我们认为，学生对文章的初读感受不能仅仅满足于对语言内容的理解、文章情感的感受，更重要的是要发现作者用什么样的语言形式达成作者要表达的意图。建立在语言形式发现基础之上的初读感受，能让学生更深刻地理解和把握语言作品的内容与意义。不同的语言有各自的不同特点，寻找、挖掘、发现这些各具特色的语言形式，是语用教学区别于内容理解、情感分析教学的不同之处，也是语用教学的重要一环。

由于语言现象的丰富多样，而且在语文教材中的呈现方式有隐有显，所以，不妨通过听（听老师或录音范读）、看（默读）、读（出声朗读）、说（复述）等途径，让学生从整体上接触、感受语言材料。并有意识地引导学生在勾画、批注交流等学习活动中，窥视语言秘密，粗知语言形式，从而在熟悉内容、把握思路、了解主旨的同时，对文章内容、情感、语言、体裁等方面有一个整体的笼统的感受和发现。

（二）领悟：揣摩语言，敏化语感。

指导学生从语言运用的角度，扣住某些语感因素很强的地方，借助于语言知识，联系生活体验，深入品味语言，使学生进一步领悟语感。如，让学生通过比较、推敲、品味，从语音文字方面，遣词造句方面，标点格式方面，领悟语言运用的规范恰当度；从概念方面，判断方面，推理方面，领悟语言的逻辑严密感；从适应语境方面，语体要求方面，领悟语言的得体感；从文章整体组合方面，材料搭配方面，语言表达方面，领悟语言运用的和谐感；从文章的情感方面，质地方面，气势方面，韵味方面，领悟语言运用的情味感。这是学生从课文语境中的语言学习向生活语境中的迁移练习顺序过渡不可或缺的纽带和桥梁。

同时，还要在领悟的基础上，强化语言积累，只有重视言语材料的大量积累和运用，才能在语用层面上借助直觉思维以形成语感。因为，没有一定数量和质量的语言材料，表达就成了无源之水，无本之木。很难想象，一个有很多语文知识，却没有必要的语言积累，又不参与社会活动，识字不多、词汇贫乏、句式单调的人能抓住文章的要点，能写出有血有肉的文章。所以，对于教材中那些典范、精美、重要的语段或篇章，必须指导学生在熟读、感悟的基础上或背诵，或摘录，或在具体语境中强化、积累，以丰富语言材料库，积淀语感。

（三）模仿：情境迁移，习得方法。

如上所述，语文技能有智力技能和动作技能之分。其中，模仿，是动作技能学习的重要途径。比如字词的发音、课文的背诵、汉字的书写等就属于动作技能，就可以通过模仿来获得。对于有些常见、基本的语言表达技能，其间虽有规则，但由于学生从小生活在母语环境中，早已在日常生活中有所闻、有所见，所以，学生完全可以在不知道规则的情况下，凭着天生固有的"语言习得装置"，通过教师示范、学生模仿和教师提供反馈及纠正的方式有效习得。何况，即便学生知道规则，如果缺乏教师的示范和学生的动作模仿，技能学习也不可能顺利实现。而从学生自身情况看，小学生对语言表达的模仿借鉴强于独立创造，只有在语言模仿运用过程中，才能促进语言的内化，促进语感的敏化。正因如此，语用教学特别重视"举一反一"的语言形式的模仿，即引导学生学习课文，发现其中的或读或写的规律性知识，并有意识地创设语言表达的情境，让学生把课文中学到的语用方法迁移运用到新的语境中。在具体情境中加深语言积累，在语言运用中积淀语言图式，使积累的语言"跟他自己所做、所见、所观察和所想的东西联系起来"（苏霍姆林斯基语），从而既内化、牢固语言，又使得语感由肤浅走向深刻，从迟钝走向灵敏。

这种迁移运用，能在一定程度上实现文本语言的有效增值，这是语用教学的显著特征。所以，要借助文本的语言范例，精心策划和设计或听或说或读或写的学习活动，让学生在教师创设的语用情境中，交流感悟心得，迁移语言表达，进一步感悟语言之神妙，洞察语言之精髓，把握语言之理趣，获取言语之经验，内化表达之技能，从语言实践中习得语感。

（四）类推：复现类比，把握规律。

在现实教学中，我们经常看到这样奇怪的现象：学生在这节课中模仿了一种写法或读法，可一旦离开了课文，或遇到了新的语用情境，他们就不会用了。这是为什么呢？原来，语言规律的习得毕竟属于智力技能，是只能意会难以言传的缄默性知识，很难通过模仿，特别是一两次"立竿见影"式的模仿取得的。从信息加工理论看，语言规律的把握、语用技能的形成往往需要在众多同一类语言现象的不断复现、刺激、同化和顺应的基础上，才能形成相应的心理图式或相似块。而一次即学即用的课堂模仿，很难在学生的心理图式中留下关于某种语言形式的痕迹，所以，仅仅停留在模仿的层面上是远远不够的，光有"举一反一"是难以形成能力的。在教材不按"举三反一"原则编排下的现实条件下，"举一反一"的模仿的做法固然值得提倡和践行，但还是得尽可能地采取多种方法，如把相同写法的课文归类学习，引进与课文语言特点相同或相似的片段，课文与课外同质文章的互文阅读等等。让学生在"举三反一"中掌握语言规律，形成语用能力。唯有如此，语用教学才能步入理想的境界。

（五）创造：内化语言，自主读写。

学生在类推的过程中，不断地积累语言，包括单纯的词语积累，也包括文道统一、内容与形式一体的成块语言积累和生活积累，而且在语言积累、内化和使用中，慢慢地悟出其中的语言秘密和言语规律，悟到其中的表达窍门。一部分聪明的学生还可能不用教师和同学的帮助，也不需要范文的引路，就把悟到的窍门迁移到新的阅读和写作中去，这就出现了"创造性"。至此，学生自能阅读、自能作文的目的才真正达到。

第三节　价值辨析

一、认识论价值：确立语文教学新的核心价值观。

所谓语文教学的核心价值观，是指教师对语文教学应该教什么、为什么教这一核心问题的心理接受和目标认同，并在接受和认同的基础上形成对目标的自觉实践和价值追求，最终成为指导阅读教学行为的一个基本准则。它对防止教学偏离方向、误入歧途具有导航、定向和纠偏的意义。

（一）指向言语智慧，实现"例"的增值。

语用教学认为，积淀言语经验，提升言语表达，丰富言语智慧，最终促进学生的言语发展，实现"例"的增值，是语文教学的价值取向。这体现在以下三方面。

首先，体现在目标的定位上。语用教学着眼于"它们'如何传播信息'的价值"的"教学价值"，即关注的焦点不在于弄懂教材直接传输的信息和内容，而在于"怎样"才能正确、快速地接受教材直接传输的信息，"怎样"才能像课文作者那样综合社会各种信息并进行整理加工，形成自己的思想感情，"怎样"才能像课文那样准确、自然、简洁、巧妙地传输自己想要传输的信息。这样的教学，不再"纠缠"于内容，不再"流连"于"为什么"，而是注意对内容的旁引，注重对"怎么样"的锲而不舍，学生收获的必定是"语言"、是"方法"，最终成就的是学生语言能力和语文素养的形成与发展。比如说三年级的《石榴》一课的文本解读，若能在这种教学理念指导下，就有了"语文"的视角："本文虽然不是出自名家手笔，但文笔优美，语言生动形象，记述条理清楚，精当的比喻和拟人流露着作者的情感，读来饶有趣味，是学生学习语言和习作的范例。由于此文编排于三年级上册教材中，又是本册唯一一篇状物类文章，因此对作者表达特点的体悟，让学生在阅读中积累语言、领悟写法应该是本文学习的价值所在。"这就为本文教学目标的设定把了脉、定了位。

其次，体现在学点的选择上。就一篇课文而言，体现语文价值的内容肯定不少，大到篇章结构、表达方式，小到生字新词、遣词造句，不一而足。还以《石榴》一文为例，除了关键字词外，有几个语文现象值得关注：一是叙述顺序。本文是状物类文章，全文按时间的推移，描写了石榴的生长过程。但在最后一段，又是按先摘→再剥→再取→放入口中嚼这一事情发展顺序来写。二是修辞运用。《石榴》一文用上了拟人、比喻手法，如"熟透了的石榴高兴地笑了，有的笑得咧开了嘴，有的甚至笑破了肚皮，露出了满满的子儿"。一个"笑"字把石榴娃娃写活了，立刻让我们觉得普通的石榴好像也有了生命。三是细腻描写。写"枝叶"，一个"抽"字，描绘出了石榴树在春天蓬勃生长的样子；写石榴花是"火红的"，其颜色不同于一般，不是诱惑的深红，娇嫩的粉红，而是火焰般热情的火红，这样亮丽的花自然特别引人注目；说"石榴子儿"是"玛瑙般""红白相间，晶莹透亮，紧挨"，一个掰开的石榴跃然纸上，让人忍不住要取几粒放入口中嚼嚼。于是，教学内容的无限可能性与教学时间的有限性的矛盾就凸显出来。所以，我们不能教材有什么就一定教什么、让学生学什么，而应该选择与学生认知发展和学段目标相一致的语文核心价值作为教学点：一方面，"阅读中揣摩文章的表达顺序""初步领悟文章基本的表达方法"是高年级的阅读要求，中年级无须"争强好胜"；另一方面，学习文中描写细腻的比喻句和拟人句，并感受语言蕴含的情感，体会其用法之精妙，符合课程标准提出的"体会课文中关键词句在表情达意方面的作用"的中年级阅读目标要求。因此，确定以"了解石榴的生长过程，初步体会用比喻、拟人的写法能够把事物写得更加生动、形象"作为教学的知识生长点和能力渐进点，无疑是准确、恰当的。

再次，体现在语料的使用上。语用教学讲究在感悟语言之意的基础上，进一步引导学生感受语言形式之美，品味语言表达之妙，甚至积极创设语言转化的机会，强化语言的运用：语言重组，运用文中的语言复述、转述文中的人、事、景、物；语言转换，将诗歌改为散文，将文言文译为白话文，对语言进行改造；语言扩展，运用文章语言、图式，把概括内容说具体；语言补充，联系生活经验补充文本空白；语言迁移，将学到的语言模式、或语言材料、或表达方法运用到听说读写中，真正地提高学生的语言表达能力，丰富言语智慧。《石榴》一课的教学就可在这三个层次上做足文章。一是启发想象悟形象。教师先引导学生读句子思考：石榴花给你留下怎样的印象？接着，教师引用唐代大诗人杜牧描写漫山遍野火红的石榴花的诗句"似火山榴映小山"，进一步体会石榴花的绚烂多彩。最后，启发想象：读了诗句，再看画线的句子，特别是读到"火红"这个词的时候，你的眼前浮现出什么画面？你仿佛看到了什么？学生放飞想象的翅膀，自由叙说，辅之以反复诵读，石榴之形象浮现于脑海，烙印于心间。二是瞄准形式品精妙。学生了解了石榴的生长过程之后，教师创设了一个又一个直面语言形式的"美丽际会"。先是单刀直入："就是这样一个简简单单的生长过程，作者却把它写得那么的具体、那么的生动，他是怎么做到的呢？这可是一个值得思考的问题。"（学生读后交流阅读所得，感受语言表达之妙）继而明知故问："同样都是笑，可为什么作者在写的时候先写咧开嘴，再去写笑破肚皮的，老师想听听你们的想法。"最后巧度金针："他是用那一小一大的石榴，来告诉我们石榴笑的程度呀是越来越深啊。作者想的和你们想的一样，所以他用上了一个词，那就是——（学生接：甚至）对，我们也在这个词上加上点，以后呀，当你们要表示程度加深的时候，就可以用上这个词了。现在你们能通过朗读来表现这石榴笑的程度有不同吗？"（学生自由读）三是模仿表达促迁移。课到最后，教师要求学生课后观察自己喜爱的一种水果，要用眼观察，还要用脑想象，运用这节课学到的描写石榴的方法写一写，让我们也来做一回小作家。虽然只是课外完成，但多少体现了教师对语言迁移训练的重视。

（二）指向阅读品质，建构"读"的策略。

要想获取课文是如何传递信息，如何表情达意，如何遣词造句的，不具备一定的阅读策略是不可能实现的。因为，阅读过程其实就是学生在其主体意识支配下的建构知识的过程，是激活原有的阅读经验，运用恰当的阅读策略去适应新的阅读条件的过程。很显然，阅读策略说白了就是一种学生能够借助它进一步学习的知识和技能，它具有基本工具的性质。正因如此，帮助学生建构阅读策略成为国际母语教育共同的价值追求。我国的《语文课程标准》也有这方面的要求，仅以词句理解来说，第一学段提出"结合上下文和生活实际了解课文中词句的意思，在阅读中积累词语"，第二学段提出"能联系上下文，理解词句的意思，体会课文中关键词句在表达情意方面的作用。能借助字典、词典和生活积累，理解生词的意义"，第三学段提出"能借助词典阅读，理解词语在语言环境中的恰当意义，辨别词语的感情色彩"。其中的"结合上下文和生活实际""借助字典、词典和生活积累"等，说的都是词句学习方面的阅读方法和策略，只是因其描述得相对比较隐秘，缺乏明确的指向要求，容易使教师误认为阅读教学的任务就是阅读课文本身，而不是如何阅读。那么，如何结合课文的阅读帮助学生建构阅读策略呢？我们可以从《石榴》一课的教学中得到启示。

一是教给学生的阅读策略必须好学、管用。教师要有切实可行、适合那篇课文的指导怎样读、怎样学的方法策略，并且渐渐内化成适合学生自己的读法、学法，进而形成较强的学习力。

师：同学们，通过刚才再次读课文，老师相信你们一定都发现了课文的第2、3两个小节就是在写石榴的——（学生接：生长过程）

师：你能用自己的话来说说这个过程吗？别着急，这次老师还要比一比，比比谁能说得最简洁。给点提示，只要你说清，这是在什么季节，石榴怎么样了，就可以了。同桌之间赶快讨论讨论，看看谁的速度最快。（学生讨论）

师：谁来说说？请你上来好吗？你一边说呀，老师一边配合你，把它写在黑板上好吗？

生：先是春天，石榴抽出了新的枝条。（教师指导"抽"字写法）

师：她刚刚说"抽出了新的枝条"，老师可以更简洁地说，那就是抽枝（板书）。春天，仅仅是抽枝吗？有补充吗？

生：还长出了新的嫩绿的叶子。

师：看看老师黑板上这样的规律，能说得更简洁些吗？

生：长出了叶子。

师：还有更简洁的吗？

生：长出了嫩叶。

师：我知道了。你能说说吗？

生：长叶。

师：多好呀，看，他就发现了这样的规律。（教师继续板书：长叶）

生：到了夏天，开花。

师：多好呀！最后一个季节呢？

生：最后一个季节是秋天，然后就是成熟了。

师：到了秋天，果实成熟了。你瞧，他也越说越简洁了。

师：现在，你能连起来说说石榴生长的过程吗？

生：石榴在春天抽枝、长叶，在夏天开花，秋天的时候果实成熟了。

师：说得真好。看来第2、3小节的意思呀，你们已经读懂了。

获取信息、概括总结是最基本、最实用的阅读能力。"国际阅读能力发展研究"（简称PIRLS）将"获取信息"与"直接推断""综合并解释篇章""评价篇章和表达方式"共同作为测量四年级学生阅读理解能力的重要项目，而《语文课程标准》也将"能初步把握文章的主要内容"作为中年级阅读教学的学段目标。《石榴》一课的教学，不但将此项能力作为教学内容之一，还采取恰当的教学方法，有意巧搭"脚手架"，帮助学生步步为营、层层深入：先是示范引路，当学生引用课文中的语句说出春天的生长过程是"石榴抽出了新的枝条"时，教师借此总结成两个字"抽枝"，为后续学习中学生的自我概括作了很好的示范；再是引导模仿，当学生还依然说出"还长出了新的嫩绿的叶子"后，教师立即提醒学生按"黑板上这样的规律"来说，于是，学生经历了从"长出了叶子""长出了嫩叶"到"长叶"的选取、提炼、定型的语言训练过程；然后是自主提取，经过以上两个步骤，学生摸索到了相应的语言规律，积累了相应的语言经验，也就无师自通地用"开花""成熟"来概括石榴夏、秋两个季节的生长情况；最后是连词概括，只要把"抽枝""长叶""开花"和"成熟"四个词语连起来，完整、准确地说出石榴的生长过程也就水到渠成、瓜熟蒂落了。通过这样的训练，学生不仅完成了这一环节的学习任务，更重要的是，从中收获了提取信息、概括大意的阅读方法，无疑为今后的语文学习提供了有益经验。

二是教给的阅读策略要适合学生的认知水平和阅读心理。方法的指导切忌概念化、一般化，要体现语文学习的规律，要适合学生的智力水平，要满足学生的阅读需求，让学生学得了，用得上。

师：这小喇叭吹呀，那会是怎样一番热闹的景象呢？让我们再去看看石榴花，自己读读画线的句子。

（学生自由读句子："到了夏天，郁郁葱葱的绿叶中，便开出一朵朵火红的石榴花。花越开越密，越开越盛，不久便挂满了枝头。"）

师：石榴花留下怎样的印象？

生：这个石榴花是火红的，越开越多，不久，它的枝头就长满了石榴花。

师：花越开越密，这花显得怎么样啊？

生：越开越密，把花写得非常的拥挤。

师：课文说这花显得非常的——

生：多。

师：还用了一个很形象的词语——

生：火红。

师：是的。其实呀，很多古代的诗人在看石榴的时候，都会被这火红的石榴花所吸引。你们看,唐代大诗人杜牧看到漫山遍野火红的石榴花不禁吟诵:"似火山榴映小山。"(学生读诗句)读了诗句,再看画线的句子,特别是读到"火红"这个词的时候,你的眼前浮现出什么画面?你仿佛看到了什么?

生:我仿佛看到了石榴园里的石榴一片连一片,满眼火红火红的,像天边的火烧云一样漂亮。

生:我仿佛看到了就像作者描写的一样的那种石榴园,石榴火红火红的,就像一把把大火一样。

师:你看到了熊熊燃烧的火焰。请你把你的感受读出来,就读画线的句子。

(学生有感情地读)

对于那些文质兼美、语言凝练、意境深远的内容和文字,阅读感悟的方法因学生认知水平和阅读心理的不同而存在着差异。低年级主要在初步理解的基础上有感情朗读,高年级则更多地运用品词析句、感悟体会、造境入情等手段。而对长于感性思维、善于联想想象的中年级学生来说,"读词句,想画面"的阅读方法尤为适合。上述教学就是这样做的:先引导学生从一句话中抓住最关键的字词"火红",作为想象的"支点"。"火红"一词既准确勾画了石榴花的个性特征,又因其色彩鲜丽而呈现出热烈奔放的动感,具有极强的视觉刺激和艺术美感,给人留下了广阔的想象空间。再启发学生从"火红"想开去。于是,学生在调动与"火红"有关的生活经验和知识背景的同时,唤起丰富的表象和联想,边读边想象课文所写的人物、情境,把课文所描写的景象映在脑海中,形成一幅幅形象、生动、鲜活的画面,最后通过朗读把文字的形象美、情感美和韵律感传达出来。在这过程中,尽管教师没有直接告诉学生这种阅读方法的概念和术语,但是,我们相信,只要我们长期坚持这样做,日积月累,学生的阅读图式就一定会不断得到巩固和拓展,阅读经验一定会不断得到积累和丰富,自主阅读也就不会成为一句空话。

二、方法论价值：构建语文课堂新的教学方式。

语用教学讲求对语言的感受、领悟、积累和运用，指向"听、说、读、写"语言实践，遵循语言表达规律和学生语言学习规律，努力构建一个以"学"为中心、以"语用"为核心、以"语文素养"培养为目标的新型教学方式。

（一）"学"：语用教学的逻辑前提。

学生才是言语能力建构的主体，"学"才是语文教学的逻辑前提，所有的教学活动都应该是在满足儿童的学习需要和发展儿童的心灵这样一个前提之下展开。它要求教师必须确立"学大于教"的教学观念和课堂定向，要从习惯的从"教"出发的立足点转换到从学生的"学"出发，建立以学生的"学习需要"为前提的生本课堂教学形态，从而更多地从"学"的角度而不是从"教"的角度来讨论和研究"教什么""怎么教"。一要精心策划言语活动。要根据文本特点，遵循"有趣、有效、有用"的原则，从教材中发现、挖掘和提炼有价值的读写训练内容，设计出一系列语文实践活动，让学生在或说或写或读的言语活动中掌握知识，获取经验，形成能力。二要有效评估学习结果。只重视教师教得怎样，而不关注学生学得怎样，更不在乎学生学到了什么，是当下语文教学低效甚至无效的原因之一。要重视考试特别是日常作业的完成情况，以"看得见"的方式，及时、准确地评估每一位学生对学习目标的达成度，发现教学差距，寻求弥补方法，改善教学活动，从而避免因对学生的学习结果缺乏清晰的了解与把握，致使语文教学迷失在"没有终点"的讲解、问答中难以自拔的弊端。

（二）"言"：语用教学的核心内容。

语用教学重在教学生在具体的语言实践中感受和体验语言智慧，获得语用经验和言语技能，更好地使用语言，提高运用语言的技巧和能力，进而发挥语言的力量，唤醒人的心灵。教学时要渗透在课堂教学的全过程，一是在内容理解中感受，二是在形式发现中领悟，三是在语言体味中揣摩，四是在言语运用中内化。以《桂林山水》第二自然段"水美"教学为例，可设计四个水平的语言训练项目：（1）抓课文内容。指导学生认真读书，找出表现漓江水特点的词语，初步体验到桂林的水是静、清、绿。（2）抓具体描写，多角度强化阅读体验。如体会"静得让你感觉不到它在流动"的意境时，先是启发想象：在教师的语言描绘中，学生眯眼欣赏图画，想象漓江的水怎么静，体会"静得让你感觉不到它在流动"是什么情景。接着唤起经验：在《让我们荡起双桨》的哼唱声中，学生调动生活经验，静听漓江水流动的声音，体会漓江水宁静的样子，展开丰富想象，指导有感情地朗读。（3）在句子变化对比中体会语言之美。先将"静、清、绿"这三个形容词重叠，变陈述句为感叹句，从词和句的变化中，让学生体会词句的感情色彩；再指导读好"啊"，在朗读体验中进入语言文字所表现的情境；接着师生各读句子的前后半句，引导发现三句话都在感叹句后面作了补充说明，体会这样写的好处；最后把改句"漓江的水真静啊，静得你感觉不到它在流动。漓江的水也很清，连江底的沙石也可以看见。这里的江水又绿，绿得像无瑕的翡翠"与原句对比，感受排比句在表情达意上的修辞作用；引导交流讨论，体会这段话写波澜壮阔的大海和水平如镜的西湖的衬托写法及其作用。（4）迁移训练。出示"我爱长江、西湖和家乡的小河"，先把该句改成不加附加成分的排比句，如：我爱长江，我爱西湖，我更爱家乡的小河。再在这个基础上加上修饰语，如：我爱浩荡的长江，我爱明镜般的西湖，我更爱家乡弯弯曲曲的小河。四个层次的语言训练，由浅入深，由概括到具体，由语言的深入理解带动情感的深化。更为可贵的是这些语文实践活动被完全融化在对祖国壮丽河山的情境欣赏和语言艺术美感的深切体味之中，语言的学习与情感的熏陶水乳交融、浑然天成、彼此促进，成就了学生主体的全方位的感受和体验，也内化了言语经验和语用技能，达到了语文教学融景、情、语于一体的高境界。

（三）"用"：语用教学的推进策略。

任何一种能力的形成，不经过历练是不可能实现的，何况语言的本质属性原本就是实践性。语文课程"实践性""综合性"的特点，决定了语文教学必须借助丰富多彩的语言学习活动，引导学生在听说读写中学，在听说读写中用。特别要突出两个环节：一是感受的实践，即借助文本，通过感悟、欣赏言语现象，感受语言使用的精妙与特点；二是旨在将所感受的言语现象转化为语言的实践，即教师创设具体的语用情境，迁移从文本感受到的言语现象，提高言语表达能力。具体可采取以下策略。

1. 语言训练从"识记"走向"体验"。语文教材蕴含着丰富多样的语文知识，如果不能学以致用，那仍然只是一种静态、抽象的语言符号，其潜在的语用价值难以得到充分的利用和发挥。而在具体的语言情境中把学到的语言材料和语言范式进行从简单到复杂、从抽象到形象的活动化练习，就能从中获得丰富的语言体验，积累有益的言语经验，促进言语技能的形成。例如《燕子》第一自然段介绍了燕子的外形特点，之所以写得好，一是用上了总分的段落结构，二是抓住最能突出燕子特点的关键部位写。对于总分写法，三年级下学期的学生并不陌生，他们在上学期的许多课文中学习过。可对于写出事物的特点，许多学生却没有注意。为此，教学可分两步进行：先读这段话，了解本段话的总分写法，之后让学生学着这样的写法来写一种自己熟悉的小动物。结果，总分的写法是有了，可许多学生写的小动物很容易让人以为是别的动物，他们很困惑。此时，让学生带着疑问再读课文，想想这段话为什么只写了燕子的羽毛、翅膀和尾巴，而不写别的什么？比较一下自己写的，想想问题出在哪里？这一来他们终于明白了，原来介绍动物、人物的外形，面面俱到地写并不见得好，抓住能体现动物特点的方面来写才是根本。有了这样的阅读感受，学生修改起自己写的话就容易了。就这样，学生就在尝试、犯错、纠正的操作实践中，对如何写好动物的外形特点有了深切的读写体验。

2. 内容理解从"问题"走向"运用"。循着教师设置的一个个问题，学生不断地从课文中寻求答案，得出结论，这种指向于内容理解而非文本语言的阅读教学，实在无助于学生语言运用能力的提升。最佳的途径应该依据文本特点，通过语言转述、重组、改换等运用形式，巧妙地把学生从"千万次地问"中解脱出来，从而在活学活用中，体味语言情趣，深化阅读理解。比如教学《爬山虎的脚》（人教版三年级上册）第三自然段时，可设计三个层次的语言练习：（1）勾画关键词句。画出表示爬山虎的脚往上爬的句子和表示细丝变化的词。（2）借助直观演示，理解往上爬的原理。学生读段后，以身子当茎，两手为细丝，手掌为"小圆片"，黑板作"墙"，表演爬山虎向上爬的情境。之后完成书面练习：爬山虎的脚由"直"变"弯曲"，使茎和墙的距离（　　　），所以产生了（　　）力，把嫩茎（　　）一把，使茎（　　）在墙上。（3）揣摩品味，内化语言。说说这段文字中哪些字词用得好，为什么？通过换词比较加以体会，并对照板书，当堂背诵。这一语言训练匠心独运，填空练习题中的语言材料源于课文，又经过精心的改造，不同于课文。完成练习的过程，既加深了课文内容的理解，又是课文语言的转换训练，促进了对这些准确精当的词语的积累和内化。揣摩词语、背诵段落，使学生对作者遣词造句的技巧有了深刻的领悟，有助于语言的迁移运用。

3. 读写结合从"操练"走向"言说"。纵观当下的语文课堂，脱离学生的言说需求，一味地为"结合"而结合的做法，已使读写结合沦落为毫无意义的语言操练。成功的读写结合，应该让学生借助合适的言语形式传达自己的内心情感和真实需要，在自由言说中获得语言与情感的和谐共振。具体地说，低年级应以语言形式模仿为主，在规范的基础上表达出自己的真实想法，中高年级应在语言表达形式的迁移运用中，强调思维的独特性。比如《花钟》（人教版三年级上册）第一自然段描写了九种花依次绽放的奇特景象，这段话最大的语言典范性体现在语言表达的多样性和准确性的生动结合中。一方面，作者对九种花开放的动态描写，用了不同的表达方式和极具个性的词汇，或拟人，或白描，或直截了当，或生动描绘，语言极富变化，节奏极富变化；另一方面，对每一种花开放时间的描述又相当准确，用"左右"，用"大致"，用"承上省"和"启下省"这样一种语境的暗示来告诉我们，每一种花开放的大致时段。教学这段话必须牢牢锁定语言表达的这一特征，引导学生理解语言文字所表达意思，并进一步体味语言文字表达形式所传递出来的那种节奏，那种韵味，体会作者在遣词造句上的那种准确，那种精到。学完这段话，教师提供了其他花朵开放时的图片以及它们各自不同的开放时间，让学生根据自己对这些花的独特认识与感受，运用课文的语言形式，把这些花开放的样子、姿势、色彩加以个性化的描写。

4. 语言运用从"课堂"走向"生活"。真正检验一个人语文能力的不是课堂，而是生活。从这个意义上说，语用教学不能局限于课堂上的语言训练，更应该把教学视野拓展到课外，把训练领域扩大到生活的方方面面。一方面，注重课内向课外的过渡和延伸。比如学习《记金华的双龙洞》，了解游记的基本写法，课后让学生写一篇游记；阅读《鸟的天堂》，课后就用上课文的内容和语言，并结合收集到的这棵榕树的资料，向别人介绍"鸟的天堂"；读了《一次比一次有进步》，回家给爸爸妈妈说说这个故事；学完《井底之蛙》，展开丰富想象，说或写青蛙跳出井底后的所见所闻等。另一方面，鼓励学生自由表达生活感受。比如倡导多写多投稿多发表，设立班级新闻联播台，开展参观采访活动，开设时事讲坛和阅读论坛等，从而在现实的生活中真正锻炼、养成良好的言语智慧。

（四）"学得"与"习得"：语用教学的达成途径。

任何一种能力的形成都不可能一蹴而就，非经过一番历练不可。语文能力也是如此。因此，语文教学要根据语言能力发展要求，有计划、有组织、有目的地通过学习活动的精心设计和有效指导，引导学生参与到丰富多彩的听说读写语文实践中。这种通过教师的讲解，学生的训练，达到"自能读书，自能作文""展卷而自能通解"的程度的学习方式，就是"学得"。

但是，语文学习仅仅依靠"学得"是不可想象的。因为，与数学、英语等学科相比，语文学习有其特殊性和先天优势性，它不像其他学科那样，一般是先掌握知识再将知识转换为能力，而是能力在先，知识在后。一个还没上过幼儿园的毛头小孩，为了表达对妈妈的不满，会来这么一句："妈妈，你是个大坏蛋。"但他却不知道这是一个比喻句。之所以如此，是因为汉语言是母语，母语学习不是从零开始的一无所有。一个人从呱呱坠地就生活在特定的母语环境中，吸取语言材料，自觉不自觉地被感染、受熏陶，并逐渐地进步与发展。开始是自发、朦胧的，从幼儿说话开始"积累"，在进入小学之前，一般能掌握近千个词语，会说不少连贯的话，已经具有相当可观的口头表达能力。即便是一个只字不识的文盲，也有语言表达甚至能说会道的基本技能，尽管他说不出自己用上了什么表达技巧或方法。可见，不知道知识并不等于没有知识，只不过是以一种隐性的形式存在的缄默性知识。这是"习得"的功劳，是一种不知不觉、自动产生的内隐学习。语文学习只有把"学得"与"习得"相互融合、互为促进，并遵循着"习得—学得—习得"的圆形的循环往复的轨道运行，才能最终达到语文能力的全面发展。

第四节　形态特征

一、语用教学与其他教学的差异。

比较是发现差异、区分不同的最好方法。我们不妨从两个案例的比较入手。

案例一：《火烧云》

文本内容："天上的云从西边一直烧到东边，红彤彤的，好像是天空着了火。

这地方的火烧云变化极多。天空中一会儿红彤彤的，一会儿金灿灿的，一会儿半紫半黄,一会儿半灰半百合色。葡萄灰,梨黄,茄子紫,这些颜色天空都有,还有些说也说不出来、见也没见过的颜色。"

设计一:

1. 读这段话,体会火烧云颜色多、变化快的特点。

2. 天空中的火烧云不断变化它的颜色,那会是一种怎样的景象呢?播放课件,展示欣赏。

3. 这是一幅多么绚丽多彩的画面,自己试一试怎样读才能把这种美表达出来。指导朗读。

设计二:

1. 火烧云有哪些颜色?列出来并归类。

2. 你为什么分成这几类?这些写色彩的词在结构上各有什么特点?

3. 你能再写几个这几种结构的词语吗?

4. 把你自己写的词语代入课文读一读,再说说你的感受。

案例二:《姥姥的剪纸》

文本内容:"一把普普通通的剪刀,一张普普通通的彩纸,在姥姥的手里翻来折去,便要什么就有什么了,人物、动物、植物、器物,无所不能。我从小就听人啧啧赞叹:'你姥姥神了,剪猫像猫,剪虎像虎,剪只母鸡能下蛋,剪只公鸡能打鸣。'"两位教师同教《姥姥的剪纸》第2自然段,第一个教师是这样教的:

教法一:

师:村里人是怎样夸姥姥的呢?

生:(齐读)你姥姥神了,剪猫像猫,剪虎像虎,剪只母鸡能下蛋,剪只公鸡能打鸣。

师:从村里人对姥姥剪纸的啧啧赞叹声中你感受到了什么?

生:我感受到姥姥的剪纸太神了。

生:我感受到姥姥的剪纸技艺太高超啦!

师:现在你们就是村里人,也来这样夸夸姥姥的剪纸。

（学生有感情地读）

师：村里人为什么要这样夸姥姥的剪纸呢？

生：（读）一把普普通通的剪刀，一张普普通通的彩纸，在姥姥的手里翻来折去，便要什么就有什么了，人物、动物、植物、器物，无所不能。

师：你是从哪些词语中感受到姥姥的剪纸很"神"的？

（学生抓住"普普通通""翻来折去""要什么就有什么了""无所不能"等词语交流阅读感受）

师：让我们再来读一读吧，读出姥姥剪纸的神，读出姥姥的心灵手巧，读出村里人对姥姥的敬佩。（学生齐读）

教法二：

师：自由读第2自然段，想想，姥姥的心灵手巧表现在哪，课文是怎么写姥姥的心灵手巧的？

生：人们赞叹姥姥，说"你姥姥神了，剪猫像猫，剪虎像虎，剪只母鸡能下蛋，剪只公鸡能打鸣"。（出示这句话）

师：自己读一读。有没有发现这句话很有意思？读上去感觉怎样？

生：琅琅上口，就像顺口溜。

师：谁来很有韵律、有节奏地赞叹一番？

生：（惟妙惟肖、富有节奏地）你姥姥神了，剪猫像猫，剪虎像虎，剪只母鸡能下蛋，剪只公鸡能打鸣。

师：这句话是怎么写姥姥的心灵手巧的呢？

生：是用人们的啧啧赞叹来写的。

师：对，这种不直接表现，而是通过其他人或物来表现的描写方法，就是侧面烘托。那前面那一句又用了哪种描写方法呢？

生：直截了当地说。

生：正面写。

师：同学们的意思都讲对了。老师用一个词说，就是简要概括。读读这句话。

生：（读）一把普普通通的剪刀，一张普普通通的彩纸，在姥姥的手里翻来折去，便要什么就有什么了，人物、动物、植物、器物，无所不能。

师：请大家注意这句话的前半句与后半句，看看你有什么发现？

生：前半句讲的是姥姥剪纸的材料很简单，后半句讲姥姥可以剪什么有什么。

生：这就形成了鲜明的对比。

师：是的，这个长句子用上了对比，进一步突出了姥姥剪纸技艺的高超与神奇。读读这句话。（学生读）

师：这句话说姥姥什么都会剪，可人们啧啧赞叹姥姥时只说了猫、虎、母鸡、公鸡等动物，现在请你学着书上这句话来夸夸姥姥剪的其他东西（大屏幕出示：你姥姥神了，剪____像____，剪____像____，剪只_____，剪只_____）。

生：你姥姥神了，剪小孩像小孩，剪老人像老人，剪个娃娃会哭笑，剪个老汉乐呵呵。

生：你姥姥神了，剪树像树，剪花像花，剪个苹果红通通，剪个香蕉黄澄澄。

生：你姥姥神了，剪笔像笔，剪刀像刀，剪个教室好气派，剪个书包好漂亮。

师：乡亲们的啧啧赞叹，表现了他们对姥姥怎么样的情感？

生：敬佩之情、自豪之情、赞美之情。

师：是呀，姥姥的剪纸剪出的是姥姥的心灵手巧，剪出的是乡亲们的啧啧赞叹，剪出的是作者的自豪与骄傲。听着乡亲们的啧啧赞叹，也难怪作者会发出这样的感叹——

生：无论何时，无论何地，要忆及乡亲们对姥姥的这些啧啧赞叹声，我的心境与梦境就立刻变得有声有色。

从上述两个案例的比较中，我们不难发现，"设计一"和"教法一"是典型的以内容理解和情感熏陶为核心的教学。以内容理解为核心的教学，就是教师将自己对课文内容的理解，以几个问题的形式让学生从课文中寻求答案，得出结论，其间适当安排语文知识或方法的教学；以情感熏陶为核心的教学，就是整个教学循着课文的情感发展思路来展开，层层推进，以情激情，在这过程中有机穿插语言的学习和内容的理解。这样的教学设计是典型的以得"意"为主要目标组织阅读教学的，阅读是主线，理解内容是目的，基本上只是基于"知识""认知"的层面：学记事文，就是了解事件的经过怎么样；学写景文，就是知道课文写了哪些景物，这些景物有什么特点；学说明文，就是把握文中说明的是什么，它们是什么样的。结果，一篇课文学完，学生只记住了课文中的人、事、物，它能帮助学生获取课文内容，受到情感教育，实现文本人文教化功能的最大化。而识字、听、说、写只是穿插其间，附属于理解感悟，其轻重取舍必须服从阅读活动的需要，因而实在无助于学生语文技能的提升。而语用教学旨在培养学生以听说读写为核心的语文素养，其目的不是为了让学生"懂"，而是要求"会"，即创设听说读写语用情境，在相应的实践活动中逐步形成和发展学生的语文技能。

二、语用课堂的特征描述。

（一）文本定位：学习语言表达的样本。

什么叫"语文"？叶圣陶先生这样说："平常说的话叫口头语言，写到纸面上的叫书面语言。语就是口头语言，文就是书面语言。把口头语言和书面语言连在一起说，就叫语文。"可见，语文就是"口头语"与"书面语"的统一体。那么，语文学习指向的是"口头语"和"书面语"的内容，还是"口头语"和"书面语"的形式？这就得从语文能力评判标准和语文学科属性说起。

评价一个人语文能力的高低，是看他"读了什么""说了什么"，还是"如何读的""怎样说的"？答案显然是不言而喻的。一个人语文能力的高低，并不完全取决于他能够了解多少事实与现象，而是主要取决于对这些事实现象的认识高度与深度——看他的思维能力与语言特别是书面语言的表达能力，看他能否通过恰如其分的形式（方式）将思想情感准确形象地传达出来。没有相关的阅历与经验固然无法表达相应的观点，但是一个人的阅历再丰富，各方面的经验积累得再多，如果不具备一定的语言表现能力，那说出的话或写出的文可能就会思维混乱、词不达意，自然也谈不上语文能力高。这是其一。

其二，任何学科的课文都是以言语作品的形式存在的，都有其言语内容与言语形式。但与其他学科所不同的是，语文学科不像其他学科那样，所有定律定理内涵的定义阐释以及其适用范围的厘定、现实运用的原则规律方法技巧等学科知识，全都包容于课文的内容之中，理解了课文内容，也便掌握了学科知识体系及其运用的规律原则方法技巧。语文科课文包罗万象，天文地理、风俗人情、文明文化，无所不包，却少有承载学科知识及其运用形式规律的，学习了课文内容，不等于就一定掌握了语言运用形式。所以说，语文课文中的言语内容属于其他学科却不属于我们的语文，我们语文教学的立足点必须定位在言语形式方面——过分纠缠言语内容，其实是忙着为别人做嫁衣。

再看言语形式，它与言语内容一样，都是丰富多彩的。一句话有一句话的语法形式，一篇文章有一篇文章的结构形式，同一种言语形式可以表达不同的言语内容，同样的言语内容也可以采用不同的语言形式表达。正因为同一种言语形式可以表达不同的言语内容，所以，才可能存在"举一反三"，触类旁通，我们才能通过"教学"让学生认知理解把握运用，实现"教是为了不教"的目的；正因为"言语内容也可以采用不同的言语形式表达"，所以，让学生理解把握的言语形式数量越多，程度越精确，他们选择的余地才越大，表达效果才越好，才越能够体现其真正属于"语文"的"个性"。

基于上述考虑，视语文课文为学习语言、学习言语表达的范例和样本，自然就成了语用教学的文本定位。诸如《燕子》对燕子飞行的描写特别形象，《"精彩极了"和"糟糕透了"》心理描写令人刻骨铭心，《山中访友》大量的比喻、拟人的修辞方法以及在写景中抒情的表达方式，《北京的春节》按时间顺序的结构以及有详有略的表达方式……凡此种种，不让学生学习模仿，岂不辜负了教材编者的一番苦心？

（二）教学思路：以语言带动内容。

语言学习过程应该是一个理解语言文字和理解内容相统一的过程。这个过程是由两个相互联系的阶段构成的：第一阶段是借助语言理解课文的思想内容，第二阶段是在理解内容的基础上，体会课文内容的语言表达特点和规律。上述过程的出发点是语言，落脚点仍是语言。

语用教学设计讲求理解语言和理解运用语言的统一，但与内容理解、情感体验型的线性设计显著不同的是，它遵照语文知识或技能学习规律，围绕某一读写技能设计教学过程，形成能力掌握型、语言运用型的板块设计，从而促进语文课程内容的落实。其出发点是语言，落脚点也是语言。也就是说，课堂教学以语言应用和能力掌握为主线，带动对课文内容、故事情节和主题思想的理解和把握，强化学生对语言的表达特点以及语言对思想内容的表现力的学习和认识，并通过创设相关的语言情境，引导学生迁移、运用所学的语言表达方法。它一般有两种的基本教学思路。

一是依内容学语言，教学流程为：理解语言内容—学习语言表达—安排读写练习。比如，《卖火柴的小女孩》第一部分的教学，就可以采取这样的策略，教学步骤大体如下：1. 默读1—4自然段，卖火柴的小女孩的哪些表现很反常，让你觉得无法理解、不可思议？2. 根据学生的汇报，相机出示相关语句，凭借具体的语言材料，进行说话、朗读、品味、想象等训练，从中明白：小女孩身体上正遭受着饥饿、寒冷的威胁，心理上渴望快乐与亲情。3. 再读这些语句，想一想，小女孩的这些反常举动，课文是怎样通过语言文字传递出来的？4. 讨论交流：你觉得小女孩的反常举动描写是作者的想象吗？为什么？引导体会小女孩的遭遇其实是现实生活的折射，从而对本篇童话的特殊性有了初步的认识。5. 联系全文思考：作者从一开始就描写小女孩的反常表现，这样处理到底是为了什么？6. 创设情境练笔：用上小女孩描写反常行为的语句，写一写小女孩在这一整天里的痛苦遭遇。

二是以语言带内容，其教学流程为：捕捉语言现象—理解语言内容—感悟表达精妙—尝试读写迁移。比如《卖火柴的小女孩》一文五次幻觉这一主体部分的教学，可作如下设计：1. 总体把握内容。通读五次幻觉的段落，说说卖火柴的小女孩分别在火焰中幻觉到了什么？为什么会产生这样的幻觉？并运用发现的信息概括第二部分的内容。2. 发现段落特点。再读有关段落，说说这几个语段有什么共同的地方？3. 细读感悟。静心读书，看看这些段落中的哪个词语、哪个句子或者哪个标点触动了你的心，在有感受的地方做批注。结合学生的发现，展开品词析句，进行听说读写的结合训练，从中感受小女孩对美好生活的追求，以及现实的冷酷无情，并在有感情朗读中加深体会。4. 引导对比朗读。屏幕左边是幻觉的句子，右边是回到现实的句子，对比读后，交流：你觉得作者为什么要这样写？5. 练说探寻秘密。你觉得小女孩除了这四个愿望外，还可能会有什么愿望？你能学着课文的样子写一写吗？学生汇报交流后，追问：既然我们都可以写，安徒生为什么就不写了呢？从而明白：课文中的四次幻觉是按先生理满足再心理需要的顺序来安排材料的，而且四个愿望只是每一个人最基本、必须有的生活需要，可就是这样可怜的要求，小女孩也得不到，只能到幻觉中去实现。这样写，更见其命运可怜，社会黑暗。

（三）课堂形态：明朗化、"精""深"化、结构化、增值化。

1. 教学内容明朗化："用"啥"教"啥。

常说"数学清清楚楚一条线，语文模模糊糊一大片"。这里的"模模糊糊"包含两个意思：课程层面上是说语义教学不知是教语言形式还是语言内容；课堂层面上是说一篇课文不知要教什么。的确，语文学科不像数理化、音体美等学科那样，教什么教材已写得明明白白，无需教师费心费神费力。我国现行小学语文教材大多为"文选型"教材，所选文章往往独立成篇，又以人文思想或文本内容为单元主题，一篇课文长则几千字，短则几百字，字、词、句、篇、语言、修辞、逻辑、文学，可教的东西实在太多，而课堂是个常量，根本无法承载那么多的内容。怎么办？从"模模糊糊一大片"中精准地选择"清清楚楚一条线"就成了必然的选择。可是，当下能够自觉地参与提炼有效教学的内容的教师并不多，更多的教师只是凭着传统经验或个人认识或教学参考书，比较随意地选择教学内容，制定教学目标。如此在"教"的内容选择上随意而杂乱、错误乃至荒唐的后果是，同一版本的同一篇课文，在不同教师的手中，其教学内容很不一致，甚至是千差万别的现象并不鲜见。试想，连教学内容都可以含糊不清，其教学有效性何以保证？于是，以得"意"为主要目标组织教学成为语文课堂的主流，汹涌于公开课与日常课上。这样的课，阅读是主线，理解内容是目的，识字、听、说、写穿插其间，其轻重取舍必须服从阅读活动的需要，其教学实效当然大打折扣。

  语用教学高举"语言应用"大旗，旗帜鲜明地把语言形式的学习和言语能力的发展作为核心教学目标。在面对具体的课文时，我们采取了化"隐"为"显"、从"面"抓"点"、变"小"为"大"的文本解读策略，抓准课文读写的某一侧面的某一点或某几点，将本来含有无限可能性的课文，限制在一个特定的侧面、特定的"点"来作为例子。避免对课文面面俱到地分析，把注意力集中到"例"的局部，把目光投射在被"例"着的那个"什么"上，从而在教学中突出新质——即知识的生长点和能力的渐进点。具体地说，一是清晰明确地指向语言形式的发现、感悟和运用，而非语言内容的理解和语言情感的熏陶；二是课文的哪个段落、哪个语句最能体现所教课文的语言表达特色，就在这些内容上重锤敲打、深入内心，其他内容或顺带勾连，或一带而过；三是每个环节训练什么，教者心中有数，听者一目了然，一清二楚。如此鲜明地指向语言的教学目标定位和教学内容选择，使得语用课堂呈现出与其他教学不同的课堂态势和面貌，给人以耳目一新之感。

2. 课堂环节"精""深"化："教"简"学"丰。

教学内容上是"弱水三千，只取一瓢饮"，教学过程中也要采取打歼灭战的策略，集中有生力量，聚而歼之，这样才能在短短40分钟时间，让这"一瓢"能"饮"得酣畅淋漓。所以，"精""深"化成为语用教学的必然选择。

所谓"精"，就是主线清晰，板块明晰，头绪相对简单，不繁复，往往单刀直入，切中要害，不固守教学流程的完整性和全面性；所谓"深"，就是对于重点教学内容、重点教学环节，聚焦、凸显、放大、深拓，深耕细作，浓墨重彩，"宁掘一口井，不挖一条沟"。因此，语用教学的课堂流程呈现出"主干分明，枝叶茂盛"的态势。具体地说是扣紧"主线"，在课文的一个或几个点上展开，通过朗读、思考、体验、感悟、表达等多种活动，环环相扣，层层推进，使学生获得以语言为主，思维、情感、知识为辅的多方面的发展。比如，《妈妈的账单》就抓住"账单"安排教学思路：1. 课文中出现了哪两张账单？2. 细读这两张账单，你发现有什么不同？3. 看了这两张账单，你想对彼得说什么？4. 我们也来为自己的妈妈列一张账单。其中，又紧紧抓住"比较账单不同"和"自己列张账单"这两个教学深拓点，借助探讨深究、细读推论、发现感悟、模仿练写等教学手段，把阅读引向深入。如此以简洁的线条拉动最丰富的语言材料，操作时，就能"删繁就简，轻装上阵"，使课堂教学成为一首流畅的诗。同时，把对教材的线性梳理变成了立体式的整体架构，在综合性言语实践活动中，训练学生听说读写思能力，促进学生语用能力的形成和发展。

"精""深"化的教学流程还需要课堂语言的简洁自然，通俗易懂，富有儿童化和生活味，以及教学手段精当、纯净、实用，不华而不实。诸如"月亮还是那个月亮，可在诗人的眼里却有不同的情思。你看她有时是诗人孤独惆怅的哀思，有时又化作一片美丽的乡愁，有时又变成诗人的天真和有趣，有时又是诗人郁郁不得的人文感叹。月，在诗人的眼里是多情的，奇妙的，让我们一起来吟诵这多情的诗，感受多情的月"(《望月》)之类的过度华丽的课堂语言，既把学生听得云缠雾罩，又浪费宝贵的课堂时间。那种为了达到所谓的课堂效果，一味追求感官刺激、情绪调动，又是观看图片，又是播放录像，又是语言渲染，又是课堂表演，你方唱罢我登场，图、文、像、声渐次轰炸，而无视语言的存在，不给学生触摸语言、深层感悟、体验语言的生命力的时间与空间的做法，与语用教学格格不入。

3. 学习活动结构化：依"学"而"教"。

学习心理学告诉我们，学习能力的形成和发展是通过知识、技能和策略的获得及其广泛迁移，从而使它们得到不断综合和概括而实现的。这一形成和发展过程是分层递进的。首先，学生要学习和掌握一定的学科知识、技能和策略，这是构成学习能力的基本要素，但它不等同于学习能力；然后，学生通过积极的思考和不断的整合，将这些知识和技能要素与原有的知识技能相互作用，内化为结构化、网络化的知识技能结构，它能对学习活动发挥直接稳定的高水平的调节作用，知识与技能的结构化、网络化水平是决定学习能力水平高低和发展程度的关键；最后，在解决特定任务的问题情境中，学生运用一定的策略、方法，以活动任务和问题类型为线索和中心，将不同知识技能结构进行组块，实现知识、技能和方法、策略的融会贯通和高度网络化、系统化，形成有利于问题解决的、程序化的活动经验结构，这标志着学生的学习能力达到了较高的水平和状态。具体到语文教学，就是要以教材内容为中介，通过生动、活泼、主动的学习活动，并且随着学习活动的丰富，学习内容的深入，促进学生学习能力结构的不断完善和深化发展。由此可见，学生学习活动的结构化程度直接影响并决定着语文课程和教育活动的教学效果。语用教学崇尚"学"是"教"的逻辑起点，以"学"大于"教"的理念建立基于"学"的教学体系，简言之就是"教"要按着"学"的原理来，怎么能"学"得好就得怎么"教"。从这意义上说，要实现"学"的深化与优化，就必须设计丰富多样、层层推进的结构化学习活动。

比如，教学《广玉兰》（苏教版六年级下册）中的"先前热热闹闹开过的广玉兰呢，花瓣虽然凋谢了，花蕊依然挺立枝头，它已经长成近两寸长的圆茎。圆茎上面缀满了像细珠似的紫红色的小颗粒。这就是孕育着新生命的种子"，可分三步进行：第一步，朗读句子，叙谈感受。教师让学生读读这几句话，然后交流自己的感受。第二步，运用比较，品味语言。教师出示改写后的句子："先前热热闹闹开过的广玉兰呢，花蕊依然挺立枝头，它长成了近两寸长的圆茎。圆茎上面缀满了像细珠似的紫红色的小颗粒，这是孕育着新生命的种子，但是花瓣凋谢了。"让学生朗读并与原句比较，叙谈收获，学生明白：虽然两句话写的同是广玉兰，但原句表达的是欣喜，改后的句子表达的是伤感。作者迥然不同的情感，是借助词语位置的变化来表达的。句中的"虽然花儿凋谢了"变成了"但是花瓣凋谢了"，用"虽然花儿凋谢了"，就让人并不注意它的凋谢，而重点去欣赏它的美丽，而用"但是花瓣凋谢了"，就把人的目光引到了它的凋谢上，让人感到不快。这就让学生感受到语言表述的魅力。第三步，趁势拓展，促进深化。先让学生比较"虽然你成绩进步了，但是还比较差"和"虽然你成绩还比较差，但是你进步了"两句话，体会词语位置的变化与情感表达之间的关系，再让学生根据以下句子的意思，在括号里填上合适的词：1. 诗人望着渐渐下山的太阳，（   ）地说："夕阳无限好，只是近黄昏。"2. 诗人望着渐渐下山的太阳，（   ）地说："虽是近黄昏，夕阳无限好。"结果，学生在第一括号中分别填上了"无限惆怅""十分伤感""摇头叹息""深感惋惜"等，在第二个括号里分别填上了"洋洋得意""兴致勃勃""点头晃脑""眉飞色舞"等，由此可以看出学生对句子意思理解的准确和深刻。你瞧，这一学习活动包含着读懂语言之"意"、发现语言之"形"、品味表达之"妙"、内化表达之"法"、迁移表达之"例"这么几个基本要素，而且环环相扣，步步深入，从而推动"学"的活动的结构化，实现语言体验的优质化、品质化。

4. 言语实践增值化："学"了会"用"。

我们坚定地认为，下笔成文、出口成章是衡量一个人语文水平的核心标准。所以，语用教学始终追寻这样的教学理想：强化语言运用，实现文本增值。这就需要讲求教学的价值性。

什么是有价值？简单地说，有价值就是被人们所需要。追求有价值的语文教学，就是要满足学生的学习需要。换言之，就是要教学生不懂的，讲学生不会的，练学生最需要练的，显现出"教学"的必要性和重要性，学生学不学这一节课就是不一样。如果单纯从是否教了知识来考虑，可能教学也是低效的。所以，不要认为有了教学目标就行，只有教学目标适宜于学生，教学才可能有效，才能显现应有的价值，才能最终落实在学生的发展上。

比如，儿童诗《家》："蓝天是白云的家，树林是小鸟的家，小河是鱼儿的家，泥土是种子的家。我们是祖国的花朵，祖国就是我们的家。"这篇课文的词句训练的价值在哪里？其实很简单明了：词语是"祖国""家""花朵"，句子是"我们是祖国的花朵，祖国就是我们的家"。其他的，可以暂且不管。这样确定的理由是，新出现的词语和句式，或在具体的语境中具有更新、更深的意义的词句必须成为教学的对象。"祖国"在文中是个新词，不学不行。"家"和"花朵"在文中已含有更新、更深的意思了，"家"这个词一方面是课文的"中心词"，另一方面是它在课文中的意思已扩大了，不再单指学生原来意义上的那个"小家"；"花朵"也不是一般认识中的大自然界中的"花"了，这里已延伸为"祖国的孩子"，这些都是一年级学生所必须了解、学习的。而弄清楚了"祖国"和"花朵"的所指和关系，"我们是祖国的花朵，祖国就是我们的家"的含义也就不难明白了。在此基础上，引导学生在具体的语境中用"祖国""家""花朵"等字词练习说话，既懂意思，又会运用，教学效果焉能不佳？

很显然，判定学生在语言能力上是否学有所得，学有所进，"能用""会用"无疑是一个硬指标，也是衡量课堂教学增值化程度的测试剂。可纵观当下的语文课，不少教师淡化了教学结果的评估与反馈，对"学生到底学到了什么"这个问题模糊不清,对学生的"学习结果"缺乏清晰的了解与把握,致使师生一起迷失在"没有终点"的教学窘境中难以自拔。语用教学因其每节课所要训练的目标比较单一而明了,所以,不论是学生学习过程的落实情况,还是学习结果的效度检测,都相对比较外显而具操作性。学生通过这节课的学习,是否达成预期目标,达成度如何,还存在哪些问题,基本上都可以通过学生在学语言、用语言的过程中,得到比较直观甚至准确的判定和验证。

第二章　语用课堂的实施

第一节　教学策划

一、课文细读的精准到位。

扎实做好文本解读和教学设计这两个课前的案头准备,直接关系到课堂实施的精度和效度。那么,语用视野中的文本解读要"读"的是什么呢?不仅是课文内容,不仅是故事情节,不仅是人物形象,也不仅是文章情感,还不仅是文本主题,而是丰富多彩的语文现象、语言元素。

(一)聚焦话语、善于联想的基本原则。

1. 聚焦话语,走向文本佳境。

语言到了"用"这个层面,才称之为"话语"。话语具有语言意义和情景语义。"语言意义"是分析语言本身的词典意义、形式意义等,它是共通的、稳定的。"情景语义"是在语境中的意义,也就是书中提到的言外之意、文化语义等。情景语义是个人化的、具体的,不仅指文本作者的"个人化",也指解读者理解的"个人化"。一旦触摸到情境语义,话语意义就指向了"人文",人对文本的能动反应。抓住这两个层面走向文本时,会带上更为全面、理性的视角。

《荷花》中"荷花已经开了不少了。荷叶挨挨挤挤的，像一个个碧绿的大圆盘。白荷花在这些大圆盘之间冒出来。有的才展开两三片花瓣儿。有的花瓣儿全展开了，露出嫩黄色的小莲蓬。有的还是花骨朵儿，看起来饱胀得马上要破裂似的"，从语言意义和情景语义两个层面来对这段文字进行分析，会"欣赏"到不一样的荷花。

从语言意义分析，这一自然段主要写了荷花的不同姿态。句子之间的逻辑关系意义，从语法学分析为并列关系意义。荷叶密集、叶片交接是自然现象，绝非荷叶有意为之，怎是亲热的"挨挨挤挤"？"冒"取字典义为向外透或往上升，植物生根发芽，荷花向上生长也是一种自然现象，都在不经意间静静地发生着，何来有力的"冒"？如此这般把词语的词典语义"还原"出来，似乎存在着这样那样不合情理的地方。

从情景语义分析，又会是"别有一番洞天"的景象："挨挨挤挤"，一个紧靠着一个，说明荷叶密密层层，数量很多。想象一下，一片一片圆圆、绿绿、大大的荷叶，你靠着我，我倚着他，是一副多么亲热无间、温馨甜蜜的场景。拟人手法让文字立刻变得有情感、有温度，不合情理的地方放在语境中，就符合"情理"了。荷花不是偷偷地钻出，也不是自然地长出，而是"冒"出，就这样突然地冒了出来，像个顽皮的孩子。这种顽皮的感觉和前面写荷叶的"挨挨挤挤"的感觉算得上"一脉相承"，不但与之相呼应，而且说明了荷花顽强的生命力，冲破阻力，使劲地从密集的荷叶中钻出来，生机勃勃地生长。就连花骨朵儿，也"饱胀得马上就要破裂似的"，同样让我们感受到一种蠢蠢欲动的生命力，令人不禁赞叹：好一股奋发向上的劲头！借用王国维的话：以我观物，物皆著我之色彩。文中的"我"是一个可爱的孩子，他眼里的荷叶、荷花也就透着孩子般的可爱。就这样，荷叶旺盛的生命力就在这简简单单的"冒""饱胀"中表现得淋漓尽致。结合上下文语境理解，"一切景语皆情语"，"大圆盘""挨挨挤挤""冒""饱胀"等词语皆是因为作者对荷花有着情有独钟的爱意。作者借文字想表达什么？除了表达荷花的"爱"与"更爱"，似乎也希望我们要有荷花那样无比旺盛的生命力,要像荷花那样透着生气,透着活泼,保持一份做人的精气神。

2. 善于联想,走向文本胜地。

认知心理学认为:"一个语词的意义在于这个语词能在听者的脑海里产生一个联想心象。换句话说,语词的意义要靠语词在说话者或听话者心里引起的心理过程来解释。"联想,是实现语用能力的途径,也是培养语感的重要途径之一。外来信息源引起大脑皮层的活动,"激活"了原有知识图式中的相关信息,使新信息和旧知识联系起来的心理过程,这就是语用联想。

《燕子》的第二自然段"才下过几阵蒙蒙的细雨。微风吹拂着千万条才展开带黄色的嫩叶的柳丝。青的草,绿的叶,各色鲜艳的花,都像赶集似的聚拢来,形成了光彩夺目的春天。小燕子从南方赶来,为春光增添了许多生机"。一幅由微风、细雨、柔柳、青草、绿叶、鲜花、燕子组成的迷人的春景画!一个"吹拂"点出了风之微、风之轻、风之慢、风之柔,让人想起朱自清《春》中的"像母亲的手抚摸着你"的比喻,又使人想起"吹面不寒杨柳风"的诗句。一词一句皆有情,如此看来,透露出作者对春风之喜爱。"细雨"写出了雨之轻,雨之细,像牛毛,像细针,从天空中洒落下来,轻轻地、分散地落下,何等飘逸,何等轻盈,一切景语皆有情,难道这不是作者对春雨之喜爱之情吗?"千万条才展开带黄色的嫩叶的柳丝",叶之新、叶之嫩,丝之柔,丝之多,柳之妩媚,柳之飘逸,真是"刚落地的娃娃,从头到脚都是新的",极言春意萌发,万象更新之景象。经过一冬天的沉寂,突然看到"千万条才展开带黄色的嫩叶的柳丝",眼前不是随之一亮,心中不是随之一阵欢喜吗?这样一个充满生命力的新生事物,谁不喜爱呢?一个"赶集",让人联想到"青的草,绿的芽,各色鲜艳的花"争先恐后、竞相开放的生机活力,以及万木争春、绚烂蓬勃、欣欣向荣的热闹景象,这不正是"红杏枝头春意闹"吗?而"赶"字让人仿佛看到了小燕子欣然赴会,急匆匆从南方赶来的身影,它要来欣赏这热闹,也要为这春光增添许多生趣。于是,春天的帷幕就这样生机盎然地开启,显得别样的有声有色、有滋有味。

（二）"着眼共性，着力个性"的解读策略。

1. 着眼共性。

（1）细读程序上的共性。大凡一篇课文的解读，一般要经历三个阶段。

第一，以"素读"的心态获得阅读初感。从阅读这一角度上说，语文教师的身份应该是多重的，首先应该是个真实而普通的读者。我们读报纸杂志、文学作品时，是怎么做的呢？必须要有这样一个过程：以休闲的方式进入文本的，看书的时候不带自己的观点看，脑子空白地看，看它说什么，完了再用自己积累的东西跟它有一个思想上的对谈，最后自己得出一个结果。用作家阿城的话就是"你不带你的意见去读"，这就是古已有之的传统阅读方法，美其名曰"素读"。"素读"就如同饮功夫茶，在慢悠悠的品咂中体会个中意境和韵味：读懂文本、读懂作者、读出自我、读出社会人生，岂不快哉！这样的阅读，自然就能得到原汁原味的"阅读初感"。

第二，以"语文"的眼光发现教学价值。如果说，"素读"仅仅只是把课文当作一个纯粹的文学作品来读，那么，接下来的读就应该带着某种任务，乃至于带着"功利性"的态度，把课文当作教学文本来读，从专业的角度，以"语文"的眼光，去审视、发现、挖掘隐藏其中的语文元素。如果说把教材当阅读文本读，开头因对文章内容尚无头绪，为获取文章的初步意义和整体感受，采取的是"自下而上"的阅读理解模式的话，那么，把教材当教学文本读，则为"自上而下"的模式，是从所获得的文本意义结构开始，凭借语言材料，研究文章如何总体构思、如何遣词造句、如何修饰文字、如何突出主旨等等。这样的解读，是侧重于从运用的角度着力的，无疑有利于我们发现文章的语言特色、表达特点等言语智慧。

第三，以"这一个"的标尺锁定文本秘妙。人有个性，其实每一篇文章都具有属于自己的、其他文本所没有或不鲜明的"这一个"，我们姑且称之为"文本个性"。"这一个"的唯一性、排他性和不可替代性，决定了它不论是从文本自身的存在价值还是教学的核心价值来说，都是弥足珍贵的。

故而，尽管判别核心知识或能力点的标准可能有学情、单元重点、学段目标等多个因素，但是，一般情况下，最为直接和快捷的标准往往是文本的"这一个"，它是锁定文本秘妙的重要标尺。这是因为，课文是依据课标精神和学段目标要求，经过编者精心挑选甚至做过修改的，哪些训练重点适合哪个年级、安排在哪个单元，从总体上说一般是比较清楚、准确的。

（2）细读内容上的共性。小学语文教材是言语的海洋，各种不同形式、不同风格的言语，丰富多彩，应有尽有。这就决定了不论是哪一类课文，那些经作者或千锤百炼或妙手偶得写就的规范、精巧、典范、陌生、使用修辞格的语言，都是文本细读不可忽略的。因此，沉吟语句、关注语言成了文本细读的共同的"规定动作"。

一是规范的语言。符合语法规则，正确无误的言语，准确、通顺、简练、得体是这类语言最突出的特点。比如，《日月潭》里有这样一句话，"日月潭是我国台湾省最大的一个湖"。这句话很通顺，很简练，语义也很明确。这句话向读者提供的信息是：湖的名称；湖所在地点；湖的性状，是我国台湾省最大的湖。这句话没有采用什么修辞方法，可算作非修辞性的言语，句型为陈述句，是语法中所讲的常用的判断句。这样的句子在低年级的课文中应属多数，到了高年级这类句子虽然还不少，但训练的价值已经不大。

二是典范的语言。就是在准确、通顺、简练、得体等特点的基础上，加上形象、生动、富有艺术性、感染力、感情色彩和美感的语言，使语言具有均衡美、对称美、变化美、侧重美、联系美、音韵美、含蓄美、幽默美等。《藏戏》开宗明义就是这样三句话：

世界上还有几个剧种是戴着面具演出的呢？

世界上还有几个剧种在演出时是没有舞台的呢？

世界上还有几个剧种一部戏可以演出三五天还没有结束的呢？

如果单独地看每句话，似乎也就是一般的反问句，每一句分别说的是世界上戴着面具演出的剧种少、没有演出舞台的剧种少、一部戏演出三五天的剧种少。但一连起来看，就发现不是这么简单了。从语段形式上说，是三个反问句组成的排比句，而且是每个反问句单独成段的排比结构。更重要的是语意的递进。戴着面具演出的剧种少，可见其难得，再加上没有演出舞台的，不就少之又少、寥若晨星了吗？这足以说明这个剧种的宝贵程度了吧，可还嫌不够，再深入一步强调一部戏还能演出三五天，这不强调了其世所罕见、弥足珍贵了吗？用"此曲只应天上有，人间难有几回闻"来形容一点也不为过。更妙的是，如此突出这个剧种的稀有，却不明示其名称，自然造成了一种悬念：什么剧种竟能如此的独一无二？进而产生了非往下读不可的阅读期待。这样的开篇，夺人眼球，引人入胜，实在妙不可言。

二是精巧的语言。所谓"精巧"，是指语言精致、雅致，在选词炼句上比较讲究、有特色。比如这几句：

小草从地下探出头来，那是春天的眉毛吧？

早开的野花一朵两朵，那是春天的眼睛吧？

树木吐出点点嫩芽，那是春天的音符吧？

解冻的小溪丁丁冬冬，那是春天的琴声吧？

这是《找春天》中的四句话，读这样的语句是不是特别养眼、特别舒服？因为它特别符合闻一多先生所倡导的"音乐美、绘画美、建筑美"的新诗"三美"理论。四句话字数相当，语气相同，节奏相似，且都以"吧"结尾，读起来琅琅上口，极富音乐的韵律美。四句话分别描绘了小草、野花、嫩芽和小溪丁冬流淌的情景，勾画了一幅充满生机活力的春天风景画，令人赏心悦目。每一句都以亲切交流的口吻，拟人比喻的手法，把小草说成眉毛，野花说成眼睛，嫩芽说成音符，丁冬的水声说成琴声，贴切中又富美感，给人以丰富的联想和想象。加上四句话句式一样，排列整齐，结构完整，宛如一件精美的艺术珍品，给人以视觉、听觉、味觉上美的享受，意味无穷，情趣盎然。

四是陌生的语言。为了增强表达效果，有些语言特意改变了常规语用规则，以非常规的话语组织方式表情达意，我们称这样的语言为"特别的语言"。比如《秋天的雨》中的"小朋友的脚，常被那香味勾住"一句，世界上，谁有过被香味勾住的经历？谁又见过脚被香味勾住的人？没有！要想理解这句话只有打通文本世界和儿童世界的联系，才能体会这句话是写孩子们被果园里各式各样的又香又甜的水果迷住了，舍不得走了。如此富有情感、充满生活味的画面，就源自于语言的陌生化。读这样的句子，学生很自然地想起自己曾经被橱柜里的布娃娃、麦当劳里的汉堡包、街上烤肉串的香味迷恋的情形，于是，模仿表达就有了欲望和模板。再如《山雨》中有这样一句话："这清新的绿色仿佛在雨雾中流动，流进我的眼睛，流进我的心胸。"此句其义既不高深，也不特别，却会给人表达效果不错、不一般的感觉，这是为什么呢？主要原因是这句话特殊的语言方式在起作用。如果说"这清新的绿色仿佛在雨雾中流动"，是由于风和雨的原因，风、雨中的绿色便有了动感，绿色在雨雾中流动尚属搭配正常，那么，绿色流进眼睛、流进心胸的搭配就属异常了。没有前面的绿色在雨雾中流动，单说绿色流进眼睛、流进心胸是令人无法理解的。因为现实生活中的颜色不会动，更谈不上流进人的眼睛和心胸，但是由于句子的前面说了绿色在雨雾中流动，这就为后面的流进眼睛、流进心胸做好了铺垫，于是作者由一个"流"，顺手拈来了绿色流进了眼睛和流进了心胸。"流进眼睛"和"流进心胸"并非是使眼绿、使心绿，而是雨中的绿色的美，如俗话所说——入眼、养眼，使人心情舒畅、心胸开阔。于是，读者便从这表面上无"美"无"情"的文辞中，体会到了言外之意和辞外之情。

五是运用修辞格的语言。如果说语法是语言的法律，并如语言世界的警察，对语言起着规范和纠错的作用，那么修辞就是言语的化妆师、美容师，对语言起着整容和美化的作用。比如《富饶的西沙群岛》中的"正像人们说得那样，西沙群岛的海里一半是水，一半是鱼"一句，意思其实很简单，无非是说西沙群岛海里的鱼很多。但是，这句话给人的感觉并不简单，它比"西沙群岛的海里的鱼很多"无疑更具有表达的魅力。原因就在于夸张手法的运用，目的无非是故意通过"言过其实""夸大其词"以收到"鱼多"的更佳的表达效果。这一表达效果之好可以从两方面去概括，一是最大限度地突出了"鱼多"的特征，并将"鱼多"这一对读者并无多大情趣的事情说得蛮有情趣；二是将"鱼多"这个带有概括、抽象化的所指形象化了，"海"的一半是多少，想来想去，虽然依旧是深不见底、辽阔无边，毕竟还是有"形"可想，有"象"可现。于是，由于这句话使用了夸张的手法，就使那本来索然无味的"鱼多"之意变得令人回味不绝，且不由得生出许许多多的联想和想象。

2. 着力个性。

（1）文体不同，重点不同。不同的文体具有不同的语言风格特点，其表现方法和语言形式总会受到文体的制约或张扬，像移情、夸张手法在文学作品中可以尽情发挥，到了说明性、议论性文章中一般要有所克制。另一方面，风格相似的语言在不同文体中的作用也不一样，同样一种语言表达形式，甚至是同一个词语或句子，在说明文、散文、小说、诗歌中所表现出来的意义、韵味、作用、效果就有很大的差异。因此，文体不同，细读也该呈现出重点的差异。

小说往往是通过讲述故事来刻画鲜明、独特的人物，因而制造矛盾冲突推动情节发展，借助典型细节塑造人物性格，是小说的"独门绝技"。因此，读出矛盾，读出细节，准确把握人物性格，是小说类文章的文本细读之道。如，《临死前的严监生》是一篇讽刺小说，其最大的写作特点就是在常理与现实的矛盾中突出"讽刺"这种艺术效果。小说中众人对严监生临死前伸出两根手指几种猜测颇为有趣，有的猜测是两个亲人，有的猜测是两笔银子，有的猜测是两位舅爷，结果都没猜到，把严监生急得直摇头。直到善解人意的王氏说中了严监生的心事并挑去了一茎灯草，那严监生才安心离世。临死前本应挂念亲人或家财的常理跟挂念两茎灯草的现实形成了巨大的矛盾冲突，尤其这矛盾发生在家财万贯的严监生身上，让人感到既可怜又可笑。而造成常理与现实巨大反差的，恰恰是"两根手指"的动作细节，将小说的悬念一步步推向高潮。如果一开始直接就写王氏猜中了严监生的想法，省去了其他人等的猜测，恐怕小说的讽刺效果就要大打折扣了。读明白了这点，也就读出了这篇小说的文本秘妙。

而游记，抓住游踪变化和移步换景的写法，突出景物的有序和特点描写，则是根本。比如《记金华的双龙洞》，文章从罗店、盘山公路、双龙洞口、外洞、孔隙、内洞、出洞，如此按照游览的顺序老老实实地一路写来，作者的游踪全都一目了然。这是"明线"。还有一条线就是伴随着地点转换、不断出现的那条溪流：一路迎着溪流—那溪流就是从洞里出来的—泉水靠着洞口的右边往外流—在外洞找泉水的来路，原来从靠左边的石壁下方的孔隙流出—上源在深黑的石洞里。这是"暗线"。"明""暗"交织，不仅使全文脉络清楚，层次分明，而且使事物的方位、方向和作者观察的移动线索及角度都非常清晰。而在移步换景的写法方面，《记金华的双龙洞》变化多样，灵动多变。从所处位置上说，有的用在段首，如"在外洞找泉水的来路，原来从靠左边的石壁下方的孔隙流出"引出"孔隙"一段的描写。有的用在段末，如介绍完"孔隙"情况后，作者用"大约行了二三丈的水程吧，就登陆了。这就到了内洞"，点明游览地点的转换。从写法特点上看，有的直接式，如"大约行了二三丈的水程吧，就登陆了。这就到了内洞"，直截了当，一目了然。有的曲婉式，如从外洞到孔隙的地点变化，作者顺着前一个自然段中的"泉水靠着洞口的右边往外流"的意思，顺理成章地带出"在外洞找泉水的来路，原来从靠左边的石壁下方的孔隙流出"一句，从而开始了"孔隙"一段的介绍。委婉与直接相结合的移步换景写法，一定程度上避免了写法的机械与单调，使得全文富有变化之美。

说到散文，大家一下子就会想到"形散神聚"这个概念。其实，散文的真实特征是"贵在有我"，因为散文是一种具有高度个人化的言说载体，表达的是作者在特定情景下的所见所闻所思所感。因此，把握蕴含在字里行间的独特感悟和情思，领悟文章情感和神韵，就成为散文文本细读的一个中心环节。比如，《山中访友》是一篇构思新颖、形象生动的散文，其中不少语句用语精当,意境优雅,充盈着浓浓的诗意美。"那座古桥,是我要拜访的第一个老朋友。啊,老桥,你如一位德高望重的老人,在这涧水上站了几百年了吧?你把多少人马渡过对岸,滚滚河水流向远方,你弓着腰,俯身凝望着那水中的人影、鱼影、月影。"这段话对古桥先以第三人称相称,又旋即转成第二人称,尤其是"你"的使用,加上比喻的写法,一下子缩短了桥与人的心理距离,使得桥与人产生了微妙的关系,似乎让人听到了作者对古桥的深情诉说,从而更加直接地表达出作者的内心情感。"我靠在一棵树上,静静地,仿佛自己就也是一棵树。我脚下长出的根须,深深扎进泥土和岩层;头发长成树冠,胳膊变成树枝,血液变成树的汁液,在年轮里旋转、流淌"就是一个极富美感、想象丰富的语段,充满童心童趣,洋溢着曼妙的气息和浪漫的色彩。作者把自己想象为一株树,使树与"我"融为一体。角色逆转的幻觉式想象,生动地再现了树木生长的伟大和神奇,也自然融入了作者的丰富情感,让读者有一种亲历的感觉。显然,这种从"我"仿佛变成了树的角度表现"我"与树的情意交融,比单纯地写自己如何喜爱、沉醉这片树林,无疑更能传达出心理的体验过程,也更富有艺术美和感染力,收到良好的表达效果。

当然,一切都不是楚河汉界般绝对分明。有些文章看似属于这类文体,可却蕴含其他文体的特点。比如说《只有一个地球》,表面看,这是一篇说明文,但细读起来发现又不是一篇普通的说明文,而是一篇饱含情感的说明文。说明文是介绍读者未知的知识,但这篇课文所"说明"的事实,其实学生原本都是知道的:第一,地球很美丽,是我们的家园。第二,现在环境受到了严重的污染,地球受到了摧残。第三,要保护我们的环境,爱护地球。这篇课文的重点,主要不是描述我们大家都知道的事实,而是唤起我们的情感,把看起来与我们的生活不那么有关联的"保护环境"跟我们自己的现实生活联系起来。因此,解读这篇文章显然不能像读其他说明文那样,仅仅关注说明的对象、说明的方法、说明的顺序等,还应该体验隐含于严谨、准确的说明性语言背后的那份情感。

(2)文体相同，重点不同。世界上没有两片叶子是完全相同的，世界就因多样性才显更加精彩。文章亦然。不同的文体样式，才构筑起巍峨、丰富的文学大厦，才有众多熠熠生辉的文学形象活跃在读者的心中。而同样文体的文章，其写法在保留共同性的同时，也呈现出各个的风采。

比如，同样是刻画人物形象、表现人物性格的小说体课文，《小嘎子和胖墩儿比赛摔跤》重在人物动作的描写，《临死前的严监生》突出细节表现，《"凤辣子"初见林黛玉》抓的是人物的外貌和语言，《刷子李》采用了人物心理变化和一波三折的叙述方式，《金钱的魔力》则是人物的神态变化和语言对话。往更小处看，人物语言是作者重点刻画人物特点的手段，人物语言尤其能反映人物当时的心理。《桥》只寥寥的"路窄！排成一队，不要挤！党员排在后边""你还算是个党员吗？排到后面去"两句，就把一个宁可牺牲自己和家人也要保护群众的铁汉形象塑造得栩栩如生、动人心魄。而《金钱的魔力》不惜花费占全文近一半的笔墨写老板说的话。这段五、六百个字的长篇大论，可谓是语无伦次、反反复复，先后用了拍马屁法、自吹自擂法、优先享用法、阿谀奉承推销法、百依百顺法，把一个见钱眼开、虚情假意、八面玲珑、溜须拍马的丑恶嘴脸和小人之相活脱脱地刻画出来，令人拍案叫绝、经久不忘。

再比如同是说明文，《鲸》和《松鼠》就各有特色，前者为常识性说明文，后者为文艺性说明文，在表达方法、说明角度、语言风格等方面各不相同。从表达的方法来看，《鲸》运用了列数字、举例子、打比方、作比较等说明方法，而《松鼠》主要采用了比喻、拟人手法生动形象地说明事物；从说明角度来说，《鲸》侧重于介绍鲸的形体特点和生活习性，而《松鼠》侧重于介绍松鼠的外貌、性格和行动；从语言风格上来看，《鲸》的语言精炼平实，而《松鼠》语言生动传神，极具文学色彩，这就为我们采取比较性阅读、迁移性练写提供了可能。可在教学《松鼠》后，让学生比较《松鼠》和《鲸》这两篇介绍动物的文章在表达方法上的不同，然后引导学生进行一次改写练习，即：仿照《松鼠》的表达方法，改写《鲸》中的某个部分；或者仿照《鲸》的表达方法改写《松鼠》中的某个片段。这样做，对增强学生的文体意识，体会相同文体的差异，很有好处。

（3）年级不同，重点不同。学段目标和年级要求不同，文本细读的重点当然也不一样。

低年级瞄准关键词句。比如《一次比一次有进步》中，燕子妈妈对小燕子提出的三个要求无一例外地用上了问句："有什么不一样？""还有什么不一样？""它们还有什么不一样？""什么"本是疑问代词，但用在这些句子中，起着明确的指向作用，就是冬瓜和茄子有许多的不同，希望小燕子能够去发现。"什么"既给燕子暗示了观察的方向，其不确定性又很好地调动起小燕子观察的兴趣。而"能不能"的加入，更使得问句明显带有商量的语气，表明"看看"的要求不是强加和逼迫，而是对小燕子的尊重与关切，让孩子看到了一个和蔼可亲、平等待人的慈母形象。不仅如此，对于小燕子的发现，燕子妈妈还善于鼓励、肯定与赞赏。随着小燕子发现的不断细致，燕子妈妈的评价有了从"你说得对""很好""你一次比一次有进步"的递进式变化。正是受到这样一次又一次的鼓励，小燕子才有了一次又一次的进步。所以，三个问句自然成了解读必须把握的重点，也是教学的重点。

中年级要抓住语段及其表达。比如《记金华的双龙洞》重点落笔于双龙洞的记叙与说明上，少有描绘性和感悟性的文字。一是写感觉突出低矮。先是卧船的感觉："我怀着好奇的心情独个儿仰卧在小船里，自以为从后脑到肩背，到臀部，到脚跟，没有一处不贴着船底了，才说声'行了'，船就慢慢移动。"既写出进洞方式的独特，又侧面说明孔隙之低矮。再说进入孔隙的感觉："左右和上方的山石似乎都在朝我挤压过来"、"要是把头稍微抬起一点儿，准会撞破额角，擦伤鼻子"。读着这样的文字，读者仿佛也跟作者一样行进在山石逼迫和挤压的孔隙中，似乎听到了自己略带紧张的呼吸声和怦怦怦的心跳声。真实逼真的心理活动描写，把孔隙低矮狭窄的奇异景象非常生动地反映出来。若把前后两个感觉联系起来读，你越发发现这样写的妙处：全身"没有一处不贴着船底了"还依然有"要是把头稍微抬起一点儿，准会撞破额角，擦伤鼻子"的担心和紧张，孔隙之窄小不言自明！二是做假设烘托奇妙。对于由各种形态和颜色的石钟乳、石笋构成的洞内奇景，如果要展开写没有一小段话是拿不下来的。可作者只用一句话也同样达到了理想的表达效果："这些石钟乳和石笋，形状变化多端，再加上颜色各异，即使不比作什么，也很值得观赏。"这是为什么呢？原因就在于这里用上了"即使……也……"这个假设关联词。能够根据"变化多端"的形状和"各异"的颜色的石钟乳和石笋原本已经足以让人惊叹不已，"很值得欣赏"了，如果再由此展开丰富的联想，把它们比作"神仙、动物以及宫室、器用"之类，内洞梦幻般的奇特景象岂不更加引人入胜，令人陶醉？一个"即使……也……"的句式表明，眼看石钟乳和石笋"很值得欣赏"，脑想石钟乳和石笋更"值得欣赏"，从而从两个方面强调了石钟乳和石笋给人带来的无限遐想和美好享受，对表现双龙洞的奇异景色和奇妙景象作了有力的烘托。三是巧设问强调窄小。"虽说是孔隙，可也容得下一只小船进出。怎样小的小船呢？两个人并排仰卧，刚合适，再没法容第三个人。"孔隙多窄多小，没有亲身体验过的人根本无法知晓，即使你做了具体描述依然难以让人明白。妙的是，作者变换叙述的角度，不直接从孔隙入手，而是借助小船这个大家熟知、不少人都坐过的事物进行侧面说明。为了突出小船的小，作者除了采取"怎样小的小船"的"复说"，还特意选用设问句式以达到强调说明的效果。再加上"两个人"刚合适，没法容"第三个人"的数字说明，让读者顿生现场感和真实感，如同身在船中，伸出手就能触动船沿，小船之小恍如在眼前。如此设问，既具体说明了孔隙狭小的特点，而且富有新奇的味道。

高年级要关注文体及其写法。比如，《卖火柴的小女孩》的体裁是童话，而且是一篇很特别的童话。它具有诸如情节完整曲折、形象生动鲜明、幻想丰富奇特、夸张强烈动人等童话的共性特点，也有"真实"的叙述，课文前四个自然段，人物、环境、事件，样样不缺，与小说并无二致，很难找到童话的影子。再说写法，最具独特性的当然是文章的叙事结构。从全文看，先是纪实性的描述，后是想象性的幻觉描写。前者表现的是小女孩的"不幸"，后者是她所渴望的"幸福"，"不幸"与"幸福"之间形成了"寒冷—火炉""饥饿—烤鹅""没有快乐—圣诞树""没有爱—奶奶"这样前有伏笔后有照应的一一对应关系，使得文章的结构呈现出拱形对称的结构特点。从局部看，作为文章主体部分的五次幻觉，每一次幻景描写，都是火柴点燃，看到心中的希望；火柴熄灭，又跌回冰冷的现实，愿望与现实对比鲜明。更重要的是，五次幻觉看似并列，实则递进，即从"温"→"饱"→"乐"→"爱"，完成了从生理性满足（"温"和"饱"）到心理性需要（"乐"和"爱"）的全过程。不仅如此，五次的幻景原本可以通过在一次擦燃火柴中一连串地出现，可作者却故意将其分成五次。把美好的梦想放在了五次点燃火柴的过程中，不仅写出了小女孩梦想变化的嬗递，也用女孩的动作"她敢从成把的火柴里抽出一根""她又擦了一根""她又擦着了一根火柴""她在墙上又擦着了一根火柴""她赶紧擦着了一大把火柴"，表现出女孩对于光明与温暖渴望的执着。这种反复叙事的构思，使得作品产生了巨大的艺术魅力，不仅读起来引人入胜，而且起到了加强叙述效果、凸显文章主题的作用。当然，本文还有一些如想象和夸张等重要的描写方法，也不可忽视。

二、教学价值的精心确定。

夏丏尊、叶圣陶在《关于〈国文百八课〉》中曾这样说过："文章是多方面的东西，一篇文章可从种种视角来看，也可应用在种种的目标上。例如朱自清的《背影》可以作'随笔'的例，可以作'抒情'的例，也可以作'第一人称的立脚点'的例，此外如果和别篇比较对照起来，还可定出各种各样的目标来处置这篇文章。"这"各种各样的目标"当然还可以学习字法、词法、句法，也可以学习章法、文章读法和作法；可以进行伦理教育，也可以渗透爱的熏陶。你瞧，一篇课文可教的东西竟有如此之多，教学核心价值的确定就成了决定教学成效的重要前提。而课堂是个常量，根本无法承载那么多的内容。因此，与其面面俱到地"倾囊相授"，不如采取"提取法"，在文本中利用一个点开展有目标、有步骤的训练，让学生获得一两项实实在在的知识或能力，实现一课一得，甚至一篇一得。那么，当一篇课文有许多语文价值点的情况下，该如何选取和确定教学的核心价值呢？

（一）注重学段要求。

一般说来，语文教材可作为语文教学点的知识与内容不少，需要教师从中选择教学核心价值。因为，课堂是一个常量，我们既不能文本有多少语言现象就教多少，有什么教学价值就教什么，也不能想教什么就教什么，更不能什么好教就教什么。因此，备课还有个很重要的任务，就是必须根据教学的整体需要，以及该课文在整个教材价值体系中所处的位置，从诸多的教学价值中选择适当的核心价值点进行教学目标定位。如此，就能重点挖掘课文隐含的语文学习价值，重点训练学生对语言的感受能力和表达能力，重点完成语文课应该完成的教学目标，而适当弱化文本中可能隐含的其他教育价值，把"语文课"上成真正的"语文"课。

该如何从众多的语言现象中正确寻找和确定课文的核心教学价值呢？可从理念与策略两方面入手。理念上，"弱水三千，只取一瓢饮"势在必行。因为，生成教学内容的关键，是教师在实现从静态的平面教材到主体化、动态的"学材"的根本转化时，能否在教学中突出新质，即知识的生长点和能力的渐进点。如果抓准了课文读写的某一侧面的某一点或某几点，就可以将本来含有无限可能性的课文，限制在一个特定的侧面、特定的"点"来作为例子，避免对课文作字、词、句、篇、语言、修辞、逻辑、文学的面面俱到的分析，从而把注意力集中到"例"的局部，把目光投射在被"例"着的那个"什么"上。策略上，不妨借鉴华东师大郑桂华老师的做法，从是否具有语文特点，是否为"这个"文本所特有，是否具备统领功能和核心特质，是否有利于在新的语境中迁移运用等四个维度加以分析判断，并结合学段目标要求、教材编排意图和学生现有水平，通过综合考量进行合理、准确而科学的取舍和确定。

比如《山中访友》一文，可教的内容实在不少：一是生字新词语，二是内容理解，三是拟人、比喻、排比、夸张、想象等语句，四是简洁、生动、优美的语言，五是第二、三人称的变化，六是首尾呼应的结构，七是融自己的感受于景物描写之中的表达方法等等。如果用上述方法审视这几个语文知识点，我们不难得出这样的结论：字词学习、内容理解是常规学习内容，学生早已习以为常；首尾呼应的结构特点和拟人、比喻、排比、夸张、想象的语句对于六年级的学生来说，也已不陌生，同样不具备独特性和唯一性。而恰恰是把自己的感受融入描写的景物之中，成了贯穿全文的最为显著、最具特色的语言现象。更为重要的是，依据课程标准的学段目标，随着年段的增高，引导学生揣摩并学习作者的写作方法成为越来越重要的内容，课程标准就对第三学段提出了"在阅读中揣摩文章的表达顺序，体会作者的思想感情，初步领悟文章的表达方法"的阅读要求。本课所在组的阅读提示是："学习本组课文，要注意体会作者是怎样观察大自然的，有哪些独特的感受；还要体会作者是怎样展开联想和想象，表达这些独特感受的。"而五年级学生对通过景物描写传达内心感受的写法几无涉及，实有学习之必要，学生一旦掌握，对今后的阅读和习作无疑大有裨益。因此，把"学习作者通过人称改变和运用比喻、拟人、想象等手法来表达感受、抒发情感的方法"确定为本课教学的"点"，应该说是明智而正确的。

（二）考虑编者意图。

从某种意义上说，不论是教师还是学生，我们的阅读都在"读编者"。因为我们能读到什么课文，读到课文的什么面目，基本上取决于编者的意志。这一认识在《语文课程标准（2011年版）》得到了确证。在阅读教学的对话对象中，"教科书编者"首次走向阅读教学的对话席，成为阅读教学多重对话主体的重要组成部分。这对我们选取一篇课文的教学核心价值无疑具有革命性的指导意义。

　　比如，《刷子李》是一篇略读课文，这篇课文的核心教学价值是什么呢？不论翻看各种教案集，还是亲临现场听课，抑或是网络上的教学设计，你会发现，从名不见经传的普通教师，到闻名遐迩的教学新秀、特级教师，无不将"一波三折"的写作方法作为本课教学的核心目标。他们这样确定的理由是：（1）具有语文特点。"一波三折"是写作学的专业知识，毫无争议地属于语文知识、语文技能的范围，具有极强的"语文性"。（2）具有明显的特征或代表性。《刷子李》一文隐含着比较丰富的语文现象，一是生动形象的细节描写，"悠然摆来，悠然摆去"的描写，将刷子李出神入化的刷墙动作艺术化。二是对比手法的使用。"刷子李"大胆的"承诺"与心细如发，对小徒弟细微的内心活动的体察入微的对比；曹小三对师傅"半信半疑"的态度和主人公"艺高胆大"的自信的对比，充分表达了作者对"刷子李"这个具有超凡技艺的"奇人"由衷的赞叹和肯定。三是鲜明的语言特色。《刷子李》一文语言朴素，却洋溢着浓郁的天津味，并且幽默传神，极富表现力，无论是人物语言，还是叙述语言，均情趣盎然，简洁传神。四是"一波三折"的叙事结构。曹小三从"半信半疑"，到深信不疑；从对师傅佩服得五体投地，到突然发现"刷子李"裤子上有一个白点；从师傅那如山般的形象轰然倒去，到谜底揭开：那白点原来是黑裤烧了个小洞造成的！一波三折的叙事，使"刷子李"的"奇"得到了一次次的渲染，扣人心弦，引人入胜。其中，"一波三折"这一叙事结构最为核心，不仅使《刷子李》一文独具特色，而且犹如一条明晰的文章主线将细节描写、心理描写、对比写法以及富有特色的语言这些分散的珍珠联结起来，无可厚非地占据着代表性、特征性地位。（3）具有统领性。正因为"一波三折"是主线，贯穿全文，因此，抓住这一写法，就能从整体上把握文章内容，体会这样写对表现人物特点、塑造人物形象的精妙之处，感悟到文章精巧的构思。（4）便于上升为"类概念"。"一波三折"的写法，在许多的文学作品中都可以看到，学生一旦掌握了这种写法，对今后的课文阅读和写作练习，无疑具有正迁移的作用。

这么说，把"一波三折"的写法确定为《刷子李》教学的核心价值，应该准确无误、确信无疑了吧？可是，请大家注意的是，上述分析，都是基于《刷子李》只是一个独立的文本这一状况下的价值判断。也就是说，"一波三折"只是《刷子李》这个文本的语文核心价值，它是否理所当然地成为教学的核心价值呢，我们以为，并不一定。

客观地讲，大部分情况下，文本的语文核心价值就是教学的核心价值。比如《白杨》的借物喻人写法、《晏子使楚》的语言技巧等等，既是文本的语文核心价值，也是教学的核心价值。但是，也有特殊的情况。《刷子李》就属于后者。因为，判断能否成为教学的核心价值的依据，不仅要看它是否为文本的语文价值这一条，还得看它是否符合教材的设计意图，是否适合学生的认知水平。以此考察《刷子李》，情况就比较明朗了。

首先，它是一篇略读课文，略读课文的重要任务就是让"学生从精读方面得到种种经验，应用这些经验，自己去读长篇巨著以及其他的单篇短什，不再需要教师的详细指导"（叶圣陶语）。《刷子李》所在组的单元主题是"学习人物描写"，此前的《人物描写一组》分别是从动作描写、细节描写和语言、外貌描写来表现人物性格和特点的，学生在本单元阅读甚至在以往的课文学习中，根本就没有接触过"一波三折"的写法，换言之，学生没有从精读课文中获得关于"一波三折"的学习经验，他们如何能"把精读课文中学习到的学习方法运用到略读课文的学习中"？如果一定要将"一波三折"的写法作为核心教学价值，只能把《刷子李》这一略读课文当作精读课文来教了。舍此，别无他法。倘若真是这样，显然不符合教材的编写意图。

其次，《语文课程标准》对阅读教学提出了"初步领悟文章基本的表达方法"的学段目标要求。何为"基本的表达方法"？我们的理解应该是最常见、最常用的表达方法，如"总分结构""详略得当""借物喻理"之类。至于"一波三折"的写法是否属于"基本的表达方法"，可能见仁见智。但有一点是肯定的,在小学语文教材中,"一波三折"的写法应算是"稀世珍品"。以人教版为例,除了六年级下册的略读课文《顶碗少年》外,恐怕只有《刷子李》了吧。如此看来,"一波三折"是难以划入"基本的表达方法"之列的,倘若非要以它为教学的核心价值,恐怕与年级学段目标要求相违背。

再次,"一波三折"写法本身是有一定难度的,就大部分成年人来说,要想比较熟练地运用它,不费点心思是难以做到的,何况是五年级的学生。也许有人会说,确定教学目标不是有"上不封顶"一说?在学生学有余力的情况下,适当提高点目标要求有何不可?我们认为,别忘了"上不封顶"的前提是"下有保底",适当提高目标要求更要建立在绝大部分学生都有学有余力的基础之上。据我们对一些课堂的观察和了解,即便是一些城市的五年级孩子,学起"一波三折"来还真是一波三折、磕磕绊绊、似懂非懂,远没有人们所想象的一帆风顺。城市学生如此,更遑论城镇和乡村的孩子?在无法保证"下有保底"的情况下,把"一波三折"的写法作为《刷子李》的核心教学价值,怕有揠苗助长之嫌吧?其实效性也是值得怀疑的。

据此,我们认为,文本的语文核心价值不一定非成为教学的核心价值不可。就《刷子李》一课而言,不妨把本文富有特色的动作(细节)描写或心理描写作为核心教学价值,以便学生将从《人物描写一组》中学到的"种种经验"迁移、运用到本课的学习中,以提高、培养他们的独立阅读能力。在此基础上,视学力状况,以"初步认识"为限,适机、适度地进行"一波三折"的写法渗透。这样,既关注到了文本的语文价值,又顺应了教材的编写意图,还能充分利用学生已有的知识经验,从而实现"精读是准备,略读才是应用"的课程目标。

三、教学内容的精当选择。

无论是面对一册语文教科书,还是一个单元,一篇课文,教师遇到的第一个问题,也是最重要的问题,就是"教什么",即"教学内容是什么"。

这似乎是一个不成问题的问题，然而，事实并非如此。究竟"教什么"，面对同一篇课文，不同的教师的回答肯定是不同的，就是同一个教师，在不同的时候，他们的回答也可能不尽相同。正如一块布料可制作成多样式的衣物一样，一篇课文也会因执教者秉持的教学理念的不同而衍化出不同的教学内容。从一些教案上，从杂志上刊载的一些教学设计、课堂教学实录上，都可以看到这样的一种现象：对待同一篇课文，教学内容的选择有很大的差异。当然，教师根据教学的具体情况对教学内容做出适当的不同的选择，这是合理的。但不是所有的教学内容都是合适、正确的，差异太大，甚至连一点基本的共同的东西都没有，这就不正常了。这至少说明，在教学内容的选择上，教师的随意性太大。既然有不同的选择，那也就必定有正误优劣之分，适当与否之别。只有那些符合现代阅读教学的核心价值观的教学内容，才是我们所需要和追求的。这也就说明了，对于阅读课究竟"教什么"的问题，教师的认识并不清晰，并不一致。这是因为，课文内容是显性的，阅读教学内容是隐性的。所以，如何立足、凭借课文，在课程理念的观照下，自觉开发隐藏在课文内容中的阅读教学内容资源，使之生成显性、可操作的阅读教学内容，成了衡量一位教师是否合格甚至优秀的试金石。

判别教学内容合宜与否，至少有两个基准：第一，合理与否。这是从文章体式和学段目标规范性来说的，只有从文体特征出发，符合学段目标要求的教学内容，才说得上合理。第二，合适与否。这是从学生的适应性来讲的，面对这样的学生，面对这样的学情，针对这样的学习目标，教这个内容是否合适。换言之，判断合理与否、合适与否，只有联系到具体的教学文体，只有联系到具体的教学目标，只有联系到具体的学情，我们才能够加以判断。

先说文章体式。王荣生教授在一篇文章中曾经举过这样一个例子：有这样一个便条："亲爱的，你放在冰箱里的两颗葡萄，我把它吃了。"学生只要具备正常的阅读能力和关于"冰箱""葡萄"的知识，就可读懂。如果把这个便条稍微加以变形：

亲爱的

你

放在冰箱里的

两颗葡萄

我

把它吃了

便条变成了诗歌，现在学生怎么来读呢？很显然，他不可能把它当做便条来读，而要依据其诗行的排列方式，也就是说，依据其已有的阅读能力，把它当做诗歌来读。

从这个例子，我们可以看得很清楚，阅读是对某一种特定体式、特定文本的理解、解释、体验、感受。阅读是一种文体思维，阅读便条，是一种方式；阅读诗歌，是另一种方式。阅读能力是具体的，阅读便条，是一种能力；阅读诗歌，是另一种能力。阅读一张便条，我们是实用取向，要运用信息获取的方法。阅读一首诗歌，我们是文学欣赏的取向，运用适合于诗歌的阅读方法。也就是说，每次阅读都要运用适合于这种文本体式的阅读方法。而要做到这一点，就必须把握课文的文体特征，并从此出发，确定与此相适应的教学内容。关于这一点，已在上述相关论述中多有涉及，这里不再赘述。

再说学生需要。有人选取人教版的一篇课文《猫》作样本，以"我们的教学离学生的期待有多远"为话题设计问卷，进行调查。从学生的答卷来看，对《猫》这篇课文的结构、内容和主题思想，绝大部分学生是基本能读懂的，但对文章的写法有疑惑，表明学生尚不能理解《猫》这篇文章的内涵。而从作者收集的教师的教案或教学设计来看，这些教学设计（教案）无一例外都把教学目标、教学重点、教学难点，放在课文的内容、主题、社会意义，即学生本已理解的内容。而学生提出的问题，在12份教案中，只有极少量的零星的回应。也就是说，学生在预习时已经掌握的东西，课堂里反复讲，而学生的疑惑处，却几乎没有教师关注到。

其实，这种教脱离学的现象，在当下的课堂教学中并不鲜见。学生已经懂的，教师花了大量的时间；学生读不好的，教师没有关注；学生读不懂的，教师没时间处理。在备课的时候，了解学生的学情；在上课的时候，关注学生的学习状态；在上课之后，通过了解学生的学习样本，来探测学生的学习经验，这道理好像并不复杂。然而，能有意识地去做这些事情，能有意识地依据学生的学情来选择教学内容，我们还有相当的距离。

建构教学内容，要遵循"生本"的原则。学生需要什么，我们便教什么。以生为本，充分尊重学生的知识水平和能力，使所建构的"教学内容"与学生的"最近发展区"相吻合，成为学生提高语文素养和精神品质的"滋养品"。可以归结为三句话：学生不喜欢的，使他喜欢；学生读不懂的，使他读懂；学生读不好的，使他读好。比如《凡卡》教学什么呢？（1）"文章有一条分界线，分开了回忆与现在两个部分，你能把它找出来吗？"这是关于文章结构的，也与理解文章的主旨有直接的关系。（2）为什么课文好几处写到了"我活得连狗也不如""我要死"？这是语言使用的问题，通过语言的多次重复使用，形象地再现了凡卡内心的痛苦与渴望。（3）为什么写了现在又要回忆以前呢？这是关于写法方面的，弄清了这一点，有助于学生体会对比写法及其对表现人物命运和文章主旨的作用。（4）课文结尾为什么写到了凡卡那个永远不可能实现的梦？这些应该是学生靠自己读难以读懂的，理当成为重点教学内容。

最后说学段目标。学段目标是制定教学目标的依据，也是选择教学内容的标尺。比如，《和田的维吾尔》整篇文章结构上具有"每个特点、风俗都有一个中心句，全文也以中心句做总结，条理清楚，层次分明"的特点，现在有三个不同的教学内容，哪个最为合适呢？

1. 重点学习课文第4、5自然段，按总分结构写一段话。

2. 重点学习课文第4、5自然段，体会作者的语言表达特点，学习运用一定的说明方法，把总分结构的分述部分写生动、写细腻。

3. 重点学习课文第 4、5 自然段，学习文章准确的说明和生动的描述相结合的特点，把总分结构的分述部分写生动、写细腻。

我们不妨做个比较。由于课文是总分式的篇章结构，所以，以总分结构为教学内容，这样的选择自然符合文本的总体特征，也应该是毋庸置疑的。但是，若以学段目标要求的维度来审视，就发现三者的高低了。《语文课程标准》（2011年版）对第三学段提出的阅读目标是"在阅读中了解文章的表达顺序"、"初步领悟文章的基本表达方法"，习作目标是"能根据内容表达的需要，分段表述"。而"总分结构"在段式中是最为普通、最为常见的一个，学生早在第二学段就训练过如何写一个总分式的一段话了，现在六年级再来一次练习，显然要求过低，浪费时间，毫无训练价值。"体会作者的语言表达特点，学习运用一定的说明方法，把总分结构的分述部分写生动，写细腻"当然较前者有了进步，但是，关于说明方法，学生也已在三年级《太阳》中就有接触，在五年级更是进一步学习了科普说明文《鲸》和文艺性说明文《松鼠》，对本文中出现的各种说明方法早已熟悉，完全没有必要再原地踏步练写一次。而课文第4、5自然段不单纯只是运用了说明方法，而是语言优美，蕴含情感，描述生动，可见，单单以"运用一定的说明方法，把总分结构的分述部分写生动、写细腻"为训练目标也是不很理想的。而把"学习文章准确的说明和生动的描述相结合的特点，把总分结构的分述部分写生动，写细腻"作为核心内容就不一样了。因为虽然这也指向总分结构的训练项目，但侧重点不同，"按总分结构写一段话"强调的是总分结构，"学习运用一定的说明方法，把总分结构的分述部分写生动，写细腻"重在说明方法的运用，而"学习文章准确的说明和生动的描述相结合的特点，把总分结构的分述部分写生动，写细腻"凸显的却是在总分结构框架下的"准确的说明和生动的描述相结合"的写法。这既切合课文的语言特色，又是第三学段学生必须加以训练的内容，符合第三学段的"初步领悟文章的基本表达方法"、"内容具体，感情真实"的学习目标。

四、"教""学"活动的精妙安排。

时下的语文课，许多语文教师在教学时，沉迷于对课文内容的自我阐释，语文教师的教学语言正在滑向抒情化乃至煽情，致使学生在大部分时间里只是听教师讲，或看教师的活动。而听课者，也热衷于看教师的课堂表现，并以此评判课堂教学的质量。这就形成了恶性循环，一方面，在教师的心目中，好课的标准常常是：文本解读独到，教学设计精巧，教师的课堂展示精彩。于是，自己上课，不论是日常课还是公开课，都往这样的标准去努力。另一方面，以此为标准的课就越来越多，越强化了教师对这"好课"标准的认识和体验，也就越追求上出这样的课。

于是，我们就经常看到这样的课堂：一开始，教师就用一段抒情的话语激情导入，然后指示学生阅读课文。学生阅读课文后，教师又有一段激情的话语，然后提问。几个学生发言。发言之后，教师对学生的发言作小结、作阐发，又是一段抒情的话语。到课结束时，教师又说了相当长的一段抒情的话语。整堂课，基本上是由教师的话来组织、推进、形成这堂课的整体结构的。试想，如果我们把教师的话全部抽掉，这堂课会变成什么样子？从"学的活动"来看，在这堂课里，学生经历了哪些"学的活动"呢？除了听教师一段又一段的阐发、抒情，学生的学习活动只是在教师阐发的间隙，偶尔发个言，回答些问题，做些前后不相连贯的小组讨论。这样的教学，课堂效果可想而知。

我们说，一堂语文课，是由教师和学生相互交往构成的。"教的活动"与"学的活动"是两种既有联系又有区别的活动，是两种不同性质的活动。我们首先要把它们区别开来，尤其不能以"教的活动"来代替学生"学的活动"。

（一）教的活动安排。

传统语文教学始终处于教师强势的状态，百年来研究的是如何从"教"

的角度设计问题,展开教学,如何把自己对文本的"深入钻研"和"巧妙设计"在课堂上展示。我们讲教学"环节",甚至把它提高到"环环相扣"那种精致的水准,但是这个教学"环节",是教师的环节,是教师主观设定的,是需要学生来跟进、配合的,甚至是当道具的那样一种环节。如此长期的以"教"的起点论"教"的合理性的教学理论研究和课堂实施,带来的必然是教的程序、教的结构、教的形式、教的手段相对比较成熟而丰富,前后之间有结构上的关联,最后构成了一个完整的课堂教学陈述。导入、展开、深入、小结、结束,步步为营,环环相扣,对此,许多教师都有切身体验,若再具体叙述已嫌多余。但特别需要强调的是,成功的"教的活动"应该做到,第一,"教的活动"终极指向并非等同于"学的活动"的充分展开,前者的外延要大于后者。只有这样,学生在阅读主体脱离文本或尚处于浅阅读状态下,教师才可有效指导,引向纵深。可将预设的问题与新生成的问题做横向比较,从而及时调整教学策略和手段,落实教学目标。第二,"教的活动"是一种主动参与促成"学的活动"充分展开的教学智慧,它的起点要高于"学的活动"。从课堂构成的角度看,"学的活动"呈现出一定的被动性,因为它要在一定课程目标的预设视野之内。而"教的活动"是以积极主动的姿态介入教学的,它的教学智慧具有超越于课堂的制高点。它的高明在于预设的基点具有一定的超越性和概括力,对于学生所思、所感,有着充分的预设。这种预设的标尺就是对于学情的敏锐感知和捕捉,具有超强的典型性,并且能够架构或是随机处理新生的"学"的问题。第三,"教的活动"体现了文本体式阅读的规律,促进"学的活动"中新能力的生成。学生阅读障碍的产生主要是源于对文本表现手段的陌生化。当学生对一种新文体产生期待解决的欲望时,他必然会调动各种阅读经验和生活经验来进行咀嚼、回味。恰逢其妙的"教的活动"的参与,促成学生在陌生化文本中的应变和思考能力形成,完成新思维模式的转换。

(二)学的活动安排。

1. 学习活动的设计缺位。

相对于"教"的活动,"学"的活动由于理论层面的研究少,实践环节的落实差,因而显得苍白乏力。主要表现在两个方面。

一是"学的活动"非常零散,没有结构。以课堂最基本的发言为例,我们常常看到一个课上,教师虽然也组织了同桌或小组讨论交流,但是,这次讨论的话题与下次讨论的话题之间几乎没有关联;同时,这个学生的发言和那个学生的发言,相互之间也没有关联,表现为没有相互补充、没有帮助纠正、没有展开争论,基本是井水不犯河水,各发各的。也就是说,虽然在一个班级的共同体中,但这一学生和那一学生之间,没有构成一种学习上的关联,几个学生的发言都分别是说给教师听的。久而久之,学生们也形成这样的习惯,他们很难从同伴的发言中去学习,去获得新的经验。有时候我们看到,课堂教学的"师生对话",变成了教师和学生两人之间的窃窃私语。这样的语文课堂,学生往往只是在"教的活动"的间隙,零星、不成结构地进行了一些"学的活动"。

二是"学的活动"非常呆板、单调。请看《匆匆》一课的教学片段。

师:有人说朱自清的散文有一个特点,就是能在不经意处着浓墨重彩描写,这段就是个例子。文中列举的这些事情每天都做吧,例如,洗手,还有么?

生:吃饭,睡觉,发呆……

师:这些事我们每天都经历,你的时间也这样过去了吗?请向朱自清学语言,学着说几处。

生:做作业发呆时,时间过去。

生:玩游戏时,时间过去。

生:就像这节课一样,投入学习的时候时间也过去了。

生:在我们看书的时候,时间也过去了。

师:看书可不是浪费时间。让我们再看看,朱自清笔下的时间可不是这样的过去,过去,相反,是逃去如飞的。找几个词来说说。

生:跨过。

生：闪过。

生：伶伶俐俐。

师：是啊，用词多么准确啊。孩子们，请带着自己的感受，好好读读这段话吧。

（学生自由读文）

从表面上看，教师为学生创设了句式模仿迁移的语言实践活动，但效果显然并不理想，少有学生能按照课文的"_____的时候，日子从_____过去"的句式来说话。究其原因，是学习活动的设计存在弊端：缺乏典型句式的发现和体味，学生学说缺少必要的言语图式；不够有针对性的指导矫正，学生修正的对象停留在单个词语而不是完整句子；没有富有层次的训练阶梯，有用力不足、一带而过之嫌，无助于学生语言表达能力的提升。

2. 学习活动的目标追求。

在新的起点上再出发的语文教学所追求的"学的活动"，应该着力于四个转变，即：变知和懂为会和能，变讲课文为学语言，变读课文为学阅读，变悟课文为学表达。具体到一节课，一堂有效的课，好的课，关注的应当是学生的表现，有几个标志：学生"学的活动"有比较充分完整的时间；学生的学习经验有比较充分的表达与交流；班级的每个学生都能获得共同的学习经验。以此为依托，在设计教学环节的时候，着重考虑学生怎样学才能学得好，这关乎"学的活动"如何组织的问题。许多成功课例无不向我们显示：教学环节，其实就是教师组织学生充分的"学的活动"。所以，我们呼唤并追求这样的课堂：使学生的"学"更丰富些、多样些，使学生的"学"比较有结构、比较完整。这就要求我们在语文教学设计过程中，主要不是考虑教师做什么、怎么做，而是设计学生做什么、怎么做。好的"学"的活动，应该具有以下两个特征。

一是"学的活动"结构完整、丰富。比如《匆匆》中的句式模仿训练活动，一位教师这样安排四个教学步骤。

（1）读懂语言之"意"。就是凭借语言文字，读懂句子的意思，用心感受句子所蕴含的情感，实现"语言文字"向"形象、意义和思想"的转化。

师：第三自然段中哪些具体写时间来去匆匆的句子得到了你的共鸣？

生：早上我起来的时候……

师：说说你的感受。

生：这句话说早上太阳通过影子它就会移动，我就知道时间现在是什么时候。

师：真好，那这一天它是怎样过去的？你来说。

生："洗手的时候……"

师：好，看来无论他做什么，日子都会匆匆地划过，对不对呀？

生：对。

（2）发现语言之"形"。即通过句式比较、重点强化等方法，让学生自主发现课文语言现象，品味语言表达的精妙，实现对本文语言形式的挖掘和把握。

师：同学们看投影，哪两个词我用了同样的颜色？

生：默默和双眼，洗手和水盆，吃饭和饭碗。

师：为什么我用了相同的颜色？

生：因为它们之间有必然的联系。

师：思维非常敏锐。我能说洗手的时候，日子从饭碗里过去吗？

生：不行。

（3）内化表达之"法"。当学生体悟到语言形式所蕴含着的丰富内容，以及如此表达的精妙所在后，还得创设新的语言情境，再次回到语言形式上。

师：那你能结合自己的生活实际用这样的句式说句话吗？（学生一时不知所措）我来帮助你们一下。

（大屏幕出示）

写字　　　　　　　汗水

玩耍			思考	
赶路			泪水	
痛哭			歌声	
奋斗	的时候	日子从	脚步	过去
疑惑			欢呼	
唱歌			嘻笑	
胜利			书本	
阅读			笔尖	

师：同学们看，我给了许多备选。你可以说自己想好的，也可以从这里选，想说哪个就说哪个，谁先来？

生：赶路的时候，日子从汗水过去。

师：加个方位词，汗水什么？

生：汗水中。

师：谁还想说？

生：写字的时候，日子从笔尖过去。

师：笔尖上过去。

生：阅读的时候，日子从书页间过去。

师：这个"间"字用得多准确呀。

生：玩耍的时候，日子从嘻笑中过去。

生：听音乐的时候，日子从欢乐的音符中过去。

师：真棒，有自己的独创。

生：唱歌的时候，日子从歌声里过去。

生：奋斗的时候，日子从思考中过去。

生：痛哭的时候，日子从泪水中过去。

（4）享受语言之"美"。即借助吟哦、欣赏、美读等手段，重视发挥了体验在语言学习中的独特价值，使学生身体、心理、情感的多方位体验中，感受语言情趣，享受语言之美，体味学习之乐。

（在大屏幕原有内容之后，又出现）

　　　岁月

　　　时间　　　是匆匆的

　　　成长

　　　回音

师：同学们，现在我们把它连成一句话，再从后边挑选一个词语，我们把它连成一首小诗，怎么样？（音乐响起）

生：赶路的时候，日子从汗水中过去，时间是匆匆的。

生：读书的时候，日子从书页间过去，时间是匆匆的。

生：写字的时候，日子从笔尖中过去，时间是匆匆的。

生：唱歌的时候，日子从歌声中过去，回音是匆匆的。

生：痛哭的时候，日子从泪水中过去，岁月是匆匆的。

通过这样四个环环相扣、层层推进的学习活动，学生走进课文语言，又走向新的语境，不断浸染在特定的语言形式中，也由浅入深地品悟到了语言表达的独特的意韵和情韵，达到了内化语言、锤炼语感、完善语言模型、培养语言智慧的语言教学效果，真正做到"获其言，得其意，悟其法，享其美"。

二是"学的活动"方式丰富、多样。比如，教学《安塞腰鼓》，教师问："同学们预习了吗？对课文有感受吗？"由于学生的反应不积极，直接进入课文的教学会有点困难，于是教师说："让我们来看一段录像，也就是《安塞腰鼓》那个场面的录像。"看后，又问学生："有感受了吗？"学生们现在有感受了，谈的是对录像的感受。于是请学生自由地朗读课文，试图把看录像的感受，迁移到对课文的阅读和理解中。自由朗读之后，再请学生谈他们的感受，发现学生所谈的感受和刚才看录像的感受基本类似，换句话说，学生没有从文本的阅读中获得一种新的理解和体认。于是，教师加以启发，也就是启动了这堂课的第一个核心教学环节："有没有发现有些句子传递这种感觉更强烈一些？能不能独立地找一找、圈一圈？"这样，就组织起学生第一个有结构的、相对比较充分的"学的活动"。学生们阅读、圈画自己感觉更强烈的一些句子，朗读、交流自己感受深的语句，相互补充、丰富、触发。教师在这过程中，引导学生相互学习，指导学生把同学发言的要点、关键词记录下来。

在这个教学环节比较充分地展开之后，教师又启动了第二个核心教学环节："能不能把我们的思考推进一步？想一想为什么是这些句子？它们在句式上有哪些特征？"学生觉得这个问题有点难。于是教师组织学生合作讨论，给学生以五六分钟的学习时间。小组讨论之后，组织小组代表发言，小组其他同学补充。有学生说："第十八节，用了排比，语气非常强烈，有递进的意思。"学生找到了特征，但感觉是笼统的，因而是粗浅的。教师正在写板书，把学生刚才提到的"排比"两个字写上去，回过头来问："怎么排比的？"试图引导学生调整他思考的落脚点，学生说："第一个有力地搏击着，第二个疾速地搏击着，第三个大起大落地搏击着，意思一个比一个强烈。"意思一个比一个强烈，也就是他前面所说的"非常强烈，有递进的意思"，但学生的思考方向开始发生转变，由抽象的归纳返回到了具体的语句。教师进一步调整，换一个角度启发："它跟下面的排比一样吗？它震撼着你，烧灼着你，威逼着你。"换一个角度启发，给学生提供一个思考的台阶。学生说："一样，一个比一个幅度大，都是越来越强烈。"学生换了一个词"幅度"，但是总体上还是一种概括的描述，也就是说，学生只能从"力度"这一个维度去感觉这里的排比。教师进一步调节："用词上呢？我们再来看一遍。"教师范读了课文的这一句："后生们的胳膊、腿、全身，有力地搏击着，疾速地搏击着，大起大落地搏击着。它震撼着你，烧灼着你，威逼着你。"通过范读，让学生去体会自己的感觉。"这三个词都是说明了幅度。"学生还是刚才那个词的简单重复，这时，教师看到他们这个小组有学生举手："你们小组成员想帮助你一下吗？"学生起来说："'有力地搏击着'是力度，'疾速地搏击着'是指速度，'大起大落地搏击着'是幅度。"在学生的发言中，在学生与教师的交往中，其他学生受到了新的触发。刚才那位学生，是代表他们小组发言的，说明他们小组在讨论的时候还没有达到这种水准、这种精度，但这个学生为课堂教学作出了贡献——正是在这个学生与教师的对话过程中，其他学生受到了启发。经过教师和学生的交互讨论，形成了新的理解、新的认识，形成学生共同的学习经验。在充分的交流之后，学生再自由朗读，在新的学习经验基础上感受、理解《安塞腰鼓》这篇课文。这时，有些学生以为，这只是在学习修辞手法。教师在这个时候介绍了作者刘成章，介绍了作者与陕北的关系，介绍了作者对黄土精神的敬仰，引导学生认识到"语句是传递精神的"。至此，学生经历了充分的听说读写语文实践活动，"学的活动"展开充分、丰实。

（三）"教的活动"和"学的活动"的相互作用。

教学毕竟是"教的活动"和"学的活动"相互作用的结果。"学的活动"是一种在教师主动发挥其促成学生感受、理解文本指向意义并形成新的语文能力的活动，没有教师的积极参与和导引，"学的活动"就是残缺的，就是一种自学而非"教学"活动。但是，"学的活动"中，教师的主体（或隐性主体）位置我们需要在教学流程开始前预设清楚，否则，就容易造成"教的活动"与"学的活动"意念混淆、彼此隔阂冲突，甚至还以"教的活动"替代"学的活动"，影响课堂的实际生成效果。

"教的活动"和"学的活动"的相互作用其实隐含着一种"明"与"暗"的关系。所谓"明"是指看得见、摸得着的学生学习活动或教师教学活动，所谓"暗"就是难以看到的所要学习的课程内容或所要达成的训练项目。简言之，课堂活动为"明"，知识体系为"暗"，"暗"的知识体系必须借助"明"的课堂活动来呈现、训练和内化。比如，《颐和园》中的"昆明湖静得像一面镜子，绿得像一块碧玉"一句的教学时，我们会让学生通过朗读、批注、比较、品味、尝试运用等学习方式发现比喻的修辞手法，体会比喻的表达效果。在这里，朗读、批注、比较、品味、尝试运用就是教师设计的"学的活动"（其间当然也隐藏着"教的活动"），这就是"明"；而对学生积淀比喻的表达规律，学会如何运用这一言语规律来表现其他事物,这就是"暗"。由此可知,"教的活动"和"学的活动"总是你中有我、我中有你,相互渗透,相互融合的。不论是"教的活动"还是"学的活动"都一定要指向言语知识、语用经验、表达技能的提升,否则,任何的课堂活动毫无价值而言。

第二节 教学策略

一、切入点的捕捉。

庖丁解牛,所解数千牛矣,十九年而刀刃若新发于硎。这是因为他熟知牛的身体结构规律,每次下刀,选准切入口,以无厚入有间,恢恢乎其于游刃必有余地。语文教学何尝不是如此?如果能够熟练地掌握课堂教学规律,每一节课都能选准选好教学切入点,也就可以事半功倍,得心应手。

所谓教学切入点,就是阅读教学过程中的突破口。任何一篇文章总有一个或几个重要的句段,找到它们,把它们作为理解全文或片段的突破口,可以使学生在最短的时间内理解和把握文章的主要内容,从而达到有效培养学生阅读能力的目的。古希腊著名的科学家阿基米德说过,"给我一个支点,我就能撬动整个地球",选准突破口便是给学生的一个支点。切入点的合理选择,能给学生创设一种急于求知的教学情境,激发起学生强烈的学习欲望。

任何一门教学都面临着一个切入点的选择问题,以"语用"为核心的语用教学有哪些独具特色的切入点呢?

(一)词语。

字词是语言的基本单位,在言语作品中虽然看上去不很起眼,但却举足轻重。用这个词或者用那个词,往往表达出来的情韵会截然不同。自古以来,"吟安一个字,捻断数茎须","推敲"的故事让多少文人乐于其中,无法自拔。语文教材中大都是名家名作,一字一词非常值得教师停留驻足,咀嚼把玩。如果在教学中教师能够抓住关键的词语，让词语这个"关键点"成为文章情韵的"敲门砖"，不仅能够感受到作者遣词造句的功力和语词运用的精准，还能够在语言文字训练的教学设计中起到牵一发而动全身的作用，从而推动教学纵深发展。比如，《画家和牧童》一文主要由两部分构成：前四个自然段说的是众人称赞戴嵩画技超群，"浓墨涂抹""轻笔细描"两个词语既介绍画法，又跟"一会儿"结合突出戴嵩画画的本领高；后两个自然段是说戴嵩虚心接受牧童的批评，用"非常惭愧""连连拱手"来表现。巧的是，这四个词语中，"墨""抹""惭""愧""拱"又是本课要求认或写的生字。于是，教学时，可以先认读生字新词，然后隐去其他词语，留下"浓墨涂抹""轻笔细描"，让学生联系自己的画画经历说说怎么画才是"浓墨涂抹"，怎么画才是"轻笔细描"，并结合图片理解"浓墨涂抹"、"轻笔细描"。接着，找出带有这两个词语的句子，"他一会儿浓墨涂抹，一会儿轻笔细描，很快就画成了"；抓住"一会儿"体会戴嵩的画技高超，动作熟练，再用"一会儿……一会儿……"进行句式说话。然后提出问题："人们见到戴嵩的画后有什么表现？"引出段落中的"围观的人看了，纷纷夸赞"，由"夸赞"带出商人和教书先生说的话，发现两句话的相同点，学着这样赞一赞戴嵩的画。最后小结学习方法：跟着"浓墨涂抹""轻笔细描"这两个词语走进了课文，了解戴嵩画技高超。第二部分内容放手让学生用刚才的学习方法，抓住"非常惭愧""连连拱手"进行学习。抓"惭愧"的偏旁和动作演示的方法理解这两个词语的意思，引导质疑：画技高超的戴嵩为什么感到非常惭愧，还要连连拱手？联系上文学习牧童指出其画作错误的段落，之后，再回到"非常惭愧""连连拱手"上，从中体会人物的可贵品质。如此从词语入手，带出句子、语段，再回归词语的教学，使得教学环环相扣，步步深入，简快而明朗，既彰显特色，又取得实效。

（二）标点。

标点是文本中用来表示停顿、语调以及词语的性质和作用的符号，是一种微小却不可缺少的语言工具，是言语形式的有机组成部分，对文本的阅读、情感的表达以及文本的内涵有着重要的标示作用。郭沫若先生说："标点之于言文有同等的重要，甚至有时还在其上。"同一个句子运用不同的标点，所表示的意思也有很大变化。一些特殊的标点运用手法，非常少见，甚至出人意料，使人产生"陌生感"，但却充溢着作者独特的认识、情感与思想。关注标点的陌生运用，能够帮助学生触摸人物隐匿的内心世界，感受语韵节奏的奥妙，引发学生对标点表达方法的探求。发现标点符号中的"秘妙之处"，并以此为教学切入点，往往能发挥其独特价值和优势，使阅读教学更加有效和精彩。比如《"精彩极了"和"糟糕透了"》，这是个极为独特的文题。第一，两个短语都用上了引号，分别引用的是巴迪父亲和母亲的话。第二，"精彩"和"糟糕"是一对反义词，"极"与"透"又是一对近义词，尤其是"极"与"透"这两个表示程度很深的文字，一下子把相反的两个意思拉得最远，推向极致，形成了天壤之别般的鲜明反差。第三，两个极端的似乎风马牛不相及的词语并列所呈现的认知矛盾，构成了阅读初感的思维冲击力，使读者疑窦重重：这是谁说的？为什么这么说？到底发生了什么样的事让两个人的说法完全不同？作者这样拟题有什么深意？教学时，先让学生读标题谈这一标题的独特处，再由标题中的双引号读课文寻找这是谁说的，是在什么情况下说的。进而展开课文内容的阅读，体会人物情感，交流阅读感受。课文学完，再次围绕这个标点符号谈谈这样拟题的好处与妙处。

有的标点用在文章的行文之中。比如《惊弓之鸟》，魏王说的两句话就因为标点不同而意思迥异。"你有这样的本事？"表示对更羸说的"我不用箭，只要拉一下弓，这只大雁就能掉下来"这句话的怀疑；"真有这样的本事！"则是对更羸高超的本领的钦佩和赞叹。教学时就可以抓住这"？"和"！"来进行。先出示这两句话，让学生发现其不同，初步体会问号和叹号所表示的意思，尝试朗读。再联系上下文逐句学习，弄清魏王先怀疑后惊叹的原因，带出课文重点语段的阅读。并用"因为……所以……"的句式说说前后语句的因果联系，感受更羸过人的观察、分析和判断能力，受到语言思维训练。最后又回到标点，玩一个有趣的标点游戏，即给同样的文字加上相应的标点，来表达不同的意思，以此进一步感受标点符号表情达意的作用。

（三）特别的语言形式。

在优秀的言语作品中，为了表情达意的需要，作者或者特意改变惯常的语言结构模式，呈现陌生化的语言形态，制造别样的表达效果；或者精心修饰打扮，使语言更为形象、生动，富有艺术美和感染力。这些，都是很好的教学着眼点，可以领悟到特殊的语言形式对于烘托意境、呈现意蕴的作用，从而获得语言的审美感、情味感和意蕴感。

一是特别的文题。好的文题，往往是一篇文章构思的焦点。文章围绕这个焦点，把零散的材料组织起来，统一起来，使文章形成一个有机的整体。《冬阳·童年·骆驼队》就是这样，三个词组并列，中间用"·"间隔起来，很新颖。这也是小学阶段唯一一篇以这种形式出现的题目。"冬阳"为文章创设了一种感伤与温暖交织的情绪基调，它暖暖的、淡淡的、感伤的，还使我们在和作者一起走进她的童年时，给每一个画面蒙上了一层朦胧的薄纱，好像是在梦境中一样。"童年"揭示了文本的主旨，整个文本是怀旧，是对逝去的童年的一种缅怀。虽然童年里的人和事都是在一个特定的地方——故乡，但这篇文章的主题还是怀念童年，而非思乡。"骆驼队"是贯穿全文的一条主线。从文章开头的第一句"骆驼队来了，停在我家的门前"到文章的结尾"童年重临于我的心头"，一个"停"，一个"临"，都是骆驼队这条线在贯穿始终，在文中也成为了唤醒作者童年记忆的意象。三个词语排列有序，"冬阳"是背景，"骆驼队"是线索，紧紧围绕着"童年"这一核心。把题目中唯一的三字词语放在后面，很符合我们中国人的言语习惯，就好像七言诗一样，读起来琅琅上口。而且，中间用上间隔号，读起来很舒缓，兼有一种音韵美，奠定了整个文本的话语节奏是舒缓的、唯美的。三个词语的结合，勾画出一幅记忆深处的童年印象，营造出了一种深沉广阔的意象空间和情感空间。这样的题目不仅能唤起读者的阅读期待，而且便于教师引导学生感受作者童年的情趣和作者语言的魅力。

再比如《生命 生命》，它是用两个重复出现的词语构成的，这在小学语文教材中是独一无二的。如此难得的语言现象如果不加利用，实在是一种资源的浪费。课一开始，就要从课题的特别处入手：你发现了吗，这个题目和我们以前经常读到的文章题目，有什么不一样的地方呢？简单的一句话就把学生的目光一下子聚焦到原先没有发现的文题上，他们很快发现题目的特别之处，在尝试着不同读法的同时，也产生了深深的疑问：作者为什么要这样起题目呢？她对生命到底有什么样的感受呢？这也成为贯穿全文阅读的主问题。当学生对生命的内涵有了粗浅的认识和感受后，让学生给这个题目加上标点符号。有的用上两个感叹号，表达对顽强生命力的无限赞叹；有的前一个用问号后一个用叹号，表示作者先是对"生命"是什么的疑问，然后是找到生命真谛后的坚定回答；有的加省略号，表示生命是无穷尽的，到底什么是生命还需要我们继续思考和探索。添加标点符号的过程，也是理解深化、情感升华的过程，还是体验语言魅力的过程，更是训练学生拟题能力的过程。

二是特别的句式。句子的表达形式是言语形式的重要部分。尤其是一些情感性言语，就如一面魔镜，能够借助独特的句子表达形式，向读者透露出它特殊的情感意味，吸引读者一步步走进作者的内心世界。在小学语文教材中，特别的句式呈现出不同的形态。

1. 反复句。课文中出现的反复句，往往是全文的焦点。如《"精彩极了"和"糟糕透了"》中，"精彩极了"和"糟糕透了"这句话重复了五次；《夜莺的歌声》中，"夜莺的歌声"重复了多次；《麦哨》中，反复句"呜卟，呜卟，呜……"贯穿全文；《假如没有灰尘》中，"假如没有灰尘"这句话重复了五次；《这片土地是神圣的》是以"如果我们放弃这片土地，转让给你们，你们一定要记住：这片土地是神圣的"这句话展开的；《匆匆》一文"聪明的你，告诉我，我们的日子为什么一去不复返呢"出现了两次，一头一尾；《地震中的父与子》中，"不论发生什么，我总会跟你在一起"

出现三句。教学这些课文，围绕这些句子展开，就抓住了课文的焦点。

2. 设问句。设问句在文中往往能暗示出行文的线索，抓住了它们，也就抓住了课文的脉络，纲举而目张。如，《走遍天下书为侣》一文以设问句层层推进，谋篇布局，教学时，可抓住"如果你独自驾舟环绕世界旅行，如果你只能带一样东西供自己选择，你会选择哪一样？我会毫不犹豫地回答：'我会选择一本书。'"展开教学；教学《黄河是怎样变化的》可抓住"像这样一条多灾多难的祸河，怎么能成为中华民族的'摇篮'呢"进行设计；《蝙蝠和雷达》中的设问句"在漆黑的夜里，飞机怎么能安全飞行呢？原来是人们从蝙蝠身上得到了启示"也是很好的教学切入点。

3. 过渡句。课文中的过渡句起承上启下的作用，抓住这样的句子，可以中间开花勾连全文。如《窃读记》的过渡句"我很快乐，也很惧怕——这种窃读的滋味"，《赵州桥》的过渡句"赵州桥不但坚固，而且美观"，《童年的发现》的过渡句"我跟你可不同，事情过去了三年，有一次我想起了自己的发现，情不自禁笑出了声，竟使我当众受到了惩罚"，《矛和盾的集合》的过渡句"坦克把盾的自卫、矛的进攻合二为一，在战场上大显神威"。教学时抓住这些过渡句，采取联系上下文的方法，就能提领而顿，百毛皆顺，删繁就简，事半功倍。

三是特别的语段。语段的结构也是一个非常值得推敲的部分。因为要呈现特殊的意蕴，作者往往采用一些特殊的语段形式。这些特殊的语段结构，也是一个"语言秘密"。作者为什么要这样安排？这样安排到底要表达什么样的意蕴？很有推敲的必要。比如《松坊溪的冬天》"雪中"一段，开头三个句子"下雪了""雪降落在松坊村了""雪降落在松坊溪上了"分别独立成段，教学时可以这个言语形式为教学抓手展开教学，分两步进行：在初次接触语段形式时，尝试让学生想象画面，让语言文字在脑子中折射出生活影像。教师提出问题：一边读一边想是很好的阅读方法，读写景的文章更要一边读一边在脑中想象画面。这三个句子有点特殊，好好读读，想想都看到了哪些画面？学生有的说：我仿佛看到了下雪的画面，它们不断地降落在松坊村上、松坊溪上。作者在观雪呢！有的说：这三个句子都单独成一段，我好像感觉作者首先看到了雪在下，接着看到整个松坊村都在下雪，然后作者又看到松坊溪上也有雪了。教师让学生读句子，并展开课文内容的学习，具体品读松坊溪的各处美景。接着再次回味言语形式，让学生体味情感，让语言文字散发出浓浓的情味意蕴。教师引导学生回过头来再读读这三个句子，思考作者让它们一句一段，仅仅是要告诉我们他在看雪景吗？此时，学生明白了，作者这样写一步步地把他的激动心情表达出来了。作者就是用这样的写法，就像电影中的镜头慢慢推开一样，把读者的视线逐步拉到雪中的松坊溪，也暗藏了自己越来越兴奋的心情。就这样，教师带领学生对三个独立成段的句子进行品析，通过朗读想象作者眼中景，心中情，尝试还原其思维过程，从而揣摩其胸中境，笔下意，思考、品味、领悟作者的写法，懂得这样的言语形式所要诉说的内心情感、所要铺陈的内在意蕴，从而感受特殊的语段形式的表达魅力。

四是特别的叙述线索。每篇文章都是按照一定的顺序叙述的，这里所说的叙述顺序其实就是文章的线索。文章中的线索，可以是景，可以是物，可以是事情的发展，可以是人物的心理变化，甚至还可以是一个词语或一句话。从线索入手，可以把握文章的基本内容，从而初步读懂文章。比如《花的勇气》，是按作者"失望—遗憾—惊奇—心头怦然一震"的心理变化顺序构思写作的，以此为教学着眼点可做如下设计。

环节一：借助心理变化，学习梳理文意。

1. 自读课文导读，想想，它提出了阅读这篇课文需要解决几个问题？根据学生的回答，出示"自学提示一：有感情地朗读课文。思考：（1）作者在维也纳经历了一件什么事？（2）他为什么会从'失望''遗憾'到'惊奇''心头怦然一震'？"

2. 提炼主问题。（1）思考："失望""遗憾""惊奇""心头怦然一震"，这是描写人物的什么？（心理活动）（2）提炼：看来，这篇课文主要以人物的心理变化为线索来写。抓住了它，上述两个问题自然就迎刃而解了。那我们就从问题2入手吧。

3. 学生带着问题2默读课文，找出相关语段，体会作者心情变化的原因，并完成练习。

　　　　　　　　　时，"我"感到失望，是因为　　　　　　　　；

　　　　　　　　　时，"我"感到遗憾，是因为　　　　　　　　；

　　　　　　　　　时，"我"感到惊奇，是因为　　　　　　　　；

　　　　　　　　　时，"我"感到怦然一震，是因为　　　　　　　　。

4. 指名回答交流，借机检查四个生字的读音。

5. 阅读小结：刚才我们利用课文导读，懂得了课文大意，也初步了解作者心情变化的原因，这种学习方法就叫"看导读，知大意"。（板书）

环节二：抓住心理变化，提升学习能力。

1. 过渡：接下来，我们还继续抓住"失望"、"遗憾"、"惊奇"、"心头怦然一震"这几个描写人物心理变化的词语深入学习课文。

2. 捕捉主要信息。再次默读课文，找出描写花的语段。

3. 自主品读第一处写花的语段。

（1）投影出示，学生自读，做阅读批注。

（2）汇报交流，教师点拨。

（3）引导发现这段话语言表达上的秘密。

（4）创设情境，自主迁移写法。

4. 自主品读第二次写花的语段。

（1）出示语段，提出阅读建议：用自己的话写阅读感受是常用的方法，其实，如果文中有直接表达你的阅读感受的语句，我们不妨圈画出这些语句，这是做阅读批注的另一种方法。这段话，我们就用这种方法。（改天换地、傲然挺立、明亮夺目、神气十足等）

（2）抓"傲然挺立""神气十足"、"冷雨"等关键词，并通过情境引读，深入理解语言。

（3）让我们带着对小花的赞叹之情读读这段话。

5. 引导比较，体会写作目的。

（1）出示"自学提示三：课文两处写到花，有什么不一样？为什么要写得不一样？"（第一次突出花的外形，主要表现花的多与美，第二次突出花的精神，说明花有勇气，从而凸显课文的主题）

（2）学法小结：我们抓住两处写花的语句，通过比较的方法，理解了这样写的目的。这种阅读方法，我们给它一个名字叫"抓对比，悟写法"。（板书）

（3）看到花在冷雨中傲然挺立、明亮夺目、神气十足的样子，作者发出了怎么样的感慨呢？自己读读最后一段，谈谈自己的理解。

二、教学点的展开。

（一）在意义理解中把握言语形式。得意而忘言是当前语文教学的普遍现象，崔峦老师就曾谆谆告诫过我们：一味注重内容理解、人文感悟，忽视语言的理解与运用，甚至以"得意"为唯一目标，忽略语言的学习，特别是忽视体会词句的表达效果，忽视揣摩作者是怎样用语言表达思想内容的，忽视从读学写，了解文章写法，这种失衡的做法，不仅不能有效地提高人文素养，而且会把语文掏空。所以，当下的阅读教学，固然要坚持语言内容的理解，但更需要花大力气、用大功夫关注言语形式，让学生知道课文说了什么、写了什么，更要领悟到课文是怎样说、怎么写的，为什么这样说、这样写。从而逐步扭转长期以来把内容和形式割裂开来，只顾内容不顾形式的片面做法，让语文课堂教学回归到言意互转、言意共融的本来面目上来。

比如教学《临死前的严监生》（人教版五年级下册），可围绕"学习抓住动作细节描写表现人物特点的写作方法"这一语文知识点展开教学。先是阅读思考：认真阅读课文，严监生的哪些行为表现让你印象深刻？请找出相应语句体会他的内心。学生读中画出课文中三番五次地描写严监生伸手指头和摇头的语句，并透过"伸着两个指头"、"他就把头摇了两三摇"、

"他把两眼睁的滴溜圆，把头又狠狠摇了摇，越发指得紧了"、"闭着摇头"、"那手只是指着不动"和"点一点头，把手垂下"等动作"看"到严监生此时此刻的内心想法，为认识人物性格和形象做好铺垫。再明确作用：引导学生围绕"为什么课文一而再、再而三地细致刻画严监生手和头的动作？如果只写一两次行吗"、"为什么几个寥寥的动作描写，就能栩栩如生地刻画出一个守财奴的形象"等问题展开交流讨论，从中体会到运用动作的细节描写对表现人物品质和性格特点的表达效果和重要作用。最后强化认识：提供一个动作细节描写或神态细节描写的阅读材料，在同质或异质的拓展阅读中，再次加深和强化对细节描写方法和作用的认识。如此以语言学习带内容理解和情感体验的教学，强化了语言形式的学习和体会，达到了言意兼得的理解教学境界。

（二）在语言体验中丰富言语经验。言语能力是一种言语经验，是一种言语习惯，需要学习主体的内在体验。语言体验是一个过程性的动词，是对语言以及语言所表现的形象、情感的真切体会和逐步接纳过程，也就是"感知于外，受之于心"；同时，语言体验也是一个结果性的名词，是阅读过程中所受到的情感影响，是对语言及其内容的感同身受，甚至是对语言秘妙的发现和创造，也就是"目击事物，便以心击之"。说到底，语言体验就是从"体验"语言的生命感开始。通过对语言本身的体验，就能"出生入死"于语言之中，将语词的意蕴复原到我们的感觉层面上，从而更好地把握语言，融入语言。不仅体会其言中之意、言外之情，更发现语言运用的神奇和美妙，从中获得他人的言语经验，丰富自身的言语经验。

比如，《落花生》一课有这样一个句子："我们姐弟几个都很高兴，买种，翻地，播种，浇水，没过几个月，居然收获了。"句中的"买种，翻地，播种，浇水"看似简单，其实蕴藏着许多特殊的语言密码。首先，"播种"一词，学生很容易受习惯的影响错读成"播种（zhòng）"，如果联系"买种"、"翻地"、"浇水"，学生就会一下子发现这个动词＋名词的构词特点和规律，自然就明白"播种"的"种"是"种子"之义。这不仅水到渠成地读了它的正确读音，也了解了有趣的构词现象，同时也掌握了有时多音字的读音可以根据意思来判别的阅读方法。其次，按以往的常规经验，并列词语之间应该用顿号，"买种"、"翻地"、"播种"、"浇水"四个词语是平列关系，可课文用的并不是顿号而是逗号，这是为什么呢？如果一味地讲解什么情况下用逗号，什么情况下用顿号，这里为什么用逗号而不是顿号，充其量只是知识的灌输而已，难以帮助学生窥见和体会其非常规运用的目的和妙处。必须引导学生从生活经验入手，并结合具体语境用心细细琢磨、品味。这样，学生就会明白，"买种"、"翻地"、"播种"、"浇水"这四件农事不可能一下子就做得完的，它们有阶段性，每件事情之间都隔了一定的时间。为了表示间隔时间比较长，作者就用了逗号而不是顿号，进而感悟到：标点符号的使用不是一成不变的，是根据语言表达的需要产生的，从中感受到了语文知识运用与表达的灵活性、丰富性与多样性。再次，既然"买种"、"翻地"、"播种"、"浇水"不管哪件事做起来都很费事，每件事都有话可写，可作者为什么只用8个字加以概括呢？教学时要引导学生根据作者的写作意图和课文的主旨，让他们明白"议花生"是文章的重点，必须具体叙述，而"种花生"是次要内容，可一笔带过，从中学习到了有详有略、详略得当的文章写法及其妙处。

（三）在语言功能教学中获得语用方法。满足于"这句话用了比喻（或拟人、排比等）的写法"、"这段话作者采取了借景抒情的方法"之类的语言知识或概念的获取，而忽视其表达效果的体味，是许多阅读课的通病。这种纯知识的语言教学，除了让学生记住了一些写法名称外，对他们语言能力的发展无实质性的帮助和提高。这是因为，"正确理解和运用祖国的语言文字"重在"能用"，而不是"知道"。而这样的教学，学生恰恰只是了解了"是什么"的陈述性知识，而不是有关"怎么样"和"怎么决定怎么做"这些培养"使用语言"的人最需要的程序性知识和策略性知识。改变这一现状的最佳出路就是变"语言知识教学"为"语言功能教学"。功能语言学认为，语言是一个由多种表达手段构成的为特定交际目的服务的功能系统，具有动态生成的特性。因此，语言功能教学，其实就是语用教学，就是"使用语言学习语言使用"的教学，就是"在游泳中学会游泳"的教学。通俗点说就是让学生在一个个具体的语言实践活动中领悟、掌握语言的交际功能、特点和规律，从中获取必要的语用方法和技能。

比如，《白杨》一文有这样一段话："白杨树从来就这么直。哪儿需要它，它就在哪儿很快地生根发芽，长出粗壮的枝干。不管遇到风沙还是雨雪，不管遇到干旱还是洪水，它总是那么直，那么坚强，不软弱，也不动摇。"教学这个语段，可从多个方面、分几个步骤进行：一是概括特点。自读这段话，概括白杨树高大挺直、适应性强和生命力强的三个特点，并知道这三个特点中，"高大挺直"说的是白杨的外形特点，"适应性强"和"生命力强"是讲白杨的内在特点。二是丰富意象。就是抓住这段话中的关键词语，如"哪儿"、"风沙"、"洪水"等，结合生活实际，借助课件的生动画面，形象地再现白杨树在漫天风沙、滔滔洪水等恶劣环境中所承受的种种磨难和艰险，所表现出来的"总是那么直，那么坚强，不软弱，也不动摇"的感人形象，让枯燥的文字符号鲜活、生动起来，让学生感受丰富的语言意象，引发强烈的情感共鸣。三是体悟写法。让学生带着"白杨树的高大形象我们是怎么感受到的呢"这一问题再读这段话，从中发现这段话运用了"哪儿……哪儿……"、"不管……不管……总是……"、"那么……那么……"等多种句式来表现白杨树的高大形象，并体会这样写的好处。四是写法迁移。引导学生学着课文的写法，选择一两个句式，分别来夸夸爸爸、像爸爸一样的边疆建设者和自己身边像爸爸一样的劳动者。这样从词语的意思到语言的内涵，从句式的认识到表达的效果，从立足课文语境仿说到引向生活世界仿说，让学生全方位地感受到这段话在遣词造句、语言特点、句子形式、段落结构、主旨表现、情感表达等多方面的语言功能，进而把握其语用特点，学习其语用方法。

（四）在"真实"的言语活动中提高言语智能。所谓言语智能，就是依据具体的交际环境、对象和内容，正确选择和灵活运用已有的言语经验和语用方法，并达成交际目的的素养和技能。从认知心理上说，一个人是否具备言语智能，一要看其言语能力是否达到自动化程度，即在自己熟悉的语境中，不必进行理智思考和逻辑判断就能应答如流；二要看其言语生成能力，即在陌生或突变的语境中，也能快速反应，应对自如。这就决定了言能智能的形成，决不是一个简单的过程，而是要不断地经历对言语材料的同化与顺应，最终达到"自动化"。要实现这一目标，阅读教学就必须创设动态、真实的语言实践活动。可现实情况却是，目前的课堂教学无法提供真实的交际情境，也难以进行真正的交际活动。诸如句式迁移、角色扮演、想象说写之类的语言训练形式，基本上局限于特定的课文内容，由于熟悉文本语境，学生练习起来还不难，可一旦进入现实世界中，由于生活环境和交际语境的变化，课堂上学的东西一般无法得到迁移和运用。这就是许多学生语言能力之所以难以提高的重要原因之一。因此，如何在课堂中创设"真实的"言语活动和"真实的"言语环境，就成了摆在我们面前的一道难题。

我们认为，不妨引进"全语言"阅读理念和做法。"全语言"是被称为"全语言之父"的国际知名语言教育学者肯·古德曼先生提出来的。他主张语言学习的历程要回到真实的世界中，通过孩子在生活中实际运用语言的机会——问问题、聆听对方的回答、对回答做出回应等，从听说读写的过程中全方位地学习语言。这就要求阅读教学必须重视营造一个真实的读写情境场，让儿童依文本产生的意义，结合自己对世界的理解与认识，在"身临其境般"地参与听说读写事件的过程中，自由表达思想和情感。具体做法可采取引入生活要素，让课堂"生活化"。一是事件性引入，就是直接将社会生活中发生的事件与课堂内语文事件联系起来，语文教学课堂成为社会环境系统的一个组成部分，从而赋予语文教学课堂以社会真实环境的性质，使语文课堂里的学习活动不再是虚拟的活动，而是有真实对象、真实目的和真实效果的现实言语学习活动，实现了学生的学习体验。如《我家跨上了信息高速路》教学中的现场"网上冲浪"，从中感受信息的丰富、快捷，了解专业知识；学完《再见了，亲人》后，给五壮士之一的葛振林写信。二是功能性引入，就是根据语文教学的目标要求，截取现实生活中某一事件的某一部分或方面引入课堂营造出生活场景，利用其特性和功能，推动学习活动的展开。如《鸟的天堂》中的当小导游、《爬山虎的脚》中的爬山虎一脚一脚地往上爬的观察与动手演示及表述介绍等就是功能性引入。这样，学生就由被动的学习者变为特定的"角色要求"的活动者，并在这种"角色要求"的规范下，感受生活，体验情感。

三、语言点的拓深。

明确了教学核心价值，才有可能教好有价值的内容，所谓巧妇难为无米之炊，这是不言而喻的。但这并不等于说，有了有价值的教学内容，就一定会产生有价值的教学。如果非常有价值的教学内容在课堂上由于缺乏合理、有效的策略和方法，那它的教学价值就要大打折扣，甚至无法发挥。而现在，对一线教师来说，如何实现把文本的语文价值转化成促进学生语文发展的现实价值，成了一个必须面对并亟待解决的课题。这里面，实质上牵涉到一个如何促进课文增值化的问题。

身处经济社会，稍有经济头脑的人都想通过炒股、借贷、购买黄金或有价债券等多种投资方式，把自己手中的闲钱像滚雪球一样越滚越大，实现金钱的有效增值。家庭理财是这样，语文学习也是如此。如果把文本的语言比作原始资本的话，那么言语的应用就是为了使言语增值。所以，有效、高效的教学，不能就内容讲内容，满足于学生获得经典、规范的语言表达，还得对教学内容来一番聚集、放大和凸显，生成、重构出更为丰富的教学内容。让学生把学到的语言纳入到自己的话语系统，并加以模仿迁移甚至创造性地运用，从而最大限度地挖掘和发挥所选取的这个"点"的教学功能。这样的教学才能实现"例"的增值，真正促进学生语言能力的提升，才是富有价值和意义的。因此，文本解读就需要教师敏锐地发现并挖掘隐藏在文本的语言增值点，进而设计基于文本语境的说、写训练。

（一）写法迁移。就是将从课文中学到的语言形式、表达技能借助语用情境的创设，运用到说写练习甚至是生活情景中，以提升学生的语言表达能力。

形式一：句式仿写。如，《山中访友》（人教版六年级上册）第五自然段运用了拟人手法，以及"你好！＿＿＿的＿＿＿，你＿＿＿＿＿＿，＿＿＿＿＿＿＿？"的句式，读起来亲切自然、活泼清新，有着诗一般的韵律与情怀。教学时，先让学生发现这一语言表达特点，之后模仿句式进行想象说话练习。在此基础上，再抓住课文中只有作者对山中朋友的问候，没有山中朋友的回应这一空白点，再次进行句式模仿拓展训练。

访者招呼：你好，清凉的山泉！你捧出一面镜子，是让我重新梳妆吗？
山泉回答：＿＿＿＿＿＿＿＿＿＿＿＿＿＿＿＿＿＿＿＿＿＿＿＿＿＿
访者招呼：你好，悠悠的白云！你洁白的身影，让天空充满宁静，变得更加湛蓝。
白云回答：＿＿＿＿＿＿＿＿＿＿＿＿＿＿＿＿＿＿＿＿＿＿＿＿＿＿

如果说前者基本上只是单纯的句式模仿，后者则要视回答者的身份和诗人打招呼所说的话语内容进行回应式的表达，不仅有句式上的模仿，更有内容上的适合性要求。如此层递式训练，既是对课文内容的补白，也是对语感的敏化，还有助于语言思维和言语表达能力的提高。

形式二：章法临摹。小学语文教材中有许多关于谋篇布局、文章作法等方面的写作知识和表达方法，是学生训练写法、练习写作的极好资源。可以是片段练笔，如《穷人》一文中桑娜矛盾复杂的心理活动，是进行阅读推想训练和学习心理活动描写的极好材料。学习本段后，可让学生结合现实生活中自己遇到过的焦急、忧虑、担心或害怕的生活情景写一段话。也可以是篇章练写，如《北京的春节》是学习按一定顺序、有详有略的表达方法的典型文章。学习本文应指导学生联系生活实际，用上这种写作方法写一写家乡的传统节日或一次活动过程。还可以是改换文体，比如人教版五年级下册第三单元出现了剧本《半截蜡烛》，这是小学生第一次认识剧本。学完课文后，可让学生从《半截蜡烛》的前一篇课文《晏子使楚》中任选一个故事，改写成剧本，从中感受到不同文体的不同表现力。

（二）语料仿用。就是依据自己表达的需要，从课文中选取相应的语言材料或语言素材，通过合理的语言内化、调整、组合，将之与自身的语言材料融为一体，从而准确生动地表达自己的所见所闻、所思所想。

形式一：语言转述。或者是通过将诗歌改为散文，将文言文译为白话文等文体转换，对文中语言进行改造，或直接借用课文语言表现新的生活场景。比如，《卖木雕的少年》（人教版三年级下册）中有"名不虚传"、"琳琅满目"、"构思新奇"、"栩栩如生"、"各式各样"等四个字的词语，学完课文后，可要求学生用上这些词语写一件自己喜欢的工艺品或玩具，以达到在言语材料的仿用中，变消极语言为积极语言，化文本语言为个性语言，提升学生言语质量的目的。又如教学《大瀑布的葬礼》安排角色体验练习：如果你是总统，在这个葬礼上，对着巴西人民发表演说，你会怎么说？让学生用上书上的语言。学生说："先生们，女士们，今天在这里为大瀑布举行一场葬礼。它曾是我们巴西人民的骄傲，那汹涌的河水从悬崖上咆哮而下、滔滔不绝、一泻千里的雄姿，那巨大的水帘，那如雷的咆哮曾让全世界为之陶醉。我们常常自豪地站在它的脚下，望着腾起的水雾，感受它的年轻和活力。如今，它再也不年轻了，它静静地躺着，在群山之中无奈地低下了头，它沙哑的话语还在耳畔，它抚过的脊背还依然温暖。你看到那顺着崖壁淌下的浊水了吗？那是它的泪，救救它吧！它活着是我最大的心愿。"很显然，虽然这段话中的许多语言来源于课文，但并不生搬硬套，而是经过小作者的精心选择、组合和改造，并巧妙地将其融入自己的话语情境中去了，从而流淌出这样精炼概括、感人肺腑的言语，给人以浑然一体之感。学生完成练习的过程，既加深了课文内容的理解，又是课文语言的仿用训练，促进了对课文中那些准确精当的词语的积累和内化。

形式二：语言重组。就是运用文中的语言复述、转述文中的人、事、景、物。比如，《赵州桥》开头是这样写的："河北省赵县的洨河上，有一座世界闻名的石拱桥,叫安济桥,又叫赵州桥。它是隋朝的石匠李春设计和参加建造的,到现在已经有一千三百多年了。"先让学生理解这段话意思,知道这段话写了赵州桥的名称、建筑位置、建桥年代和具体时间、设计者名字和历史地位。教师根据学生的发言,按课文描述的顺序板书,并写上序号。之后,要求学生把这几个内容调整一下顺序说。第一个学生说:"位于河北省赵县的洨河上的赵州桥世界闻名,距今已有一千三百多年了,是隋朝石匠李春设计和参加建造的。"第二个学生说:"有一千三百多年历史的赵州桥世界闻名,它位于河北省赵县的洨河上,是隋朝石匠李春设计和参加建造的。"第三个学生说:"一千三百多年前,隋朝石匠李春设计和参加建造了世界闻名的赵州桥,它至今还屹立在河北省赵县的洨河上。"第四个学生说:"世界闻名的赵州桥横跨在河北省赵县的洨河上,它是一千三百多年前隋朝石匠李春设计和参加建造的。"

(三)内容创生。就是紧紧把握和挖掘课文的内容空白点和能力生成点,通过必要的补充、加工、改造,以丰富感受,深化理解,抒发情感。这种读写形式使用广泛,形式比较多样,几乎适用于所有课文。

形式一:语言扩展。运用文章语言、图式,把概括内容说具体。如,《装满昆虫的衣袋》有这么一段话:"'妈妈,我在这儿呢!瞧,我抓到了那只会唱歌的虫子!'妈妈一看,儿子的手里拿着一只全身翠绿、触角细长的纺织娘。三天前,法布尔就告诉她,花丛里经常传出一种动听的声音,不知是谁在唱歌。现在,他终于找到了这位'歌唱家'。"小时候的法布尔是如何捕捉到纺织娘的?这里并没有做具体介绍,只用"三天前"和"终于"两个词简要概括。为了让学生真切感受到法布尔从小迷恋昆虫,有必要抓住这两个词作纵向与横向的拓展:"三天前"、"终于","三天前"、"终于",多么不容易啊。透过这两个词,你的脑海里仿佛出现了什么样的情景?学生浮现在脑海中的画面因人而异。有的是耐心等待图:我仿佛看到了法布尔蹲在草丛中静静地等待着小虫子的出现,一个小时过去了,两个小时过去了,三个小时过去了,他还是一动不动地等待着。一天过去了,两天过去了，他还是不肯放弃。有的是细心寻找图：他还轻轻地拨开草叶，竖起耳朵细心地听着，睁大眼睛四处寻找，希望找到那只会唱歌的小虫子。草尖划破了他的皮肤，他却忍着，坚持着。有的是用心捕捉图：突然，法布尔听到了小虫子的歌唱，他蹑手蹑脚地向前走，猛地一扑，衣服弄脏了，可那只调皮的小虫子好像故意跟他过不去似的，却早已逃之夭夭。他叹了一口气，又继续寻找着。还有的是开心收获图：直到第三天傍晚，他才又发现纺织娘的影子。他心想：这一回，你休想逃出我的手心。于是，他小心翼翼地前进，快到了，他屏住气息，放慢脚步，双手猛地一合，接着兴奋地叫起来："哈哈，我抓到会唱歌的虫子啦！我抓到会唱歌的虫子啦！"你瞧，简简单单的两个词就这样被拓展成四幅前后联系的连环画，一个痴迷昆虫的小泡布尔形象历历在目，触手可及。

形式二：语言补白。就是联系生活经验补充文本空白。《检阅》一课直接描写博莱克的只有两处，一是"博莱克左腿截肢了，现在靠拄拐走路"，二是"他同全队保持一致，目视右方，睁着大眼睛望着检阅台"。两句话一联系起来就发现它们之间的内在矛盾了：一个拄拐走路的残疾孩子，怎么能同全队保持一致呢？博莱克是怎么做到这一点的呢？课文留下的这些空白需要我们去填补。可出示句子："晨曦微露，人们还在甜蜜的梦乡，博莱克＿＿＿＿＿＿；烈日当空，人们在树阴下乘凉，博莱克＿＿＿＿＿＿＿；夜幕降临，人们在客厅看电视了，博莱克＿＿＿＿＿＿。"引导学生展开想象，动笔写一写。学生说："晨曦微露，人们还在甜蜜的梦乡，博莱克却早已拄着拐杖在操场上练习了；烈日当空，人们在树阴下乘凉，博莱克擦着脸上的汗水，咬牙坚持着；夜幕降临，人们在客厅看电视了，博莱克借着朦胧的月色，继续练习，拐杖触地的声音，依然传得很远很远。"这样的补白不仅让学生解决了阅读疑惑，还明白了博莱克为了给自己、给队伍、给祖国增光，付出了艰辛的劳动和辛苦的汗水，这也是观众称赞他"真棒"的真正原因。到此，博莱克的形象就在这样的补白中慢慢生动、具体起来，也赋予"这个小伙子真棒"以更加深邃、丰富的内涵。

形式三：语言复述。就是运用自己的语言结合课文的语言复述课文内容。比如，《矛和盾的集合》一文介绍了发明家与朋友比赛，遇到了三个困难，想出了三个办法，最终发明了坦克。由于这篇课文具有很强的抽象性和条理性，理解起来有一定的难度。于是，教学时，教师引导学生在理解具体语句的过程中对遇到的困难和想到的办法分别进行梳理归纳，并投影出示。

困难1：左抵右挡，还是难以招架。

想法1：盾大得像铁屋子。

困难2：自己只能变成缩在壳里保命的蜗牛或乌龟。

想法2：在铁屋子上开个小洞，从洞里伸出进攻的枪口或炮口。

困难3：铁屋子不能动，不会跑。

想法3：得装上轮子，安上履带。

在此基础上，教师要求学生利用屏幕上的内容，把发明家发明坦克的过程说一说。这样的训练形式，既是对课文重点信息的搜集与提取，更训练了处理信息、复述表达的能力。

（四）读写指导。帮助学生习得阅读的策略和技巧，提升阅读力，是阅读教学的时代要求。但是，教给学生的阅读策略必须精要、好学、管用。精要是说阅读方法简明扼要，少而精，又带有规律性；好学指通晓明白，易学好懂，便于掌握和运用；管用当然最重要，不仅有利于读法迁移，更能促进阅读能力的提高。这就要求阅读教学从整体阅读的角度着眼，让学生明确阅读文章按照"感知—理解—巩固—运用"的过程进行。这一过程，具体到某一篇文章的阅读，表现为"写什么—怎样写—为什么写—写得怎么样—怎样学写"的基本思路和方法。比如，《唯一的听众》一文三次写到了老人"平静地望着我"，但其内涵却不相同。教学时，可先引导学生比较这三个句子的异同，然后以第一句"一位极瘦极瘦的老妇人静静地坐在木椅上，平静地望着我"为例，分三步进行：一是让学生把句子放入课文中，思考"老妇人在什么情况下'平静地望着我'"，从而感悟老人所说的话的意思；二是体会老人"平静地望着我"给"我"带来的变化；三是猜测老人"平静"背后的内心活动，感受"平静"眼神的丰富内涵。在此基础上，再指导学生学着用这样的阅读方法和步骤，自主或合作阅读后两个"平静"的语句。如此教学，就是把语言内涵的感受与阅读策略的迁移融为一体，在范例的使用中教给学生便于具体操作的学习方法，日积月累，学生的独立阅读能力就能得到提高。

（五）学法拓展。"尝谓教师教各种学科，其最终目的在达到不复需教，而学生能自为研索，自求解决。"这强调了"授渔"的重要性，但是，任何的学法、技能都不可能一蹴而就，只有不断地反复历练才可能形成。理想的状态应该是，先课内进行同类迁移，深化文本理解和学法感悟，再课外拓展练习，实现自能运用。例如人教版三年级下册《寓言两则》安排了《亡羊补牢》和《南辕北辙》两篇寓言，在《亡羊补牢》的题目旁有这样一行字："通过查字典和联系课文，我知道'亡'和'牢'的意思。"教学时，可依据这个阅读提示对"亡羊补牢"意思的理解进行重点指导，使学生在教师的指导下掌握查字典和联系课文理解字词意思的基本方法和步骤：从字典中查出字词的所有义项—结合课文内容选择正确的一项—把所选的义项放入词语理解词语的意思。之后，在学习《南辕北辙》一课时，就让学生尝试运用这两种方法自主理解"南辕北辙"这个词的意思。在此基础上再进行拓展，对一些学生熟悉的寓言故事题目进行强化、巩固练习。如此经过先课内后课外的多次迁移和操练，学生就能熟练掌握理解词句的方法，以实现学习的自动化和自觉化，提升阅读效率和品质。

四、高潮点的掀起。

语用教学的高潮点，并非完全是传统教学留在人们印象中的由那种激情澎湃的教学语言、心旌摇动的背景音乐、光鲜亮丽的动感画面协同作战掀起的"高潮"，而是言语感悟的高峰体验、瞬间顿悟的思维快乐、运用创造的火花迸发。两者的区别主要在于，前者满足于肢体感官的亢奋与激动，后者追求言语体验的深刻与情趣。

自然界有所谓的"叠加"现象，两个不同波段的波峰重叠的时候，波形会发生变化，新波峰的高度是原有两个波峰的代数和。如果进而出现同步共振，那力量将大得惊人。破坏力极强的地震、共振引发的桥梁坍塌，皆是这个道理。语文学习其实也需要这样的"叠加"，因为语言能力不是一种纯粹的身体运动技能，它的提高和形成，绝不是一两次的练习，也不一定是在同一平面做惯性运动的机械重复，而是从众多的同质或异质的语言现象中，发现、提取、把握其相同的规则，并以这种规则去指导后续的阅读或写作。所以，寻找"合力点"形成"高潮"当是一种比较理想的教学思路，具体可采取"举三反一"和"举一反三"的教学方法，又分两种情况。

（一）在同质式的"举三反一"中掀起高潮。

这里的"三"当然是指数量多，"同质"是说语言形式、类型、性质、作用一样的言语材料。借助几个这样的同质材料，让学生在比较、辨析中发现这类语言现象的表达规律，然后再创设练写、练说、练读的语用情境，从而达到"举三反一"的目的。比如《花的勇气》第一处花的描写的教学。

1. 投影出示，学生自读。

自学提示：

默读这一段话，把你的阅读感受写在句子的旁边。

我用手拨开草一看，原来青草下边藏着满满一层小花，白的、黄的、紫的；纯洁、娇小、鲜亮；这么多、这么密、这么辽阔！它们比青草只矮几厘米，躲在草下边，好像只要一使劲儿，就会齐刷刷地冒出来……

---

2. 汇报交流，教师点拨。

（1）"白的、黄的、紫的"写的是花的颜色多，如果用四个字的词语概括你想到哪些词语？

(2) 引导学生弄清"纯洁、娇小、鲜亮"是描写花的形态多,并用不同的图片加深理解。

(3) "这么多、这么密、这么辽阔"写花的数量多,指导读好这个感叹句。

(4) 小结:这段话通过颜色、形态和数量三个方面把花的美丽写得具体、形象、生动,带着自己的理解再读读这几句话。

(5) 过渡:其实,这段话还藏着语言表达上的秘密呢,你能发现吗?投影出示。

> 我用手拨开草一看,原来青草下边藏着满满一层小花,_____的、_____的、_____的;_____、_____、_____;这么_____、这么_____、这么_____!

学生交流过程中,教师引导学生发现写花的颜色和数量时,分别了用了三个"_____的"和"这么_____"的词语,写花的形态也是三个词语并列。

3. 联系旧知,强化句式理解。

(1) 出示语言材料:"树上就变得热闹了,到处都是鸟声,到处都是鸟影。大的、小的、花的、黑的,有的站在树枝上叫,有的飞起来,有的在扑翅膀。"

(2) 发现表达特点:一是内容上这段话是从范围、大小、颜色、姿态等方面写出树上的鸟很热闹;二是语言上也是用词语并列的方式。

(3) 写法小结:原来,写一个事物的特点,既可以从颜色、姿态、数量方面写,也可以从范围、大小等其他方面来写。这样,就能把事物写具体、写生动。

4. 创设情境,自主迁移写法。

(1) 投影出示一鱼缸,内有不同种类的小鱼在水草中游动。

(2) 课堂练习：一进门，我就被满满的一缸鱼吸引了，_____的、_____的、_____的；_____、_____、_____；这么_____、这么_____、这么_____！

(3) 评价交流。

围绕着花的颜色、数量、形态三个方面写出花的特点，是《花的勇气》这段话的描写方法。这种写法其实具有普遍性，描写许多事物都可以用到它。为了让学生对这种写法有个明晰的了解和把握，就不能停留于课文中的这一个例子。倘若如此，学生只会在潜意识里知道写花可以这样写，但其他事物是不是也可以这样写就缺乏感性认识和理性思辨。由于小学生的思维正以形象思维为主向抽象思维发展，所以，学完了写花的语句，再引进已读过的《鸟的天堂》的相关语句，通过新旧知识的比较，从而揭示语言现象的本质（多角度表现事物），再安排迁移运用，学生自然拓展了认识，明白了原来这种写法可以适用于所有事物的描写。于是，这个写作知识就形成了"知识集成块"，成为学生的心理图式保留下来。以后一旦需要，主人就会激活它，并灵活调遣和运用。

(二) 在异质式的"举三反一"中掀起高潮。

在"举三反一"时，除了应注意选择正例之外，还应举出反例，即举出不怎么符合语言规则的文章或语段，从反面来验证规则。如此一正一反，正误对比，学生对规则的感悟一定会加深，今后运用起来就会避免出现类似错误。这就是叶圣陶先生所说的"不那么好的文章也能当教材，甚至写得不好的文章也能当教材"的根本原因。

比如，《燕子》的第一自然段就介绍了燕子的外形："一身乌墨发亮的羽毛，一对俊俏轻快的翅膀，加上剪刀似的尾巴，凑成了活泼机灵的小燕子。"之所以写得生动形象，就因为作者抓住了最能体现燕子特点的羽毛、翅膀和尾巴来写。教学这段话，可在学生初步理解其写法的基础上，投影出示："它小巧玲珑，一双闪着宝石般光泽的眼睛下面，长着一双又尖又短的小嘴。一双红色的小爪子紧紧地抓住电线。背上的羽毛是黑色的，胸前有一撮小白毛。小尾巴微微向上翘着，好像穿着一件漂亮的燕尾服。"让学生读这一段话，猜猜这写的是什么动物。学生七嘴八舌莫衷一是之时，教师揭示谜底：燕子。此时，学生心底不免产生这样的疑问：为什么课文中的一段话我们一读就知道是燕子，而这一段话却不能一下看出来呢？引导学生对比这两段话，发现课文只抓住最能代表燕子特征的羽毛的乌黑发亮、翅膀的轻快灵活和尾巴的剪刀样来写，其他的忽略不计，而另一段话什么都写，反而写不像燕子。由此，学生悟出了一个道理：要把一样事物的样子写得栩栩如生，关键在于要突出其主要特征，否则，写得再多也白搭。

第三节 教学范式

一、凸显目标指向的教学范式。

（一）指向语言习得的理解式运用。

"理解"为什么就是"运用"本身呢？这得从阅读的内涵说起。众所周知，阅读是从书面语言中获取信息的过程，没有语言文字这个中介，阅读无法进行。运用语言文字是获取信息的必要条件。另一方面，语言表达是有规律的，从语言材料看，为什么用这个词语不用那个词语，需要理解这些语言材料的感情色彩，透过语言的表面去探究其内涵的深意，体会这样表达的妙处；从语言结构看，为什么这样而不那样组织语言，为什么这样而不那样谋篇布局，对提高学生的言语能力至关重要；从表达方法看，为什么运用叙述而不是说明，为什么展开议论而不是抒情，其独特的表达效果当然不能不理解和体会。一句话，语言的积累与内化，言语经验的体验与获取，缺少了"理解"都是无法实现的。可见，"理解"的作用在于，不仅能获取语言负载的情感、意义、主旨等信息，还能领会文本、作者是如何运用语言文字的，以及这样运用语言文字在表情达意上的独特作用与效果。从这意义上说，运用是最好的理解，运用暗含着理解。当然，这种指向于语言习得的"理解"，绝不是教师的架空分析所能完成的，而应该让学生在触摸语言文字、亲历阅读过程的语言体验中去实现。

(二)指向语言形式的迁移式运用。

在现代认知心理学的知识分类中，"怎么做""怎么决定怎么做"的程序性知识、策略性知识通常是内隐性、经验性的默会知识，往往只可意会难以言传，不能靠解释、说明、说教，而应该靠迁移、运用来感悟和领会。所以，语文教学不能满足于学生获得经典、规范的语言，更要把学到的语言纳入到自己的话语系统，并加以模仿迁移甚至创造性地运用，这样的教学才能实现语言的增值，真正促进学生语言能力的提升，才是富有价值和意义的。这就需要教师敏锐地发现并挖掘隐藏在文本的语言增值点，进而设计基于文本语境的说、写训练。可以是句式迁移，如《画家和牧童》，商人和教书先生夸赞戴嵩的《斗牛图》时，分别连续用了两次"画得太像"和"画活了"，可让学生也学着这样来夸夸戴嵩。可以是片段练笔，如教学《穷人》，让学生结合现实生活中自己遇到过的焦急、忧虑、担心或害怕的生活情景，学习人物心理活动描写。也可以是篇章练写，如教《北京的春节》，学习按一定顺序、有详有略的表达方法，写一写家乡的传统节日或一次活动过程。还可以是文体改换，如人教版五年级下册第三单元第一次出现了剧本《半截蜡烛》，学完课文后，可让学生从《半截蜡烛》的前一篇课文《晏子使楚》中任选一个故事，改写成剧本，从中感受到不同文体的不同表现力。

(三)指向言语转换的创生式运用。

任何一篇课文之所以都是"学习语言文字运用"的重要凭借，就在于语言学习内容的可创生性，用叶老的话说就是："语文教材无非是个例子，凭这个例子要使学生能够举一反三，练成阅读和写作的熟练技能。"可惜心动者众，行动者寡，以至今日，语文教学依然在课文内容的深挖细耕上沉醉不醒。其实，"例子"的价值并不只在获得多少"例子"中的知识，积累多少"例子"中的语言，而是以这个"例子"为平台和支点，训练学生自主阅读、写作的能力。这就需要教师独具慧眼，在从静态的教材向动态的"学材"的转化中，寻找到适合的言语生长点和能力发展点。课文内容的创生，是学生根据自身对课文的理解以及自身的生活经验，对课文进行加工、改造，以丰富感受、深化理解、满足内心表现欲望的一种富有创造性意义的说写训练形式。其形式丰富多样，各显其妙。"如果你是总统，在这个葬礼上，对着巴西人民发表演说，你会怎么说？请用上书上的语言。"（《特殊的葬礼》）这是语言材料的重组、化用。"请展开想象：小女孩一直盼望有一个穿着裙子的洋娃娃啊。睡觉前，她_____；睡梦中，她_____；醒来时，她_____。"（《给予树》中"一直盼望"一词的教学）这是语意内容的丰富、拓展。"请你替那位经受感情煎熬的母亲给儿子写一封简短的信，再以儿子的身份给母亲回 封信。"（《学会看病》）这是表达方法的改变、转换。

（四）指向读写策略的学用型运用。

帮助学生习得阅读的策略和技巧，提升阅读能力，是阅读教学的时代要求。但是，教给学生的阅读策略必须精要、好学、管用。"精要"是说阅读方法简明扼要，少而精，又带有规律性；"好学"指通晓明白，易学好懂，便于掌握和运用；"管用"当然最重要，不仅有利于读法迁移，更能促进阅读能力的提高。这就需要教师要有切实可行、适合那篇课文的指导怎样读、怎样学的方法策略，并且渐渐内化成适合学生自己的读法、学法，进而形成较强的学习力。教学《石榴》一课，为了训练学生提取信息、概括段意的能力，教师先来个示范引路，把春天的"石榴抽出了新的枝条"这句话概括成两个字"抽枝"，再引导学生学着把"还长出了新的嫩绿的叶子"一句概括成"长叶"，又用"开花"、"成熟"来概括石榴夏、秋两个季节的生长情况。最后连词概括，把"抽枝"、"长叶"、"开花"和"成熟"四个词语连起来，完整、准确地说出石榴的生长过程。通过这样的训练，学生已初步学到了提取信息、概括大意的阅读方法，为今后的语文学习积累了有益经验。如此教学，就是把语言内涵的感受与阅读策略的迁移融为一体，在范例的使用中教给学生便于具体操作的学习方法，日积月累，学生的独立阅读能力就能得到提高。

（五）指向读写知识的积累型运用。

知识对能力的促进作用已成共识。知识是能力的根基和支撑，离开了知识就谈不上学习。知识积累越丰富，学习方法的掌握也就越容易。因此，"语言文字运用"不能没有必要的知识储备，它虽不是运用本身，却是为运用做准备，对于运用必不可少。语文教学切勿谈知识色变，应该利用教学，让学生学习、积累一些必要的、有效的语文知识，以提升阅读能力。其程序一般为：运用知识导读—感受知识意义—强化知识认识。比如《临死前的严监生》，可围绕"学习抓住动作细节描写表现人物特点的写作方法"这一语文知识点展开教学。先是阅读思考：认真阅读课文，严监生的哪些行为表现让你印象深刻？请找出相应语句体会他的内心。学生读中画出课文里三番五次地描写严监生伸手指头和摇头的语句，并透过人物手、头的动作"看"到严监生此时此刻的内心想法，为认识人物性格和形象作好铺垫。再明确作用：引导学生围绕"为什么课文一而再、再而三地细致刻画严监生手和头的动作？如果只写一两次行吗"、"为什么几个寥寥的动作描写，就能栩栩如生地刻画出一个守财奴的形象"等问题展开交流讨论，从中体会到运用动作的细节描写对表现人物品质和性格特点的表达效果和重要作用。最后强化认识：提供一个动作细节描写或神态细节描写的阅读材料，在同质或异质的拓展阅读中，再次加深和强化对细节描写方法和作用的认识。

二、彰显设计特色的教学范式。

（一）一问串联式：单线穿针，串珠成环。

提问过多是语文教学中的一大问题。"提问"之"弊"明显地表现于课堂的有："步步为营"的提问成为牵引着学生向"板书"靠近的阶梯；"提问群"成为帮助教师绵延滔滔讲析的桥梁；"碎问碎答"成为桎梏学生创造思维的网络。而"主题问题"的确定，能用精、少、实、活的提问激活课堂，创新教学，革除阅读教学中的多问杂答与碎问碎答，精炼教学内容与教学过程，突出学生的主体学习地位。

所谓"主问题"，是指课文研读过程中，经教师概括、提炼的，能"牵一发而动全身"的重要提问。以"主问题"为线索的阅读教学，由于"主问题"的设计着眼于带动对课文整体的理解品读，着眼于引导学生长时间的深层次的课堂学习活动，每一次提问或问题设置都能形成和支撑课堂上一个时间较长的教学活动的"板块"，所以，"主问题"具有"一问能抵千万次地问"的艺术效果。大大减少了一般性提问的"量"，保证了课堂教学以学生的读、写、说、思为主要内容，教学效果自然明显。

比如，《梅花魂》一文通过外祖父对梅花的爱表达了对祖国的眷恋。如果抓住外祖父的言行，从他"爱图"、"谈图"、"送图"中去体会，不免产生很多细小问题，如"外祖父为什么如此爱惜墨梅图？离别前为何又送给莺儿呢？送了墨梅图为何又送绣有血色梅花的手绢"，课堂就显得零碎繁琐。如果以"魂"字作为突破口设计主问题，由于其寓情于物的特殊写法，学生理解起来难度不小。教学时，我们可以抓住课文中的外祖父三次落泪，预设这样的主问题："读课文，划出祖父'落泪'的句子，想想外祖父为什么会落泪？"让学生带着问题自由读课文。这个看似与主旨相距较远的问题，给了学生深入文本、咬文嚼字、细心体会、比较选择、自由表达的广阔空间。学生围绕着主问题，从教莺儿读唐诗宋词时的落泪，感受到了外祖父思念故土的内心，从听说莺儿要回国自己回不去而大哭的异常表现中，体会到他有家难回的忧愁与伤感；从分别时赠墨梅手绢时的落泪，捕捉到他对祖国的深深眷恋以及对"我"的殷殷之情。如此一而再、再而三地咀嚼"落泪"，一次一次地让学生走进作者和外祖父的内心，不仅对"梅花魂"的深刻内涵有了深入的理解，也从中感悟到借物抒情的写法。

语文教学"形散而神聚"的主问题设计，可从文章的结构脉络方面入手，让学生整体感知课文的内容，把握文章的结构特点和写作思路，提高整体感知文章内容的能力。可从文章的主旨方面入手，引导学生理解文章的主题，把握作者的写作意图，体悟课文的思想情感，有效地提高学生把握文章主题的能力。可从文章的语言特色方面入手设计，品味、赏析、学习、借鉴语言特色，培养敏锐的语感，提高语言表达力。

（二）一点突破式：紧扣中心，定向聚焦。

所谓"点"，从表面上看，是一篇课文最敏感、最关键的部位，它可以是一个词、一个句、一个过渡段等，如同象棋对垒中的一个关键子，动这个关键子就能活全局。从本质上看，应该是一个读写能力、一个训练项目。所谓"突破"，即以这个点为突破口切入，然后逐步延伸、扩展，突破教学重点。这种着眼于某一能力的训练，并从"点"上突破，以此带动对全篇课文理解的教学方法，就是一点突破式教学法。

比如，《我是什么》一文多次出现"有时候我_____，人们管我叫_____"的句式，自然成为本文教学的核心价值点，整篇课文的教学就可以此展开。在学生读准生字、读顺课文的基础上，再读课文，说说课文中的"我"会变成什么？学生从文中找到"云"、"雨"、"雹子"、"雪"，并读出介绍"云"、"雨"、"雹子"、"雪"的句子，排列起来一比较，学生马上发现这些句子都是这样写的："有时候我_____，人们管我叫_____。"逐句理解后，引导学生运用这一句式，把"有时候我穿着白衣服，有时候我穿着黑衣服，早晨和傍晚我又把红袍披在身上。人们管我叫'云'"这个句子分解成：1. 有时候我穿着白衣服，人们管我叫"白云"。2. 有时候我穿着黑衣服，人们管我叫"乌云"。3. 早晨的时候，我把红袍披在身上，人们管我叫"朝霞"。4. 傍晚的时候，我又把红袍披在身上，人们管我叫"晚霞"。学完课文内容，进行知识拓展：水除了会变成"云"、"雨"、"雹子"、"雪"外，还会变成什么？用"有时候我_____，人们管我叫_____"来说话。学生有的说：有时候我变成一座七彩桥，弯弯地挂在天上，人们管我叫"彩虹"。有的说：有时候我变成硬硬的石块，人们管我叫"冰"。就这样，学生经历一个由"点"到"重点"再到"面"的教学过程，也是语言文字训练的过程。

上述案例显示，"巧抓一点，突破全篇"的教学具有四个特点。一是灵活性。可根据不同的课文教与学的实际，做出不同的选择，使学生感到新颖、新奇，有利于唤起学生阅读的兴趣。二是集中性。它可以紧扣每一篇课文一个点来讲读课文，由点延伸、扩展，以达到突破教学重点、难点。三是多容性。它不排斥其他教学法与之优化组合，不排斥现代教学手段与之配合，更不影响对学生进行学法指导，这种包涵、多容的特点，可以真正优化课堂教学结构。四是实效性。由于训练重点明确，训练线索清楚，一线穿"珍珠"，环环紧相扣，能给学生以"柳暗花明又一村"之感觉，能使学生学习兴趣浓厚、学习情绪高涨，学得积极、主动，从而收到实效。

（三）层递推进式：靠船下篙，拾级而上。

闲暇时间，许多人喜欢约上三五好友，或者全家齐动员，参加户外登山活动。要想领略"无限风光在险峰"的美景，除了老老实实地拾阶而上，别无他途。好的课堂教学设计犹如登山览胜，一个步骤连着一个步骤，前一步骤是后一步骤的基础，后一步骤是前一步骤的提升，就这样步步向上，层层推进，直达教学"顶峰"。语文教学的层递推进，就是紧扣语言文字，从某一处切入，然后逐层展开，渐次递进，直至最后揭示文本主旨，达到训练目的。这样层层剥笋式的教学，容易不断激起学生的学习兴趣和思维火花，掀起教学高潮。

比如《自己去吧》一文的生字教学和课文学习，都可采取环环相扣、层层深入、渐次推进的形式。

先说生字教学。第一步：读好课题。教师板书课题"自己"，学生认读、识记、学写；再添加"去吧"，指导读准轻音"吧"；完整读课题。第二步：读好第一段中的生字。学生自读课文，要求读准生字，读通句子；指名读第一自然段第一句，开火车读"您""带""吧"的读音；读第二句，指导"深"的读法；读第三句，读准"学会"，并用"学会"说话；连起来读第一自然段。第三步：检查教过的生字，教读新的生字。投影出示第二自然段第一句，重点检查"您""带""吧"的读音；出示第三句，检查"学会"的读音；出示第二句，教读"那""景""美"；完整读第三自然段。

再说课文学习。第一步：导读第一自然段。读小鸭说的话，引导发现问号和"您"，体会小鸭讲礼貌，有事和妈妈商量，并通过读来体会；读妈妈说的话，联系生活实际说说妈妈为什么要让小鸭自己去游；师生扮演妈妈和小鸭，进行情境对话，再现小鸭在妈妈的鼓励和帮助下从害怕到勇敢的变化过程；学习第四句话；分角色朗读这段话；师生以接说的形式背诵这段话。第二步：助读第二段话。学生读第一句话，出示小鹰和小鸭说的话，让学生发现两句话相同和不同的地方，并指导学生用小鸭的句式说小鹰的话，用小鹰的句式说小鸭的话；读第二句话，出示小鹰妈妈和小鸭妈妈说的话，发现两句话的异同；读第三句话，又与第一段第三句比较，明白两句话都说谁学会了什么本领。第三步：发现段落表达顺序。比较两段话，在教师的帮助下发现两段话都是先说孩子问的话，再说妈妈答的话，最后是孩子学会了什么。第四步：指导逐句模仿说话。出示蜜蜂采蜜图，教师提示：小蜜蜂说——学生接：妈妈，您带我去采蜜好吗？或者：妈妈，我想去采蜜，您带我去好吗？教师再引：妈妈说——学生接：花园里有许多蜜，自己去采吧。师生共同说：过了几天，小蜜蜂学会了采蜜。第五步：放手整体模仿说话。出示小猫爬树图，小组交流，派代表完整说话。如，小猫说："妈妈，您带我去爬树好吗？"妈妈说："那边的树很高，自己去爬吧。"过了几天，小猫学会了爬树。

你瞧，在生字教学环节，由于两段话中都有共同的生字，因此，第二自然段的生字学习就不再重复，而是成为检查和巩固第一自然段生字认读效果的一个方式。这样处理，既避免了重复学习，又为学生提供了自主学习的机会和可能。而在课文学习环节，从第一自然段的内容理解，到第二自然段的句式发现，再到两段话的说话顺序发现，最后到句段模仿说话训练，要求一步步提高，难度一步步加大，但由于有前面环节的有力铺垫，学生学起来并不困难。如此环环相扣，步步登高，教学效果焉能不佳？

（四）板块组合式：拼搭对接，浑然一体。

"板块组合"是针对一节课，一篇课文而言的。把课文按照各个不同部分，分成几个"块"状的教学内容进行设计和实施。由于教学中的每一个板块都着眼于解决教学内容的某一角度、某一侧面的问题，因而，每个板块都具有一种半独立的"小课"或"微型课"的特点。这样，从不同的角度有序地安排几次呈"块"状分布的教学内容或教学活动，使教学过程清晰地表现为"一步一步地向前走"，教学内容相对集中、完整，"一块一块地来落实"。而将全课的教学板块连缀起来看，它呈现出一种板块层进式的教学造型。当然，毕竟是"板块"分割，教学时就要考虑板块的切分与连缀，板块之间的过渡与照应，板块组合的科学性与艺术性。这就改变了常规的备课思路，有利于提高教师的教学设计和创意的水平。

比如教学《珍珠鸟》，从"体验"角度组织教学，全课教学由"朗读体验""发现体验""学法体验"三个部分构成。

板块之一："朗读"体验。

1. 学生自由快读全文，理解文章大意，思考这样一个问题：这篇课文是从什么写到什么？

2. 朗读"写小鸟"这一部分课文，体味课文重点内容。（1）大声地朗读课文，感受文中的构图之美。（2）再有情感地朗读课文，体会文中的语言运用之美与细节描写之美。（3）再动情地朗读课文，体验、表达对小鸟的喜爱之情。（4）学生进行体验式演读。

板块之二："发现"体验。

1. 思考：这篇课文中有什么？

2. 汇报交流。如，课文中有一只可爱的鸟和一位爱鸟的人；有"我"和珍珠鸟之间的信赖关系；有十几个充满爱意的"小"字，以及几个表达喜爱之情的"小家伙"；有几十个用得轻盈活泼的动词；有按时间顺序叙述了"我"和珍珠鸟从相识、熟悉、亲近到相依相伴的关系变化过程；有富有启迪的生活感悟等等。

板块之三："学法"体验。

1. 示范引导。教师向学生介绍几种别出心裁阅读课文的方法，请学生任选一种方法进行尝试，并进行课中交流活动。

2. 学生自读。

3. 汇报展示。

（1）多向概括法。用生动、准确的语言从不同的角度对文章进行几次概括。如，写法方面的概括：这是一篇由图画组成的美文，准确生动的动词刻画了珍珠鸟的美丽形象；主题方面的概括：一曲爱的颂歌，信赖创造美，信赖往往创造出美好的境界；感情方面的概括：我爱珍珠鸟，人鸟情；综合性概括：爱心，尊重，信赖。

（2）文序把握法。找出表现文章顺序的关键词语或句子，迅速理解文章的脉络。如，①文章按照时间顺序叙述了"我"和珍珠鸟从相识、熟悉、亲近，到相依相伴的关系变化过程。②小鸟儿先是"钻出笼子"，继而"落在书桌上"，再又"放开胆子跑到稿纸上，绕着笔尖蹦来蹦去"，最后竟然落到"我的肩上睡熟了"。③由大鸟写到小鸟，由怕人的鸟写到与人亲近的鸟，由鸟写到对生活的感受。

（3）画面标题法。从文章中选出一个或几个精美的片段，然后给它"命名"。如，对"阳光从窗外射入，透过这里，吊兰那些无数指甲状的小叶，一半成了黑影，一半被照透，如同碧玉，斑斑驳驳，生意葱茏。小鸟的影子就在这中间隐约闪动，看不完整，有时连笼子也看不出，却见它们可爱的鲜红小嘴儿从绿叶中伸出来"一段，有的起作"阳光·吊兰·小鸟"，有的起作"阳光中的小精灵"。

（4）评词析句法。选一个或几个句子，对它的作用、妙处进行评点。如，①哟，雏儿！正是这小家伙！（点评：两个不同的称呼，一个语气词，两个感叹号，作者的喜爱之情溢于言表）②白天，它这样淘气地陪伴我；

天色入暮，它就在父母再三的呼唤声中，飞向笼子，扭动滚圆的身子，挤开那些绿叶钻进去。（点评："淘气"写出了性格特点，"再三"写出了贪玩，"飞""扭动""挤开""钻"等动作写出了一只活泼可爱的珍珠鸟）

（五）双线联动式：兵分两路，殊途同归。

记叙的线索一般有以下几种——人线、事线、物线、情线、地点为线、时间为线，大都只有一条线索，特殊的文章有明暗两条线索。在小学语文教材中，就有一些课文是由明暗两条线索相互杂糅、交叉、融合而成。如《白杨》，明线写白杨，先简笔勾勒白杨高大挺秀的外形，再借爸爸之口赞美白杨坚强不屈、生命力强盛的内在品格，最后写小白杨迎着风沙茁壮成长。暗线写爸爸，先写爸爸看着戈壁滩上的白杨出神，再写爸爸严肃地向孩子介绍白杨，最后写爸爸由陷入深思到突然露出微笑。这是人物神情变化的一条暗线，也是文章的主旨所在。《月光曲》一文明线是贝多芬创作《月光曲》的过程：小路上散步→走近茅屋→走进茅屋→弹奏一曲→又弹一曲（《月光曲》）→记录曲谱；暗线是贝多芬的感情发展：听到断断续续的钢琴声很好奇→走近茅屋听到兄妹对话，产生同情之心→盲姑娘对音乐的热爱，其音乐天赋让他有一种遇到知音的激动。这种感情的发展与盲姑娘对音乐的喜爱的感情是交织在一起的。明暗两线互为动力，推动着情节的发展，使整个故事跌宕起伏，引人入胜。教学这类课文，一般是从明线入手，带动暗线。如果"弃暗投明"，就会顾此失彼，难以真正感受到文章的构思之精巧和叙述之丰富。

比如，《尊严》明着写年轻人一次次拒绝杰克逊大叔的好意，坚持不干活不吃饭的言行与神态，暗写杰克逊大叔对年轻人从同情到不理解到感动到赞叹的心理变化过程。教学时，先教明线，抓住年轻人的言行与举止的语句来个循言悟意，体会表达之效。投影出示年轻人说的三句话：1. 先生，吃您这么多东西，您有什么活需要我做吗？2. 先生，那我不能吃您的东西，我不能不劳动，就得到这些食物！3. 不，我现在就做，等做完了您的活儿，我再吃这些东西！引导比较这三句话，发现三句话都是说年轻人一定要先干活再吃饭。但同样的意思却说得并不一样：第一句是问号，以商量的口吻向杰克逊大叔主动提出自己的想法；第二句用上了三个"不"字表示他坚定、不容更改的想法；第三句以"不"开头，强调"现在"，再次表达自己的决心。教学三句话不同时，结合杰克逊大叔的话以及年轻人"目光顿时灰暗了，他的喉结上下动了动"等动作和神态的语句，以加深对人物内心想法的理解和感悟。这样指向于言语表达，又以语言带动人文，实现了"言""意"兼得。再教暗线，训练学生语言概括和概述能力。出示：杰克逊大叔对年轻人的态度变化是：同情→（　　）→（　　）。让学生默读、思考、填写，学生有的填"意外、尊重"，有的填"惊讶、赞赏"，有的填"赞赏、激动"，这是训练进行提取信息、阅读概括的能力。学生说完所填的词语后，还要结合课文内容具体说说杰克逊大叔对年轻人的态度变化过程，训练学生概述能力。如此两条线并进，学生自然明白课文之所以写杰克逊大叔是为了从侧面衬托年轻人的品质，从而体会这样谋篇布局的好处。

第四节　教学设计

一、字词语用设计。

课例：《数星星的孩子》。

【教学目标】

（一）认识"撒"、"玉"等 9 个生字，会写"珍珠"等字词，了解"仰"、"距离"等新词的意思，正确、流利地读好难读或重点的语句。

（二）结合第一自然段的学习，认识"……像……"等句式，理解"仰"、"一直"等词语，及其表达的意思，初步体会人物形象。

【教学过程】

（一）导入环节的识字教学。

1. 出示相关图片，认识人物。

（1）（出示地动仪）这是什么？谁知道它是用来干什么的？（教师简要解释地动仪的作用）

（2）地动仪在1800多年前就有了，那时是汉朝。（出示词卡："汉朝"，认读生字"汉"）

（3）除了汉朝，你还知道哪个朝代？

（4）在汉朝，发明地动仪的人名字叫张衡。（出示生字卡片："张衡"，认读"衡"，提醒读好"衡"的后鼻音）你有什么好办法记住这个字？

2. 板书课题，指导写生字、读课题。

（1）张衡多了不起啊！他发明的地动仪是世界上测定地震方向的仪器，可是他小时候却做过一件很有趣，我们很多人都没有做过的事，那就是——数星星。（教师先板书"数"，边写边说写法："数"是左右结构，左上角是"米"，左下角是"女"，右边是一个反文旁，并让学生伸出手指书空一遍；再写"星星"，提醒这是个轻声词，学生跟读，再连起来读"数星星"）

（2）小时候的张衡就被人称为——数星星的孩子，（边说边补充课题，提醒"孩子"是轻声词）一起读一读课题。

［设计意图］课的发端，没有过多的渲染，没有拖沓的周旋，而是采取单刀直入的方法，出示地动仪图片，认识"张衡"，学习"汉"、"衡"。又在揭示课题的过程中，既指导了生字"数"的书写，又强调了"汉""衡"的读音，"星星"的儿化，体现了"识字写字是阅读和写作的基础，是1—2年级的教学重点"的思想。

（二）初读环节的识字教学。

1. 课前预习过了吗？待会儿老师要考考大家，为了让你们顺利地迎接挑战，我们再来读一读课文。注意，要读准生字，读通句子。

2. 现在，老师要来考考你们，有信心吗？

★ 第一组字词

（1）屏幕出示"撒在"，提醒"撒"字的平舌音，学生读后指名做"撒"的动作。

（2）在"撒在"后出现"碧玉盘"，学生说"玉"的写法。

（3）在"撒在碧玉盘"后再出现"里"，学生连起来读后，屏幕出示完整的句子："晚上，满天的星星像无数珍珠撒在碧玉盘里。"特别提醒句子中"数"的读音，指导读好这句话。

[设计意图] 课文第一句描绘了一幅迷人的夜空图，其中蕴藏着两个生字、一个多音字。依据文本语句的这一特点，从词语（撒在）到词组（撒在碧玉盘里）再到句子的渐进性、放大式处理，一方面将需要学习的生字渐次呈现，增加了识字学习的情趣性；另一方面实现字、词、句三者的有机融合，体现了字不离词、词不离句的教学理念，提高了识记效果。

★ 第二组字词

（1）这么美丽的星空，不仅我们喜欢，还吸引了一个孩子，他正仰起头数星星呢！（出示："仰起头"，要求读准"仰"的后鼻音）引导学生比较"迎"和"仰"，发现其异同点。谁也来做个仰起头的动作？并告诉学生：从下往上叫"仰"，从下往上看，就叫"仰望"。

（2）张衡仰起头数呀数呀，奶奶看见了，就笑着说——谁来读读奶奶说的话？（出示第一句话："傻孩子，又在数星星了。"）

①这个句子中藏着一个生字，（出示字卡："傻"，学生读后，再连起来读"傻孩子"）这个字可不好认啊，有好办法认住它吗？

②奶奶的第二句话可难读了，（出示："那么多星星，一闪一闪地乱动，眼都看花了，你能数得清吗？"）谁来试试？指导学生读好问句。

③这句话中，奶奶说眼都看花了，这里的"花"是不是我们看到的鲜花的"花"？那是什么意思？（模糊，不清楚）

[设计意图] 识字教学提倡在情境中识字，在生活中识字，利用儿童的已有经验，用自己喜欢的方式识字。二年级的学生已经具有一定的识字方法和经验，先放手让学生自主识字，再通过唤醒学生的生活经验，调动学

生的知识积淀，从而有效地帮助学生突破识字难点。

★ 第三组字词

（1）眼都看花了，正是因为星星"一闪一闪"，课文的后面还有一个词与"一闪一闪"长得很像，那就是——（出示：一组一组）指导学生读准"组"字的平舌音。

①教室里，我们把同学分成一组一组的，天上的星星也被分成一组一组的。（出示句子："我们的祖先把它们分成一组一组的，还给起了名字。"）

②全班读后，让学生找出句子中读音一样、写法不同的两个字（"祖"和"组"），比较它们的不同点。有什么不同？像这样部首不同，另一个偏旁相同的字，就叫形近字。你还知道这样的字吗？

③天上的星星不仅被分成一组一组的，还取了名字呢！

A.（出示星座图）瞧，这几颗星连在一起，多么像一只狮子啊！我们的祖先给它取了一个好听的名字，叫狮子座。（星座图上出现"狮子座"）

B.（出示北斗七星图）第二幅图大家一定都认识，叫做——（生：北斗七星）谁来读爷爷介绍北斗七星的句子？

（出示句子："你看，那七颗星星，连起来像一把勺子，叫北斗七星。勺口对着的那颗星，就是北极星。北斗七星总是绕着北极星转。"）

C. 指名读，齐读。

（2）大家读得这么好，北斗七星可高兴了，它要送给大家一个词语。（出示：距离）指名读后，全班齐读。

①（手指屏幕上的北极星与北斗七星勺口的那颗星）北极星与这颗星之间的长度（点击，在两颗星之间出现一根红线条），就是两颗星之间的——距离。

②最早的时候，两个事物之间的距离不是用尺子来量的，而是用脚步来丈量的，所以"距"是足字旁。注意写好这个字。（教师范写：左边足字旁，右边要注意最后一笔是竖折。学生书写）

（3）看到大家写得这么认真，还有一个词宝宝也想出来和你们交朋友，它是——（出示：清楚）指导学生读准"楚"的读音，连起来读"清楚"。

3. 读到这儿，大家一定清楚这篇课文写谁在干什么。

[设计意图] 本环节体现了识字教学的多样性："一组一组"一词，从学生熟悉的班级座位排列情况入手，再到星空中的星座，显示了知识学习的迁移价值，巧妙地引出了爷爷介绍北斗七星这一难读的句子。"距离"一词，看似简单，却不好理解。我们结合课文语句，通过两个点的红线连接，以简约的方法一下子就把"距离"的意思直观化、形象化，再通过"距"偏旁的介绍，突破了教学的难点，巩固了识字效果。

（三）第一自然段学习中的字词理解。

1. 藉图想象，体会"像"字句的意思。

（1）（出示句子："晚上，满天的星星像无数珍珠撒在碧玉盘里。"）大家静静地读读这句话，读着读着，你仿佛看到了什么？

①星星多。观察星空图理解"满天"和"无数"。教师渲染指导朗读：满天都是星星，这么多，数也数不清。谁来用读让大家感到星星可多了？

②星空美。找出"碧玉盘"、"珍珠"，出示珍珠、碧玉盘的实物或图片，感受珍珠、碧玉盘之形状美、色泽美、亮光美。再追问：这夜空真有珍珠、碧玉盘吗？引导发现"像"字句，出示星空图，教师语言渲染：瞧，这夜空碧蓝碧蓝的，多么像一个又大又圆的碧玉盘啊，多美啊。这还不够，还到处都是珍珠般的星星，闪啊闪啊，真是美上加美，让人看了都不想离开。谁想读出它的美来？

（2）引导学生多形式美读这句话。

[设计意图] 学习语文应该是"形象观照长于抽象演绎，情感体验胜于理性把握，直觉顿悟优于逻辑分析，想象再现强于实践推理"。尤其是形象思维见长的低年级学生，对于学习像比喻句这样的典范性句式，理性、分析式的教学方式是行不通的。只能采取淡化术语、引发想象、模拟体验、情感诵读的感性手段，才能初步意会到语言表达的意思，体会这样写的好处。

2. 表演体验，理解动词的意思。

（1）这个数星星的孩子是如何数星星的呢？请大家自由读第一段，找出句子来。

（2）学生汇报，出示句子："一个孩子坐在院子里，靠着奶奶，仰起头，指着天空数星星。"

（3）要想读懂这句话，关键是找动作的词。来，自己读，边读边圈出动作的词。（学生圈画，交流，课件把"坐"、"靠"、"仰"、"指"和"数"五个字变红）

（4）谁能做做"靠"的动作？（学生将身体靠在椅子靠背上）"仰"呢？（学生又做仰的动作，教师矫正错误的）对，这就是"仰"。现在，每个同学都是数星星的孩子，准备好，请你们靠着奶奶，仰起头，指着天空（天花板），开始数了——

（学生随着天花板上移动着的荧光棒的亮光，一起数：一颗，两颗，三颗……十五颗）

（5）（问一学生）数星星的孩子，你的感觉怎么样？（累，脖子麻了，手臂酸了）我们才数了十几颗，就累了，脖子就酸了，而张衡他数了多少颗？（几百颗）你觉得他会怎样？

（6）感悟"一直"：他虽然很累了，可是却一直数到几百颗。（出示句子："一颗，两颗，一直数到了几百颗。"）

（7）从"一直"这个词，你看出张衡是个怎样的孩子？（认真、耐心、爱数星星）

（8）现在我们再来看这个句子，他数了几百颗，为什么课文只写"一颗，两颗"而不往下写"三颗、四颗、五颗……"？

（9）这么长的数星星的过程，课文就用了一个词来概括，那就是——"一直"。看来，"一直"不仅写出了张衡是个耐心的孩子，还概括了他数星星的过程，多么神奇的词语啊，拿出笔把这个词圈一圈。

（10）让我们边做动作边一起读读这两句话。

[设计意图]充分考虑到这一段话中含有许多动作的词的文本特点,借助表演,既让学生通过形象的动作理解抽象的词语含义,又获得亲身体验,感同身受到张衡数星星之辛苦、之坚持、之有耐心,还体味到"一直"一词的表达作用。于是,稚嫩的声音、天真的动作,营造出妙趣横生的课堂,让学生"喜欢阅读,感受阅读的乐趣"不再是空话。

(四)生字书写指导。

1. 重点指导写"珍珠"。

(1)让学生仔细观察,说说自己的发现。

(2)示范写,边引导:"珍"字左窄右宽,右边的"彡"应写在同一条直线上,最后一撇的小脚丫伸到了"王"的下边,这是互相谦让、和睦相处的一家人;"珠"也是左窄右宽,右边的"朱"写得细细长长,撇和捺就像女孩的张开的裙摆,舒展开来,十分漂亮。

(3)练写,教师巡视指导。(提示写字姿势:头正、身直、臂开、足安)

(4)展示学生作业,师生互评,生生互评,并授之方法。

2. 观察"勺、斗、玉、组、数、钻研、睡、距离",说说要注意的地方,练习书写,师生点评,修正提高。

[设计意图]写字教学虽是二年级教学的重点,但也不必面面俱到,突出指导难写的字是关键。本环节以"珍珠"一词指导为着力点,注重培养正确的写字姿势和良好的写字习惯,引导学生初步学会欣赏、感受汉字的形体美,达到工具性和人文性的统一。

二、句子语用设计。

课例:《画家和牧童》。

句子一:"他的画一挂出来,就有许多人观赏。"

1. 出示句子,引导发现句中的"一……就……"。去掉"一……就……"与原句对比读,读中体会课文这样写是为了更加说明戴嵩画得好。

2. 观赏的人有什么表现呢？读一读，用上"一……就……"说一说。出示句子：看画的人一（　　　　　），就（　　　　　　）。有钱的人一（　　　　　），就（　　　　　　）。

3. 是呀，有了"一……就……"更能说明戴嵩的著名，你们能用"一……就……"来说一说生活、学习中的事吗？

4. 你能通过朗读把戴嵩的著名和画技高超表达出来吗？

[设计意图] 紧紧抓住"一……就……"这课后练习训练要求，展开富有层次性的阅读学习活动，让学生在对比感悟中加深情感体验，获得语言训练，提高了学生感知和运用语言的能力。

句子二："他一会儿浓墨涂抹，一会儿轻笔细描，很快就画成了。"

1. 出示两幅牛尾图，让学生指图说说，哪里是"浓墨涂抹"，哪里是"轻笔细描"。

2. 这句话用"一会儿……一会儿……"是说什么呢？让学生明白这是告诉我们戴嵩画得很快，他的画技很高。

3. 你能用"一会儿……一会儿……"说说话吗？

[设计意图] 根据文本的语言表达特点，采取借用图画理解词语、个性化朗读、句式迁移训练等多种教学手段，把内容理解、情感体悟和语言发展融为一体。让学生感受到语言的形象性、生动性的同时，也从中学习到了抓重点词句的阅读方法。

句子三："'画得太像了，画得太像了，这真是绝妙之作。'一位商人称赞道。'画活了，画活了，只有神笔才能画出这样的画！'一位教书先生赞扬道。"

1. 围观的人是怎么夸赞的？找出来试着练读练读。

2. 比较两句夸赞的话，如果商人和教书先生这样夸好不好？为什么？感受句式特点。出示句子：

"画得太像了，这真是绝妙之作。"一位商人称赞道。

"画活了，只有神笔才能画出这样的画！"一位教书先生赞扬道。

3. 指名赛读，其他学生评评谁读出夸赞的味道。

4. 从商人和教书先生的话中，你知道"夸赞"是什么意思吗？找出与它意思相同的词，做上记号。

5. 是呀，"称赞、赞扬、夸赞"这三个词的意思差不多！课文选用了不同的词语，可见，我们祖国的语言文字多么丰富啊！

6. 这样你夸赞、我夸赞、他夸赞就是"纷纷夸赞"。可戴嵩的画是不是只有两个人在夸赞啊？书上说围观的人"纷纷夸赞"，如果你在现场，你会怎样夸赞呢？请你学着商人和教书先生说话的句式夸一夸。

[设计意图] 此环节教学妙趣横生，妙在教师引导学生在阅读中自觉地关注了言语本身，妙在学生发现了同样的意思可以有不同的表达，妙在教师自如地展示了问题解决过程，起到了引领者的必要责任，更妙在学生在语言的比较揣摩中悟到了语言的内蕴魅力——形象化表达带给人的真切感受，并在角色转换性的语境中，迁移运用语言。

三、语段语用设计。

课例：《地震中的父与子》的一个语段："他挖了8小时，12小时，24小时，36小时，没人再来阻挡他。他满脸灰尘，双眼布满血丝，衣服破烂不堪，到处都是血迹。"

【语言元素分析】

常言道："语言有温度，字词知冷暖。"其实，标点符号何尝不是这样呢？它早已成为语言表达的一个重要组成部分，除了表示断句、语气的作用外，更具有表情达意的特殊功能。一些超常规的标点符号使用，不仅可以使语义得到延伸，而且在特定的语境中，还可以独立地负载特定的语言信息，从而相对独立地完成一定的语言交际任务。"他挖了8小时，12小时，24小时，36小时，没人再来阻挡他"一句中的逗号即是如此。

从标点符号的一般用法上说，顿号和逗号都用在句子的中间表示停顿，其主要区别有二：一从停顿的时间看，顿号短促，逗号略长；二从是否表示并列来区别，顿号表示词和词之间的并列，逗号表示连贯，没有并列的意思。以此推论，"8小时""12小时""24小时""36小时"之间是词语并列，理当使用顿号，可作者偏偏用上逗号，这是一种突破常规的标点符号用法，自然有着特殊的价值。

联系《地震中的父与子》一文，我们不难看出，当儿子被废墟深埋，生死未卜，作为父亲该是如何心急如焚，以至于面对其他人时，父亲"双眼直直地看着"，并不时发问："你是不是来帮助我？"对于这样一位从身体到心理都濒临崩溃的父亲而言，即便是非常短暂的一分钟、一秒钟都是那样的漫长，那样的难熬。此时此刻，此景此情，用顿号而不是逗号来表现，该是怎样的恰如其分、简洁有力，无疑收到了"此时无声胜有声"、"一切尽在不言中"的艺术效果，真可谓是"不着一字，尽得风流"啊！对这样隐藏着丰富内涵的教学资源，轻易放过或简单教过都是不可取的。正确的做法应该是精心设计，用足用活。

【分步教学流程】

步骤一：理解内容，感悟写法。让学生自由读这两句话，想想这两句话写什么，是从哪些方面写的？学生不难明白，这两句话主要是从时间的延续和人物的外形两个方面，刻画了一位不顾他人劝阻，一心救子的父亲形象。在此基础上，抓住关键语句，启发学生结合生活经验展开想象，并用自己的话把"他满脸灰尘，双眼布满血丝，衣服破烂不堪，到处都是血迹"的样子说具体、说细致。让一个随着挖掘时间的推移而变得越来越累、越来越脏、越来越苦、越来越不成人样的父亲形象逐渐丰满起来，高大起来，活生生地立在孩子们的脑海里、心田上，从而为这位父亲的舐犊情深而感动。

步骤二：引导比较，发现"异常"。先提出问题：读读第一句话，你觉得这句话有什么特别的地方吗？学生就会发现特别之处有两个：一是不直接点出父亲挖了36个小时，而是把表示时间延续的数量词并排罗列；二是

"8小时""12小时""24小时""36小时"是词语并列关系，课文却用上逗号而不是顿号。接着阅读思考：为什么要特意进行数量词的排列，而且用的是逗号而不是顿号？以此帮助学生体会这样写的妙处在于，一方面能感性化、具象化地呈现和展开父亲不断挖掘的艰难与漫长的过程，感受到坚持的不易与可贵，进而产生心灵的震撼，并发出由衷的感叹：真是个了不起的父亲！另一方面能留下空白，给人以丰富的想象空间，使父亲的形象变得更为有血有肉、生动感人，进而对"不论发生什么，我总会和你在一起"这一揭示文章主旨的语言内涵有个深切的体悟。

步骤三：想象填补，读写互动。既然逗号比顿号更能表现挖掘的过程之难和时间之长，那么，如何引导学生抓住逗号的表情达意功能进行深入阅读就成了推动教学纵深发展的必然选择。我们可以利用其留下的空白，让学生想象在"8小时"和"24小时"之后，父亲会是什么样的，给这两处补上此时父亲的外形和动作，从而与36小时后"他满脸灰尘，双眼布满血丝，衣服破烂不堪，到处都是血迹"形成三幅互为关联的连环画。如此，就把父亲坚持挖掘的全貌生动地展现出来，达到以写促读、读写互动的理想境界，达成"学习语言文字运用"的课程目标。

四、篇章语用设计。

课例：《颐和园》。

设计理念："文"为范例，"用"是关键，采取板块教学方式。

【教学目标】

（一）认识7个生字，会写11个生字，正确读写并理解"长廊"等十多个词语。有感情地朗读课文，积累词句。

（二）凭借课文插图和文本语言，初步认识和学习游记类文章的基本写法，并尝试迁移运用。

（三）在品味语言内涵中，感受颐和园美丽的景色，受到情感熏陶。

【教学重难点】

初步认识和学习移步换景、有序描写、生动表达的游记基本写法，感受颐和园优美景色，并尝试迁移运用。

【教学过程】

板块一：朗读露一手

（一）任务驱动，以图导读，检查初读情况。

1. 出示朗读要求："读准生字新词，读通、读顺课文，看谁读得好"，学生自由朗读课文。

2. 课件出示第一幅课文插图，适机出示"长廊"、"横槛"、"栽满"、"柱子"、"神清气爽"等生字词，借图了解什么是"横槛"，指导"槛"和"爽"的写法。指名读好这段话。

3. 课件出示第二幅课文插图，问学生：这段课文写了哪两处景物？（佛香阁、排云殿）你能在图上指出哪是佛香阁，哪是排云殿？引导学生抓住图上的主要建筑佛香阁和排云殿的特点及其位置关系，认读"佛香阁"、"排云殿"、"建筑"、"耸立"、"琉璃瓦"、"金碧辉煌"，借助资料对佛香阁和排云殿有个基本的认识，并理解"耸立"的意思。重点读好"葱郁的树丛，掩映着黄的绿的琉璃瓦屋顶和朱红的宫墙"和"昆明湖静得像一面镜子，绿得像一块碧玉。游船、画舫在湖面慢慢地滑过，几乎不留一点儿痕迹"两个语句。朗读这一整段话。

4. 课件出示第三幅课文插图，引出"雕刻"、"狮子"、"堤岸"、"姿态不一"等生字词，提醒"堤"的读音，指导"雕"的写法。齐读这一段。

[设计意图]"阅读初感"指的是阅读者在没有受到外界任何影响的情况下，首次面对文本所产生的初步的阅读感受，虽不免肤浅杂乱，却是阅读者独特的体验。这一板块的教学，就是遵循了阅读心理的这一规律，充分发挥"阅读初感"的作用，并巧妙地利用课文插图。既使学生对颐和园

的美丽景色有个整体了解，形成感性认识，又学习了生字新词，检查了初读效果，进而激发阅读兴趣，为阅读课文做好铺垫。

板块二：写法学几招

（二）长文短读，感知美丽，把握整体构思。

1. 为课文画"游览路线图"。在读通读顺课文的基础上，完成练习：作者游览颐和园的顺序是"大门—（　　）—（　　）—（　　）"，明确本课是按游览的先后顺序写的，从而理清游览顺序。

2. 注意观察点的转移。让学生带着"想一想，作者是按顺序游览这些景点的，你从课文哪些词句可以看出来"这一问题再读课文，找到相应的句子，画出来。这样，学生一下子明白了每一段开头的句子实际上点明了游览地点的变化，这是参观游览的一个基本写法。接着，让学生把这些句子连起来读，于是一篇长长的文章就剩下短短的几十个字，这就是课文的主要内容。

3. 了解课文的整体安排。课文除了描写长廊、万寿山和昆明湖的景色这三部分内容外，还写了什么？以此知道课文第一段是总写颐和园的美，最后一段是全文的总结，和开头一段相呼应，形成了"总分总"的整体结构，表达了作者对颐和园的热爱和赞美之情。

[设计意图] 以图导学、长文短读的环节安排，旨在使学生明确作者的游览顺序，学习按游览顺序描写景物的写作方法，并在读中领悟每一段的开头句既点明了游览的地点，又起到了承上启下的连缀作用，同时也培养了学生对文本整体把握的能力和概括能力。

（三）"导""悟"结合，强化训练，学习段落表达。

1. 思考：作者是怎样把每一个景点的美写出来的呢？学生自由读课文。

2. 导读"长廊"部分。先让学生找出本段描写了哪些景物（柱子、栏杆、横槛、彩画、花木等），想想作者写长廊为什么要选取这些景物？从中明白要写出一个景色的特点，就必须选取典型的景物。再让学生讨论交流：这些景物是按什么顺序写的？从而弄懂本段的观察顺序是先整体后局部，局部描写又是先内部后外部，并通过男女生分读的方法进一步加深认识。

3. 悟读"万寿山"部分。可先让学生迁移学习"长廊"一段的学习方法，从而懂得：（1）这部分内容主要写了佛香阁、排云殿、树木掩映中的琉璃瓦屋顶和宫墙、昆明湖水和隐约可见的城楼与白塔；（2）作者的观察点有两个，分别是在万寿山脚下和万寿山山上；（3）佛香阁和排云殿是按从上到下的顺序观察的，而树木掩映中的琉璃瓦屋顶和宫墙、昆明湖水和隐约可见的城楼与白塔则是按从近到远的顺序观察的。在此基础上，追问：你是从哪里知道作者是按这样的观察顺序的呢？这样，学生就会找出"向下望"、"下面"、"近处"、"正前面"、"向东远眺"等表示方位的词语，从中发现"万寿山"一段运用了方位词来标明观察顺序的变化，这恰恰是描写一个景物或事物的重要方法。最后，教师可读表示方位的词句，如"登上万寿山，站在佛香阁的前面向下望"、"正前面"、"向东眺望"等，学生接读相关的语句，读中强化观察点的变化。

4. 自读"昆明湖"部分。学生通过阅读，交流这一段话描写了哪些景物，是按什么顺序观察的，你是从哪里读出来的，进一步巩固利用方位词点明观察顺序的写法。

[设计意图] 描写一处景点，有序观察和抓住特点是关键，本文在这方面无疑提供了极好的范例。课文所写的三个景点，作者都突出了每个景点的特点，并且采取了不同的观察方法。这一环节的教学，采取了教师导读与学生悟读相结合的方法，在理解了每部分景点的观察顺序的同时，也掌握了段落结构特点，培养了学生独立阅读能力。

（四）图文印证，讲练结合，细品语言描写。

1. 过渡：长廊、万寿山、昆明湖，这些景点中的每一个景物为什么会给你留下深刻的印象？课文是怎么把它们的各自特点写出来的呢？读读课文，找出有关语句。

2. 学习"长廊"一段。

(1) 出示语句：这条长廊有七百多米长，分成273间。每一间的横槛上都有五彩的画，画着人物、花草、风景，几千幅画没有哪两幅是相同的。

(2) 读了这句话，你感觉长廊怎么样？（长、美）这种感觉是怎么来的呢？（用数字说明）

(3) 如果不用数字好吗？为什么作者一定要用数字呢？

(4) 这么长的长廊、这么多的彩画，到底是一幅什么样的画面？请你展开丰富的想象。

(5) 播放课件，引领学生走进长廊，走进彩图，获得进一步的直观感受，体会到长廊真美，颐和园真美！

(6) 指导学生有感情地朗读。

(7) 小结：看来，用具体的数字能够把事物的特点写得很清楚、很突出。

3. 学习"万寿山"一段。

(1) 读第三自然段，出示相关图片，引导观察，思考：哪些词句可以体会到佛香阁和排云殿的特点？把描写佛香阁、排云殿的句子画下来。

(2) 出示语句一：抬头一看，一座八角宝塔形的三层建筑耸立在半山腰上，黄色的琉璃瓦闪闪发光。那就是佛香阁。下面的一排排金碧辉煌的宫殿，就是排云殿。

①读句子，想想佛香阁的最大特点是什么？你是从哪些词语读出来的？引导抓住关键词语"八角宝塔形"、"三层"、"耸立"体会佛香阁的高，从"黄色"、"闪闪发光"体会佛香阁的美。

②课件展示佛香阁和排云殿的美景，进一步体会语言表达之准确。

③指导用朗读表现佛香阁的特点。

(3) 读第四自然段，说说作者看到的景物有什么明显的特点？

(4) 出示语句二：葱郁的树丛，掩映着黄的绿的琉璃瓦屋顶和朱红的宫墙。

①画出表示颜色的词语,发现色彩的多样与丰富。

②将原句与"树丛掩映着琉璃瓦屋顶和宫墙"比较,讨论哪一句好,为什么?

③结合课文插图欣赏多种色彩相互映衬、交相辉映的独特美,并用"五彩缤纷"、"五颜六色"等词语加以概括。

④指导朗读。

(5) 小结:表现事物特点还可以进行颜色、形状描写,使用形容词、修饰词等。

(6) 出示语句三:昆明湖静得像一面镜子,绿得像一块碧玉。游船、画舫在湖面慢慢地滑过,几乎不留一点儿痕迹。

①这两句话写了昆明湖的什么特点?(静、绿)作者是如何写出这些特点的?画出有关词语。

②如果你来写会如何写昆明湖的静和绿?出示:昆明湖静得_____,绿得_____。

③将自己写的与课文中的比喻句相比较,你觉得哪个好?课文为什么要把昆明湖的静说是像一面镜子,把它的绿说是像一块碧玉?这样说到底好在哪里?

④将"滑"字换成"游"或"划"字行吗,为什么?引导学生想象一个东西从镜面上滑过,镜面会是什么样的?

⑤伴随着轻柔的音乐,多媒体播放水平如镜的昆明湖的画面。指导朗读,把自己对昆明湖静和绿的美的感受传达出来。

4. 学习"昆明湖"一段。

(1) 师生总结阅读第二、三、四自然段的学习方法:一读,把握景物特点;二读,体会主要写法;三读,体会课文感情。

(2) 学生运用上述方法,自读"昆明湖"一段,并进行汇报交流。

(3) 指名上台,边指着插图画面上的十七孔桥,边说说它的特点。

(4) 出示句式,想象练说:"这么多的狮子,姿态不一,有的_____,

有的_____，还有的_____，没有哪两只是相同的。"

5. 师生共同总结本文采取用数字、比喻、形容这三种描写景物或事物特点的方法。

[设计意图] 通过适当的描写手段，突出景物的主要特点是写游记的关键一步。以上环节的设计，就是结合课文的具体语句，采取品词析句、画面欣赏、想象感悟、有感情地朗读等多种教学策略。不仅真切地感受课文所运用的三种主要描写方法，更体会到这样表达的好处和语言的精妙，升华自己对颐和园的喜爱和赞美之情，突出了教学重点。同时，还注意了阅读方法的渗透和迁移，培养了学生独立阅读能力。

板块三：练笔比一把

（五）提供素材，迁移写法，强化学以致用。

1. 小结写法。师生一起对本文在整体构思、段落表达和语言描写三个方面的写法进行回忆和小结，让学生对所学知识加以梳理和巩固，为接下来的仿写做准备。

2. 迁移运用。先课件出示颐和园中的玉带桥，让学生欣赏其美。然后引导：如果作者游完昆明湖后又去了玉带桥，该如何过渡？请写一句表明地点变化的过渡语句。接着，提供与玉带桥有关的资料："距今已有两百多年的历史；桥横跨11.38米，高约7.5米；全部用玉石琢成，配有精制的白石栏板；蛋尖形桥拱，特别高耸，好似玉带。"让学生用学到的游记的写法写一段话，注意做到两点：要有一定的顺序；根据需要运用或形容、或比喻、或用数字、或其他的描写方法，把玉带桥的特点写具体。

3. 指名展示，师生共同评价、修改。

[设计意图] 学习语文的最终目的就是为了能够运用语言。设计这一环节，就是创造性地利用和发挥教材的学习资源，给学生迁移写法、发展能力提供语文实践平台。我们相信，如果我们的每一节语文课都能给学生留出一定的言语实践时间和机会，日积月累，他们的言语能力何愁不能发展？

（六）延伸课外，着力实践，提高语文能力。

1. 摘抄课文中的好词佳句。
2. 为颐和园其中一处景观设计导游词。
3. 仿照课文的描写方法，写一篇游记。

[设计意图] 以上的几个作业都紧紧围绕语言文字，从积累到运用，不同的难度以适应不同层次的学生，让每一层次的学生都有不同程度的提高。

第五节 教学课型

面对一篇文本，既想从读写结合的角度兼顾写作教学，又要从文本形式的角度展开语言项目训练，还要从鉴赏的角度展开文学素养的培养，这种"包打天下"的教学形态催生了一种具有中国特色的路子："立体化阅读教学。"即打着阅读教学的名号做着阅读以外的写作、听说、思维等诸多训练。这样的"立体化"实质上是"庞杂化"，有感情朗读训练不能丢，重点词句品味不能忘，写字指导也要有，课堂练笔也不能漏。什么都想要的结果是，40分钟时间不够用，教学目标含混不清，重点训练浅尝辄止，最终导致阅读能力培养的淡化和弱化。语用理念指导下的阅读教学必须"轻装上阵"，努力打造一系列训练目标明确清晰、训练功能相对单一、训练项目较为纯粹的教学课型。

一、读写策略指导课。

【教例】《珍珠泉》。

【学习内容】如何阅读总分结构的段落。

【过程简述】

（一）初读课文，了解课文大意。

（二）提出要求，导读"泉水"部分。

1. 默读课文第二自然段，用段落中的一句话概括这段话的意思。

2. 如何读懂围绕一句话来写的段落呢？投影出示：

阅读小助手：

第一步：找出总起句中的一个关键词，圈画出来。

第二步：围绕着这句话，这段话写了几层意思，用"//"标出来。

第三步：用联系上下文、抓重点词句、边读边想象等方法理解这句话。

3. 教师指导学生按照这一阅读提示分步阅读第二自然段。

（三）小组合作，自读"水泡"部分。

1. 学生四人为一小组，按照这一方法阅读描写水泡的段落。

2. 小组汇报交流，教师适时指导，促进阅读深化。

（四）拓展阅读，促进能力提升。

1. 补充课外阅读中的总分构段的一段话，学生独立阅读。

2. 学生自主交流。

【教学思考】具备基本的阅读和写作策略，不仅是学习的需要，更是工作、生活的必要技能。因此，培养学生读写策略是语文教学的重要任务之一。从目前情况看，这方面能力的培养尚未引起广大教师的关注和重视。

中小学是人的一生中求知欲和好奇心最强盛的时期，在这弥足珍贵的阅读时间里，怎么才能取得好的阅读效果，阅读策略的选择十分重要。所以，教给学生必要的读写策略，直接关系到读写品质和效率。只有熟练掌握阅读策略，广泛涉猎、大量阅读、多读书、读好书、读整本书的目标才有可能实现。

所谓"阅读策略训练"，是指学习者尤其是不善阅读者可以通过培训，学习成功阅读者使用的有效策略来提高阅读水平，并通过对阅读过程有意识的自我调控从而达到自主学习的目的。具体可通过五个步骤来实施。一是准备。可采取访谈、小组及全班讨论等形式，组织学生反思他们是如何完成阅读任务的，对提及的有用策略给予积极的肯定，并让他们回忆是怎样利用该策略促进理解的，提高策略意识。二是呈现。主要是教师具体讲解、示范新策略，使学生对其有初步的感性认识，要结合实例讲解每种策略的用法和使用条件等，发展学生元认知意识所必要的成分。而且，演示策略时应结合具体的阅读任务，通过教师示范，使学生切身体会该策略的优势，明确具体操作步骤和程序。三是操练。提供真实阅读任务，让学生有机会通过真实的学习任务大胆练习、使用具体策略。学生首先在教师的指导、提示下模仿教师所授策略及使用方法进行阅读，完成练习，并注意监控自己的阅读过程。教师逐步鼓励学生独立结合阅读任务使用策略，并提供每位学生充足时间和足够的练习机会。教师也可组织合作式的小组阅读活动，学生间可以简单描述思维过程，说明自己是怎样使用策略完成阅读任务的，同学间分享各自的策略，在学习活动中相互帮助、共同解决阅读中遇到的困难等。四是评价。教师对学生自己运用阅读策略的情况进行评价，培养和发展他们的元认知意识。五是扩展。目的是为巩固训练成果，同时实现策略的迁移。教师鼓励学生在课堂内外成为独立的策略运用者，并鼓励他们依照个人的认知风格和学习任务的需要选择或调控有效的策略。

二、阅读感悟交流课。

【教例】《顶碗少年》。

【学习内容】评说、分析语言。

【过程简述】

（一）检查生字新词，把握主要内容。

（二）指导语言评说。

1. 提出要求：请你评说。请你自选角度，用一个成语评说顶碗少年的故事。为什么要用这个成语，要说明理由。

2. 教师示范。

课件出示内容：（1）在一个大幅度转身的刹那间，那一大摞碗突然从他头上掉了下来！这意想不到的失误，让所有观众都惊呆了。（2）……眼看身体已经转过来了，几个性急的外国观众忍不住拍响了巴掌。那一摞碗却仿佛故意捣蛋，突然跳起摇摆舞来。少年急忙摆动脑袋保持平衡，可是来不及了。碗，又掉了下来。（3）少年镇静下来，手捧着新碗，又深深地向观众鞠了一躬……当那摞碗又剧烈地晃动起来时，少年轻轻抖了一下脑袋，终于把碗稳住了。

教师评说：我用的词是"一波三折"。那一大叠碗突然从少年头上掉了下来，这是一折；接着又掉了下来一次，此为二折；但少年恢复了镇定，开始第三次表演，终于成功。所以说是"一波三折"。

3. 学生阅读思考，交流汇报。

有说文章写法的：在这个少年演出的时候，我也发现了"一波三折"，第一折是"他头上顶着高高的一叠金边红花白瓷碗"，第二折是"一位姑娘走出来扫去了地上的碎瓷片，然后又捧出了一大叠碗，还是金边红花白瓷碗，十二只，一只不少"，第三次是"一位矮小结实的白发老者从后台走到灯光下，他的手里依然是一叠金边红花白瓷碗"。

有说阅读感悟的：我用的词是永不放弃。因为少年三次顶碗，前两次都把碗摔了下来，但是少年都坚持了下来，他没有放弃，最后得到了成功。

4. 教师总结。

（三）指导写法分析。

1. 提出要求：请你分析，你觉得整篇课文，哪个地方的表达是处理得最好的。或者换个说法，哪个地方写法是最好的。老师提示一下：开头好吗？结尾好吗？文章的结构好吗？正面的描写？侧面的烘托？修辞的手法？详略的处理？你都可以说，总之是要说你认为课文里哪一段写得好。

2. 学生阅读汇报，教师指导评价。

【教学思考】《顶碗少年》一文故事曲折，语言优美，感情丰富，道理深刻。作为一篇略读课文，这节课教学设计粗放，放手让学生自主学习，互动交流阅读感受。其最值得称道和借鉴的是，这种交流并不是泛泛而谈，而是重点做好两件事。一是集中话题。让学生在评说中理解文章意思，训练的目标就不是一般的理解了，而是融理解、思维、表达于一体。而要想评说得好，就需要有个性化的阅读感悟，有充分的理据，有条理的阐述，确实有利于学生阅读能力的提升。二是瞄准语言。虽是略读教学，但教师并不满足于对语言内容的理解和感悟，对故事情节的了解和把握，始终视学习语言文字运用为语文学科的重要使命。通过个人阅读见解的畅所欲言，学生的思维火花不断迸发，更在赏析交流中领悟写法的丰富和独特，感受语言表达的奇妙。

三、读写结合迁移课。

【教例】《雷雨》。

【学习内容】"越来越……越来越……"句式所表示的语意及迁移运用。

【过程简述】

第一步：学习仿写范例，概括句意表达特点。

出示课文例句：

①"闪电越来越亮。雷声越来越响。"

学生从中发现课文用"……越来越……"的说法表现了雷雨前闪电和雷声的变化。

出示其他例句：

②"天上的雨越来越大，小河的水也越来越满了。"

③"城市里新盖的楼房，越来越多，越来越高。"

认识特点：通过对以上例句的归纳分析，概括出"越来越……越来越……"所表示的不同语意关系。例①、③表示一种事物两个方面的并列变化（顺序可调换）；例②表示两种事物的因果变化（顺序不可调换）。

第二步：创设情境仿照特点，促进简单读写迁移。

首先，用一个"……越来越……"说话，再用"越来越……越来……"连续说雷雨景象的变化。学生有的说"雷声越来越响,闪电越来越亮,雨越下越大",有的说"雷声越来越小,雨也越来越小"。

接着,看看图,再看看课文,用"越来越……越来越……"说雷雨后的景象变化。如,树叶越来越绿,花儿越来越红;天越来越亮,云越来越白,天越来越蓝;阳光越来越灿烂,彩虹越来越清晰;蝉的叫声越来越响亮,青蛙的心情越来越快乐等等。

第三步:根据语意表达特点,独立造句,实现综合读写迁移。

在下列三种不同的造句要求中,任选一种完成。

①用"越来越……越来越……"造一个表示并列变化的句子。

②用"越来越……越来越……"造一个表示因果变化的句子。

③用"越来越……越来越……"造两个表示不同语意的句子。

【教学思考】好的读写结合必须要做到三点:

首先,要遵循读写结合训练点的目标定向原则,根据学段目标要求并结合课文特点,找准一两个读写结合的训练点,作为训练的目标。这个训练点既可以是单元的训练点,还可以是课文的训练点。一般地说,低年级读写训练的确定应该侧重一句话和几句话的仿写,中年级读写训练点的确定就要以自然段和意义段的仿写为主,高年级的训练点则要指向篇章布局立意的仿写。像《小露珠》一课,"越来越……越来越……"在课文中多次出现,而且这一句式在不同的语境中表达的语意关系还不一样,在中年级训练就比较适当。

其次,读写结合实施策略要指向"写什么"和"怎样写"。"写什么"是通过创设教学情境,为学生提供直观、生动、现实的仿写内容。"写什么"的内容既可以来自课文之中,也可以教师自己创设,还可以是学生的生活经历和心理感受。有了仿写的范围和内容,学生才不会为写什么而费神费脑了。"怎样写"是读写结合策略的核心环节,体现了读写结合的本质特征。它包含两层意思:一是了解话语表达形式及特点,二是体悟这样表达的好处和效果。只有这样,才能避免为仿写而仿写的弊端,使仿写真正成为提高学生表达能力的助推器。

再次，读写结合的迁移仿写环节要设计三个不同层次的递进步骤，一是分析范例，概括表达特点；二是创设情境，促进简单读写迁移；三是创设情境，实现综合读写迁移。如此，才能强化读写结合教学过程的具体化和可操作性，从而降低读写迁移的难度，顺利地实现课堂教学目标。

四、品词析句欣赏课。

【教例】《窃读记》。

【学习内容】品读词语。

【过程简述】

品读活动一：解说一个词。

1. 提出要求。课件投影：品读活动一：根据课文内容说"窃读"。

2. 示范举例。例：小小女孩的窃读。我要说的是这篇文章写了一个小小女孩的窃读。其他，请你们到文章中去发现，这是什么样的窃读？好，到课文里面开始思考。

3. 学生准备。

4. 汇报交流。如：写了小小女孩快乐的窃读；我打开书一页两页，像一匹狼贪婪地窃读；惧怕的窃读，怕书店老板把自己赶出去，因为她只读不买；快乐而惧怕的窃读，快乐因为读书汲取了许多知识，这是精神的食粮，惧怕是因为只看不买，怕人家眼睛盯着自己……

5. 梳理总结。根据课文内容来说多得很，这就叫多角度地从各个侧面来理解课文内容。"窃读窃读"，什么样的"窃读"呢？各种滋味都在里面。好，把大家的发言小结一下。课件出示：

只看不买的窃读	担心害怕的窃读	紧张贪婪的窃读
察言观色的窃读	混入人群的窃读	大雨掩护的窃读
饥肠辘辘的窃读	长久站立的窃读	沉浸快乐的窃读

品读活动二：品味一个词。

1. 课件出示：品读活动二：深入课文语言品"滋味"。

2. 范例引路：比如，"我跨进店门，暗喜没人注意"。"暗喜"表现了"我"看到书店里的人多可以让自己"隐藏"起来读书的那种暗暗高兴的滋味。请大家像老师一样找一个地方看看，你找的地方，表现了作者怎样的读书滋味。到课文中去划词划句，然后组织自己的语言。

3. 学生自读交流。如，这是一种恋恋不舍的滋味，"我合上书，咽了一口唾沫，好像把……然后，才恋恋不舍地把书放了回去"，从"恋恋不舍"看出作者留恋书中的内容；迫切的滋味，"在一排花花绿绿的书里，我急切地寻找……"她急切地想找到书打开来读等等。

4. 学习小结：大家找了很多好的地方，这些地方都表现了读书的滋味，我们再来小结一下。进入书店前，她的心里是一个急切而又盼望的滋味。课件投影：

来到书店，担心被人家买去了——又喜又忧的滋味

读书啊，贪婪的读书啊！一页两页——贪婪的滋味

有时候放下书知趣地走开——察言观色的滋味

下雨的时候，人家不说我了，雨下得再大一些呀——暗自庆幸的滋味

啊，终于天已晚了，放下书吧——恋恋不舍的滋味

饥肠辘辘，双腿麻木——忍饥受累的滋味

【教学思考】"一字未宜忽，语语悟其神。"叶圣陶老先生的话告诉我们，要借助文本中一个个鲜活生动的词语，一句句精妙的句子，架设起一座座桥梁，引导学生揣摩品味课文中的重要词句，领悟欣赏其意义、情味和表达技巧，实现与文本的对话。从读写的角度看，选入小学语文课本的所有课文都是经过许多专家鉴赏、甄别过的。可以说，每篇课文都是学生阅读、习作的文本典范。从教学的角度看，如果不能引导学生深入字里行间，教学就会显得浮光掠影。作为语文教师，我们应该引导学生品味好词佳句，让学生"得法于课内，受益于课外"。

本课例的设计可谓是简洁至极，整节课的教学只设计了"解说一个词"和"品味一个词"两大环节的自主学习，给了学生充分思考及表达的机会，并运用多种方法提升品词析句的质量。说到品词析句的教学策略，常见的有：

1. 表象重现，再现形象。品词析句的首要功能就是要使曾经留在学生脑海中的影像重新浮现在脑海中，使学生产生身临其境、情同身受的感觉。这就要求我们通过教师的言语或者通过重点词语让文字符号在学生的脑海中化成一个个生动的、充满灵气的、活生生的表象，从而达到身临其境、情同身受的教学效果。

2. 善用想象，深化情感。表象的连续叠加就成了想象，想象主要分为"情境想象"、"随文推演"和"心理猜想"。恰当地运用它们，往往能使一个普普通通的词语焕发出炫目的光彩，让人感受到生气勃勃的生命。

3. 创设情境，领悟内涵。在学生的认知规律中，直观可以使抽象的知识具体化、形象化，有助于学生感性认识的形成，并促进理性认识的发展。在教师创设的特定情境中，学生能把自己看到、听到的词句的"客观意义"内化到自己的知识体系中，成为"个人内涵"，达到一种"教学润无声"的效果。

4. 拓展资料，填补"征候"。《问题式、征候阅读与意识形态》一书把文章中"欠缺部分，空白处和沉默之处"称为"征候"，对于那些"欠缺部分，空白点和沉默之处"，只要适当地穿插、引用一些文中尚未提及，但真实发生的事情、经历，往往能触动学生的心灵，使他们在原来的理解、感悟、体会上再次发生情感的地震。

5. 活用比较，敏化语感。"词语比较"分为"同词比较"和"异词比较"两种。如"春风又绿江南岸"中的"绿"换成"到"、"吹"好不好，就属于"同词比较"，一个句子中不同词语之间的比较就是"异词比较"。与"异词比较"略有不同的是，"同词比较"的比较方法虽然也能体味词句背后的情感、态度、价值观，但主要体现的还是作者文笔的功底，每句每段或全文的好处所在。

五、口语表达练习课。

【教例】《哪吒闹海》。

【学习内容】练习概述、讲述和转述。

【过程简述】

板块一：练习概述。

1. 教给方法：读完《哪吒闹海》这一个故事，我们可以用几句话把它清清楚楚地说出来，这叫概述。不管多么复杂的一件事，都可以用三句话概述。哪三句话呢？第一句：哪吒为何闹海？第二句：如何闹海？第三句：闹了又如何？请你根据这三个问题，概述一下这个故事。

2. 学生练习。根据教师教的方法，学生个人或同桌试着用三句话概述故事内容。

3. 指名交流，师生共同评点、指导。

板块二：练习讲述。

1. 过渡：如果要把这个故事讲给别人听，可不能这样概括地讲。怎样把一个故事讲得精彩呢？老师有一个法宝。概述的时候，我们把一个故事变成三句话；讲故事的时候，我们要把一句话变成三句话。有了这个本事，你就能把故事讲得栩栩如生了。

2. 尝试。我们一起来练一练吧！就看这一句："夜叉从水底钻出来，只见一个娃娃在洗澡，举起斧头便砍。"怎么变成三句话呢？指导学生给人物加上动作、补上语言、添上神情。

3. 自练。学生选择一个内容，自己练习讲故事。

4. 交流。

板块三：学习转述。

1. 创设说话情境一：课文最后有一句话，说："从此，龙王父子再也不敢胡作非为了，老百姓又过上了太平日子。"如果你是龙王，找到了哪吒的父亲李靖去告状，怎么"告"才能让李靖相信是哪吒的错？教师扮演李靖，学生当龙王，龙王向李靖告状，教师适时引导。

2. 创设说话情境二：如果你是哪吒，到了父亲面前，会怎样来说这件事？学生转述，教师点评、指导。

3. 创设说话情境三：这篇课文的编者，他是站在谁的角度写的？把哪吒当成了什么来写的？你是怎么看出来的？

4. 讨论：同样一个故事，三个人说的却不一样，不一样在哪？（龙王是告状，哪吒是解释，编者是颂扬）

5. 总结：是的，同一个故事，目的不同，说法也不一样。

【教学思考】故事，一般指年代久远的历史事件或流传很久的传说。它以叙述的方式讲述"不为人知的秘密"，其情节跌宕起伏，生动连贯；又因为总是阐发着某种道理，所以故事又被视作人类对自身历史的一种记忆行为。故事进入教材，成为教本，该教什么、如何教，不同的教师自然有不同的选择。关于教材的使用，王荣生教授提出"定篇""样本""用件"等说法，本课例的教学，就是把故事当成了"定篇"。于是，故事就成了课程的内容，就成了教学的内容，就成了学生学习的内容。于是，不管概述、讲述还是转述，故事始终都是故事，都是活着的，学生始终在故事的情境里，沉浸在形象与情感里。

更为重要的当然不在于故事的内容本身，因为这个故事实在是通俗易懂，有些孩子甚至在课外书中读过，或者在电视电影中看过，只要读两遍，也就懂得了，而在于把"说"作为故事的承载方式，这就使教学指向了说话训练上了，这是让学生学有用的语义。

本课例主要有四个方面的突破：一是教学目标的突破。跳出三维目标的知识层面的局限，增设对于学生学习更具建设意义的元知识目标，实现了从理解内容向指导学习的转向。二是教学内容的突破。实现了琐碎分析、零星知识的散点思维教学向整合思维教学的过渡，甚至没有诸如字词识记、书写等零星知识的教学。三是教学模式的突破。课堂呈现的每一个组块就是一个教学单位，这种以言语单位来聚焦教学的方式，是对传统的"起承转合"的教学流程的突破。每一个板块聚焦一个主题，突破了"目标—达成—评价"的平面滑行教学模式，重组为"主题—探索—表达"的立体建构的教学范式，而且这种组块又环环相扣，块块相生。四是教学手段的突破。语文是模糊的，是说不清道不明的，但教师却采取让学生多种形式的"述"，使得语文清晰起来，浅显起来，简单起来。在不同的讲述中，学生不仅习得语言，更悟得语意。

六、写法发现导引课。

【教例】《赵州桥》（人教版三年级上册）。

【学习内容】说明文构段形式——"总起＋X"说明式。

【过程简述】

（一）范例引路，学习构段。

1. 初读课文，教读生字，把握课文大意，扫清阅读障碍。

2. 呈现语段："赵州桥非常雄伟。桥长五十多米，有九米多宽，中间行车马，两旁走人。这么长的桥，全部用石头砌成，下面没有桥墩，只有一个拱形的大桥洞，横跨在三十七米多宽的河面上。"

3. 用这段中的一句话概括这个语段的意思。学生回答后，告诉学生这是总起句，用在一段话的开头。（板书：总起句）

4. 思考讨论：哪些语句具体写出了赵州桥非常雄伟？为什么这样写就可以写出赵州桥的雄伟？结合课文插图，体会赵州桥的雄伟。（板书：数字说明）

5. 小结归纳这一段的构段方法："总起句＋数字说明"式。

（二）阅读交流，自主发现。

1. 呈现语段："这座桥不但坚固，而且美观。桥面两侧有石栏，栏板上雕刻着精美的图案：有的刻着两条相互缠绕的龙，嘴里吐出美丽的水花；有的刻着两条飞龙，前爪相互抵着，各自回首遥望；还有的刻着双龙戏珠。所有的龙似乎都在游动，真像活了一样。"

2. 找出这段话的总起句。（这座桥不但坚固，而且美观）

3. 阅读思考：围绕这个总起句，课文是怎么写赵州桥的美观的？播放赵州桥栏板的画面，展开丰富的想象，感受桥的美观。

4. 自主发现本段的构段方法是："总起句＋描写说明"式。

（三）发现规律，模仿写段。

1. 讨论比较这两段话在构段上的相同与不同。

2. 呈现语段："大桥洞顶上的左右两边，还各有两个拱形的小桥洞。平时，河水从大桥洞流过，发大水的时候，河水还可以从四个小桥洞流过。这种设计，在建桥史上是一个创举，既减轻了流水对桥身的冲击力，使桥不容易被大水冲毁，又减轻了桥身的重量，节省了石料。"说说这个段主要写什么？

3. 给这个语段加上一个总起句。（赵州桥非常坚固）

4. 归纳加上总起句的这段话的写法是："总起句＋解释说明"式。

5. 教师提供素材，学生任选一个，学写"总起句＋X"式的构段。

（1）这是一只非常可爱的小狗。

（2）我有一个多功能的笔盒。

【教学思考】总分构段是中年级学生必须学习的一个训练项目。以往的段式结构学习，一般只是停留在"总分结构"的概念了解和先"总"后"分"或先"分"后"总"的样式认识上，更多的精力和时间则用来理解语段内容。所以，学生虽然知晓段式名称，但总分构段的多种具体写法却含糊不清。这一教例则以构段写法为主，内容理解为辅，先教给写法、再发现写法、最后到尝试写法，实现了从教到放的训练过程。因训练目标单一，指导过程有序，课堂效果扎实而有效。

这个教例可以给我们这样的启示：一是教师要精于语言密码的发现。

这节课的关键之处就是教师破解了语言组合的一种密码，即总分构段的一种表达规律：每一段都先是一句话总述，然后根据表达的需要安排或数字、或描写、或解释等等。有了这个可贵的发现，就能把自己的这种创见变成一种教学设计，与学生一起"资源共享"。二是语言教学可以尝试"量化"。可以尝试像数学教学内容那样的台阶化，把语文教材当作科学地训练语言的蓝本，每一节课只训练一两个语言点，一个点一个点地进行语言训练。如此，学生就得到了目可见、耳可听、手可写的极为清晰的语言模式训练。由于概念的高度清晰，这种训练也许可以让学生获得终身不忘的语言表达规律。长此以往，随之而来的便是教学效率的明显提高。

七、朗读领悟训练课。

【教例】《有的人》。

【学习内容】理解替代性朗读训练。

【过程简述】

（一）通读全诗，粗知诗意。

（二）解决难点，体会诗情。

1. 这首诗的标题是"有的人"，课文中还先后八次出现了"有的人"这一说法。就是说，诗中写了有的人这样，有的人那样。读读这首诗，联系上下文，想想诗中每一处"有的人"分别指的是什么人。

2. 不同的人有什么不同的结果？诗人这样写，是为了什么？

（三）改动字眼，朗读深化。

1. 根据自己的理解，把诗中的八个"有的人"改成具体的哪一类人。

2. 学生动笔改写。

3. 指名朗读课文，直接把自己改动后的结果读出来。如：

贪污腐败的人活着，

他已经死了；

一心为别人的人死了，
他还活着。

以权谋私的人，
骑在人民头上："呵，我多伟大！"
心里装着人民的人，
俯下身子给人民当牛马。

被人民憎恶的人，
把名字记入石头，想"不朽"；
被人民爱戴的人，
情愿作野草，等着地下的火烧。

鱼肉人民的人，
他活着别人就不能活；
造福人民的人，
他活着为了多数人更好地活。

【教学思考】《有的人》这首诗的理解难点主要在"有的人"的不同内涵。从大处说，"有的人"无非就是"虽生犹死"的人和"虽死犹生"的人；从小处说，这两种人又可化为很多不同行为、不同品质的具体的人。在两种不同人的一次次对比中，诗人的爱憎渐次呈现，诗歌的主题也逐步明朗。而对诗作情意的领悟，很大程度上需要把诗歌意象的凝练性、典型性，转化为生活形象的具象性、普遍性。通过用身边看得见、摸得着的人来替代"有的人"，学生对诗歌的把握才容易从语言表层走向语言内核心，从肤浅走向深刻，从而受到人生价值的陶冶。因此，如何"替代"就成了考验教师智慧的一个难题。以一回一答式来解析"有的人"到底是什么当然是一种选择，但难免陷入纯理解的泥潭。本例中，教师巧妙地以朗读的形式实现了这样的替代，用"推陈出新"、"别出心裁"之类的话语来评判自然不为过。不过，我们认为，最有价值的还表现在：一是替代的过程也是语言内涵的理解过程，且以改写和朗读的形式进行，本身就是一个语言训练；二是有了理解，学生的有感情朗读就有了可靠的基础，自然不需要教师的提醒就能或铿锵有力或声情并茂地朗读，达到以声传情、以读促悟的目的；三是替代式的朗读，有助于促进拓宽学生思维的深度和宽度，培养良好的思维品质。

第三章 语用课例的呈现

第一节 不同文体的教学示例

阅读教学的目标之一就是要让学生建立起一种自动化的读写图式。而阅读活动是一种心智活动，所以总有人幻想要找到一种一劳永逸的阅读方法。可是，直到现在，谁也无法找到这样一种不通过一个个不同文体的文本的阅读，就让自己建立起来的普适性的阅读图式。于是，不论是哪一类课文，总是按"导入新课—整体感知—理解感悟—提升情感—拓展延伸"的同一模式进行。为了真正教出"那一类型"的课，首要的是教师要明晰不同文体的各自特征，并采取相应的教学策略。唯有如此，学生才能在对同类文本的反复不断的阅读中，经历一定量的阅读积累后，逐步建立起对这类文本的阅读图式，进而促进实际阅读能力的提升。

一、小说类文体的教学。

（一）文体类型略说。

小说是以塑造人物形象为中心，通过完整的故事情节和典型的环境描写来反映社会生活的一种文学体裁。因此，个性鲜明的人物形象，曲折生动的故事情节，典型而具体的环境构成了小说不可缺少的三要素，三者互为关联，相互融合。

那小说又是如何塑造人物的呢？是借助于情节和描写。

小说的故事情节一般由开端、发展、高潮、结局四个部分组成，但并非千篇一律地由开端、发展、高潮、结局四个部分组成，会有各种不同的结构。更重要的还在于，情节是由开端、发展、高潮和结局构成的这种说法比较笼统、含糊，只是讲情节是什么，至于什么是好的情节，什么是不好的情节，以及怎样表现人物的情节才是好情节等核心性问题，语焉不详，没有做出明确的界定。难道有了开端、发展、高潮和结局的情节都是好情节，都能表现人物的形象？显然不是。况且，许多精心构思的现代、当代小说往往打破了情节的连贯性，刻意留下断裂和空白，这就是亚里士多德《诗学》里所说的情节有"结"和"解"。小说重在个性化的人物塑造，因此，矛盾和冲突就成了小说创作的重要元素。高明的写作者总是想方设法把人物打出正轨，让人物的深层心理、非常规心态暴露出来，这样的情节才是好情节，才能打动人、感染人。比如《穷人》，小说一开始就写了桑娜一家生活过得艰难，天都黑了，出海打鱼的丈夫还没有回来，桑娜忐忑不安，焦虑万分。接着写桑娜猛然间想到了邻居西蒙，暂时忘了丈夫的安危，去探望邻居。当知道西蒙死了之后，桑娜面临着艰难的选择：收不收养西蒙的两个孤儿？后来，她竟然在不征得丈夫同意的情况下，自作主张收留了两个孤儿，一场家庭风暴就要来临，桑娜为此心事重重。最后，渔夫回来，一听桑娜说邻居家的两个孤儿无人照顾，他就连忙催促妻子抱他们回来。故事情节犹如大海上的波涛，此起彼伏，引人入胜，人物形象也在其间逐渐丰富、生动起来。

再说描写。小说刻画人物性格的手法多种多样，有肖像描写，语言描写，行为描写，神情描写，心理活动描写，细节描写，正面描写，侧面描写等等。《穷人》的心理描写，《金钱的魔力》的语言描写和神态描写，《临死前的严监生》的动作细节描写，《小嘎子和胖墩比赛摔跤》的动作描写，

《最后一头战象》的动作和神态描写等等，一个个小说形象栩栩如生。当然，环境描写也不可忽视，它对塑造人物、揭示主旨起着举足轻重的作用，是小说创作的三要素之一。环境描写包括自然环境描写和社会环境描写。自然环境描写主要包括人物活动的时间、地点、景物等，往往起着暗示社会环境、揭示人物心境、表现人物性格、渲染气氛、推动情节的发展等作用。环境描写是小说艺术的一个重要内容，起着交代作品的时代背景的作用，是小说鉴赏不可缺少的环节。比如，《桥》中对洪水和暴雨的描写："黎明的时候，雨突然大了。像泼。像倒。""山洪咆哮着，像一群受惊的野马，从山谷里狂奔而来，势不可挡。""近一米高的洪水已经在路面上跳舞了。"多样的修辞手法，短促的语言，传递一种急促紧张的情绪，营造出一种十万火急的气氛。而形势越是危急，情况越是揪心，老汉的镇定、果敢的表现越难能可贵，其形象就越发感人、高大。

（二）教学策略建议。

小学语文教材中的小说多数经过故事化改编，但依然还保留着小说的基本特征。小说在教材中的编排方式基本上有两种：或按内容散见于各专题性的单元中，或按文体构建完整的小说单元。教材有不同的编排目的，学生有不同的学情，这些都会影响具体课文课堂学习目标的制定。但是作为小说这一固定的文体，在教学上应该有共同之处。既是如此，小说教学就可以考虑从对小说的三要素的有效把握入手，注意人物、情节和环境的兼顾与相辅相成。

1. 把握构思的奇妙处。小说的故事情节是由线索贯穿起来的，线索是连贯文章始终的脉络，也可以说是文章的纲。抓住了线索，对理解文章、掌握结构、把握中心大有作用。所以，阅读小说的第一步应该是理清线索，从故事情节这个环节开始。只有熟悉故事情节，才能把握人物性格，分析人物形象。把握好故事情节，是读懂小说的关键，是欣赏小说艺术特点的基础，也是整体感知文章的起点。

2. 探讨情节的跌宕处。小说的创作规律决定它在塑造人物形象时，艺术空间和艺术时间都受到一定限制，某些静止的艺术手段并不适用。小说中人物形象的塑造必须在情节的流动过程中完成，情节对塑造人物形象起着决定性作用。我们所说的要重视人物形象的赏析，从一定意义上说，就是要重视对情节的赏析。因为情节总是和人物浑然一体的，特别是那些跌宕的情节，更是极大地丰富了小说中的人物，震撼了读者的心灵。情节的跌宕，是指情节由逆而顺，或由顺而逆，或由乐转悲，或由悲转乐。凡是优秀的作品，总是善于以出人意料的情节，以突然变换的场景，吸引人们的注意力，并由此形成跌宕美。

3. 寻找情感的错位处。一般来说，诗与散文大体在常态心理结构中表现人物心灵，而小说却能打破常态心理结构，把潜在的意识、人格挖掘出来，在情感的失衡与恢复平衡的过程中，揭示人性的奥秘。所谓"打破常态心理结构"、"情感的失衡"指的就是人物情感的错位。小说中人物情感的错位包括两个方面：一是人物关系越近，情感的心理距离往往越远，或是人物关系较远心理距离却很近，这样的人物形象才生动，才能揭示人性的奥秘；二是人物的禀赋和命运形成反差，人物的命运和读者的希望形成反差，这样的作品就有吸引力，人性的揭示往往也比较深刻。小说教学对人物情感的分析，应尽可能从人物情感的多元错位着手，这样才能使学生发现矛盾，产生兴趣，并进入对复杂人性的深层思考，避免出现人物分析的简单化。

4. 发现语言的精妙处。任何一种优秀作品都是语言的艺术，所以，教学时，引导学生感受作品语言的魅力，是教学不可缺少的任务。要准确把握每篇小说的叙述方式和主要描写方法，抓住那些对刻画人物形象有重要作用的描写语言，进行富有针对性的品析、赏读、想象，感受言外之意、弦外之音。特别要体会这样描写对塑造鲜活形象、表现人物性格、表达作者情感有什么好处，从而体会小说语言的表达特色和意图。

（三）教学课例呈现。

《临死前的严监生》教学实录

【教学目标】

正确、流利地朗读课文，感受严监生这个鲜活的人物形象；理解课文内容，学习作者抓住动作神态描写人物的写作方法，并尝试模仿迁移；激发学生阅读中外名著的兴趣。

【教学重点】

学习抓住典型动作描写人物形象的写作方法，并进行写法迁移。

【教学过程】

1. 从课题入手，巧读课文，整体感知。

师：看老师写一个人名。（板书：严监生）

师：（指"监"）这个字读 jiàn，大家齐读。

生：（齐读）监！

师：发现这个"监"字和课题中的哪个字很相像？说说它们的不同点。

生：和"临"很像。"临"是左右结构，"监"是上下结构。

生："临"字的右下角中间是一竖，"监"字的下面是两竖，而且最后一横笔是通的。

师：这两个字确实容易混。写一写"监"字。（学生书写）知道什么是"监生"吗？

生：监生是古代读书人的一种称号。

师：你怎么知道的？

生：我预习时看了书页下的注释。

师：你真会预习！监生是读书人的一种称号，相当于我们常说的王举人、张秀才之类的。严监生这个人在古典小说中赫赫有名，其名气一点不亚于歌星周杰伦，你知道这是为什么吗？

生：好像是他死前伸出了两根指头吧。

师：对，严监生的出名就出在他临死前的表现。（板书：临死前的）快读读课文，把课文读准、读通。哪些语句是说严监生已处于临死边缘，找出来读一读。

生："自此，严监生的病一日重似一日，再不回头。"

生："诸亲六眷都来问候。"

师：为什么这句话也是说他病情严重？"诸亲六眷"什么意思？

生："诸亲六眷"就是所有的家眷、亲戚吧。这么多人都来问候，当然是因为严监生病情严重了。

生："五个侄子穿梭的过来陪郎中弄药。"

师：这个句子里有两个生字：侄和郎，读好。

（学生读）

生："到中秋已后，医家都不下药了。"

师：知道这句话中的"已后"是什么意思？

生：就是"以后"的意思。

师：看注释查工具书，确实是重要的学习方法。你发现的是通假字现象，了不起！

生："把管庄的家人都从乡里叫了上来。"

生："病重得一连三天不能说话。"

生："严监生喉咙里痰响得一进一出，一声不倒一声的，总不得断气，还把手从被单里拿出来，伸着两个指头。"

师：注意这个句子中的"倒"，读 dǎo。

师：读了这些描写严监生病情的文字，你能想到哪些成语来形容严监生此时的病情？

生：奄奄一息。

生：生命垂危、危在旦夕……

师：谁能把表现严监生病重的这几个句子连起来读一读。

（学生读）

师：大家想想看，一般地说，一个人在临死前最关心的可能有哪些？

生：可能牵挂家人，舍不得离他们而去。

生：可能最关心自己死了，家里的老人、孩子怎么办。

师：可这个严监生可不一般啊。他关心的却是什么呢？谁再读读有关句子。

生："大侄子走上前来……摇了两三摇。"

生："二侄子走上前来……越发指得紧了。"

生："奶妈抱着哥子……那手只是指着不动。"

生："赵氏慌忙揩揩眼泪……登时就没了气。"

师：读得真熟练，不过在这些句子里有一个多音字，不知道大家注意到没有？（板书：挑）

生：它可以读 tiāo 和 tiǎo。

（老师板书两种读音）

师：在文中该读哪一个音呢？请教一下你们的万能老师。

（学生查字典，教师巡视）

师：多音字的正确读音得根据意思来选择。哦！有的同学查得可真快！谁来说说该读什么？

生：这个字该读 tiǎo，因为 tiǎo 有个意思说"用竿子等把东西举起或支起"。

师：你们都选的这个意思吗？读读课文想想。

生：不对。是读 tiǎo，但应是这个意思："用条状物或有尖的东西拨开或弄出，比如把火挑开，挑了挑灯芯，挑刺。"

师：在文中是挑掉……

生：（齐答）灯草！

师：还有一个字"茎"，这是什么意思？

生：根的意思。

师：好，我们一起来读读这一句话，注意读准字音。

（学生读）

师：就这样你一句我一句，我们读完了课文，读得还挺流畅的。严监生临死前的情形和我们想象的一样吗？他关心的是什么？

生：不一样。他关心的是两根灯草。

师：你能用最简短的话来讲一讲课文说的是件什么事吗？

生：这篇课文写严监生临死之时，还一心想着两根灯草，直到家人挑掉一根，他才没了气。

生：课文说的是严监生虽然身患重病，奄奄一息，但他想的却是区区两茎灯草。他反复用手指头示意不要点两根，直到家人会意了，他才肯咽气。

[教学意图] 这是一篇半文言的课文，无论是文字还是内容都与学生的生活有较大的距离，因此，读通、读顺课文就显得十分必要和重要了。怎么避免那种引不起学生读书兴趣的一遍又一遍的死读、呆读呢？上述教学依据课文特点，巧妙地选择从课题入手，抓住"临死前"三个字，先朗读描写严监生临近死亡、生命垂危的语句，再读严监生临死的动作表现的语句。朗读每个部分内容时，又将生字正音、多音字学习、难词理解、整体把握等内容有机地穿插其中，使得初读这一环节形式新颖、内容丰富、功能多样、省时高效，学生自然兴趣盎然。

2. 抓动作描写，品读语言，感悟写法。

教师：我们中国有句古话，看人得"听其言，观其行"。所以，写人的文章总是离不开人物动作的描写。再读读课文，边读边找出动作的句子填写在表格里。（学生边读书，边完成以下表格填写）

交流对象	手指动作	头的动作
大侄子	伸出两个指头	把头摇了两三摇
二侄子	越发指得紧了	把头又狠狠摇了几摇
奶妈	那手只是指着不动	把眼闭着摇头
赵氏	把手垂下	点一点头

师：谁愿意把你写出的句子读一读。

生："严监生喉咙里痰响得一进一出……伸着两个指头。"

生："他把两眼睁的滴溜圆，把头又狠狠摇了摇，越发指得紧了。"

生："他听了这话，把眼闭着摇头，那手只是指着不动。"

生："众人看严监生时，点一点头，把手垂下，登时就没了气。"

师：自己小声地读一读这四句话，看看你有什么发现。

生：我发现都是写严监生手和头的动作的。

生：我发现这四句话都跟手、头有关。

师：课文连续四次写了严监生手和头的动作，看来其中定有玄机啊。再读读句子，同学们能够根据严监生每一次手和头的动作猜测出他临死前心里在想什么吗？

生："严监生喉咙里痰响得一进一出……伸着两个指头。"听了大侄子的话后，"他就把头摇了两三摇"，他可能心想：大侄子，你真不了解我的心思，不是两个亲人，而是两茎灯草。

生：他想，你们怎么就不明白我的心思呢？没看我指着油灯吗？！

生：急死我了，你们怎么就猜不出来呢？

师：如果把它换成"摇了摇"可以吗？为什么？

生：加了"两三"说明他心里很急，有一种不被理解的失望。

生：甚至痛苦。

师：是啊，听了大侄子的话，他该多着急啊，于是他就把头——

生：摇了两三摇。

师：读读这句话。（学生读）

生：听了二侄子的话，他的表现是"他把两眼睁的滴溜圆，把头又狠狠摇了摇，越发指得紧了"。他心里可能在想：你们怎么就不明白你二叔的心思呢？你看那灯盏里的两茎灯草正燃着呢，该费了多少油啊！这哪里燃的是油啊，分明燃的都是银子啊！这样白白地糟蹋钱财，叫我如何断得了这口气哟！

师：这时手、头的动作和前面一样吗？你看出了什么？

生：他更着急了。

生：还可以说是愤怒、焦躁和痛恨。

生：极度不满。

师：此时，他该有多气愤啊，但他只能——

生：（读）"他把两眼睁的滴溜圆，把头又狠狠摇了摇，越发指得紧了。"

生：听了奶妈的话，他心想：奶妈，亏你还在我家呆了这么多年，竟连我的这点心思都不懂，真是气死我了！从他"闭着摇头""那手只是指着不动"可以看出他极度的失落，无可奈何地干着急。

生：他想，奶妈呀，亏你还在我家待了这么多年，我的心思你一点儿也不知道哇！

生：他想，灯油快烧完了，那可是钱哪！真让我着急呀！

师：极度的愤怒、失望和无奈交织在一起，使他听了这话——

生：（读）"把眼闭着摇头，那手只是指着不动。"

生：听了赵氏的话后，他点头、垂手，他心里在说：赵氏啊，到底还是你明白我的心思！挑掉一茎，这下我就放心了！

生：还是赵氏理解我。

生：既然挑掉一茎，我就安心了，我该走了。

生：你不愧是我的妻子呀。

生：不是妻子，赵氏是她的妾。

师：对，你知道的可真多！

师：赵氏的话终于可以让他死而瞑目了，于是他——

生：（读）"点一点头，把手垂下，登时就没了气。"

师：假如赵氏在这三举、三答、三摇后，还是没有说出严监生两个指头的意思，你猜猜他可能会怎么样？请你用一个完整的句子来表达严监生可能会做出的动作。

生：严监生会使尽全力瞪大眼睛，死盯着家里人，直到断了气。

生：严监生想握紧拳头，打向赵氏，半途却无力地下垂，瞪着眼睛死去。

师：严监生的家到底是什么样子的呢，却让他临死之前念念不忘两茎灯草？

生：他家有奶妈，肯定很富有。

生：他不但有老婆，还找了妾，没钱能这样做吗？

生：我看过书，严监生这监生是用钱捐来的，可见他不是没有钱。

师：能从课文内容或课文阅读中找到答案，真好。《儒林外史》第五回也做了交待，一起看看。

（出示："这严致和是个监生，家私豪富，足有十多万银子。"）

师：多么可笑而又多么可悲的严监生哟！"家私豪富"的他费了如此大的力气，却只是为了什么？（出示：这么有钱的一个人，严监生临死前念念不忘的竟然是_____，不是_____，他真是一个_____的人。）

生：严监生临死前念念不忘的竟然是两根灯草，不是亲人和朋友，他真是一个小气极了的人。

生：严监生临死之前念念不忘的竟然是不值多少钱的两茎灯草，不是日夜生活在一起的家人，他真是一个吝啬鬼。

生：严监生这么富有了，临死之前还依然想的是区区两根灯草，不是自己的舅爷，他真是一个眼里只有金钱没有亲人的人。

师：读到这里，大家都明白了，为了写出严监生这个人的性格特点，作者采取了抓住典型动作的描写方法。可我还是有点不明白，作者只要写一次手和头的动作也能说明他很小气，为什么要三番五次地写他的手和头呢？

生：这样写，才能写出严监生着急、生气、愤怒、失望的心理过程。

生：为了两根不值钱的灯草，严监生竟然三举手，三摇头，这样写就更能看出这个人吝啬到什么程度。

师：同学们分析得真对，严监生的吝啬作者就通过严监生临死前一个动作，一个非常经典的动作，两个指头，展开细致的描写，这叫什么描写？

生：细节描写。

[教学意图]"凡是学习语言文字不着眼于语言形式，只在内容上去寻求结果是劳力多而收获少。"（叶圣陶语）的确，学习语言，不仅仅是学习语言本身，更要学习语言表达。正因如此，课程标准对高年级阅读教学提出了"初步领悟文章基本的表达方法"的要求。这一环节的学习活动就是紧紧围绕着学习语言表达这一中心任务而展开：先在读中填写表格，将目光聚焦在人物动作描写的写法上；再细读描写手指动作的句子，通过比较异同、想象说话、体会内涵、揣摩内心等教学策略，让学生体会垂死之人是怎样为了区区两茎灯草不肯咽气的情景，感受人物的内心，体会人物的形象，感叹描写的精妙，从而领悟典型的动作描写在表现人物性格和形象方面的表达效果。这样，学生对如何运用恰当的语言文字和写作方法来表达自己的思想也会有更深的体会。而这些恰恰是语文学习的精髓所在。

3. 创实践情境，迁移写法，学以致用。

师：多么神奇的典型动作描写，多么美妙的细节描写。大家想学学这一招吗？

生：想。

师：好，看老师表演吃芝麻光饼，你也能根据老师的表演，用动作写出人物的性格特点吗？

（教师表演一活动片段，学生观察，写后交流）

生：老师右手把一块芝麻光饼送进嘴巴，左手摊开，放在嘴巴下接着。一会儿功夫，光饼吃完了，左手掌上也落了些芝麻。老师将手掌上的芝麻拢在一起，用力往嘴里一送，便有滋有味地嚼起来，似乎吃到了美味佳肴，边吃还边瞧瞧左手掌，生怕落下一粒。

生：老师右手捏起一块芝麻光饼，送到嘴边，小心而又用力地咬下一口，几乎同时，他伸出左手摊开巴掌，在下巴颏下接着。一个烧饼吃完，左巴掌也落了零零星星的几粒芝麻。他不慌不忙，将左手的五指向掌心一拢，芝麻便拢在一起，然后，忽地往张开的大嘴巴里一拍，便香香地嚼起来。他又搓了搓手掌，左右开弓抹了两把嘴，拿着书本走了。

……

师：作家吴敬梓用辛辣的笔触，通过一个典型动作把严监生这个吝啬鬼的形象刻画得栩栩如生，让我们过目不忘。其实，这只是人物描写的好几个方法中的一个。同样是写吝啬鬼，不同的作家就有不同的写法。你看，这就是另外四个世界闻名的吝啬鬼（出示课件），他们是《威尼斯商人》中的夏洛克、《悭吝人》中的阿巴贡、《欧也妮·葛朗台》中的葛朗台、《死魂灵》中的泼留希金，作家是如何写出他们的特点来的呢？请大家课外阅读有关小说。相信通过大家课外的比较阅读，一定会有更多的发现。

［教学意图］理解和运用祖国的语言文字是语文教学的根本目标。在理解、感悟、体验充斥语文课堂的当下，树立训练意识和语用意识尤为迫切。这一环节，就是让学生在学习课文写法的基础上，趁热打铁地进行写法的迁移，在动笔仿写中真真切切地提升语言应用能力。这样做，显然比单纯的语言内容理解和语言范式学习更具"语文味"，更凸显语文教学的本真。

二、散文类文体的教学。

（一）文体类型略说。

散文是一种常见的文学体裁，一般可分为以记叙人物、事件、景物为主的记叙性散文，以抒发作者主观感情为主的抒情性散文，以发表议论为主的议论性散文三种。尽管类型有所不同，却有共同的主要特点。

1. 短小精悍，自由灵活。我国古代散文的名篇多数是很短的，韩愈的《马说》和柳宗元的《小石潭记》都百来字。现代散文的名篇多数也是很短的，许地山的《落花生》四百多字，茅盾的《白杨礼赞》一千字多点。但既不受时间限制，也不受空间限制，前可以远涉古代，后可跨及未来，又可覆盖今天。可以叙述事件的发展，可以描写人物形象，可以托物抒情，可以发表议论，而且作者可以根据内容需要自由调整、随意变化。灵动自由，且言简意赅、以小见大、言近旨远、立意深邃，可谓是"一粒沙里见世界，半瓣花里说人情"。故有文艺战线上的"轻骑兵"之说法。

2. 内容丰富，形散神聚。散文取材十分广泛自由，天南海北，空间宇宙，自然万物，各色人等，古今中外，政事私情等等，无所不包，无所不有。正如郁达夫所说的那样："散文清淡易为，并且包括很广，人间天上，草木虫鱼，无不可谈。"但无论散文的内容多么广泛，都紧紧围绕所要表达的主题，注意材料与中心思想的内在联系，在结构上借助一定的线索把材料贯穿成一个有机整体，可谓是"杂乱有章"。这样，既使散文思路开阔，包容量大，又使散文紧紧围绕作者的意图而不"越轨"。

3. 意境深邃，情意盎然。散文不像小说、戏剧靠虚构的故事情节、矛盾冲突和塑造的人物形象吸引读者，而是靠浓郁的意境和理趣来感染读者。散文无论写什么，其目的都是为了抒发作者的生活感受和思想见解，带有浓厚的感情色彩，是"作者心灵的歌声"。那些优秀散文，借助想象与联想，由此及彼，由浅入深，或融情于景，或寄情于事，或寓情于物，或托物言志，无不闪现思想的火花，实现物我的统一，展现着作者对时代和人生的深刻认识与精辟见解，使读者领会更深的道理。

4. 诗意浓郁，富有文采。杨朔说过："好的散文就是一首诗。"真正的散文是充满诗意的，就像苹果饱含着果汁一样。散文有自己特殊的笔调，语言凝练、优美富有文采，笔法灵活疏放，挥洒自如。或质朴淡雅，或绚丽多姿，或优美，或隽永，或简洁明快，或含蓄凝重，或浓墨重彩，或淡笔轻彩，着力表现事物的"画意"，再现美好的形象。作者可以浮想联翩，随意点染，任情穿插，时而叙，时而议，时而抒情，或将它们水乳交融起来，可谓是腾挪翻飞，无不随心应手。句式也富于变化，有时骈散相间，平仄相调；有时长短交错，张弛相映，可聚可散，参差错落，富于变化，使作品富有形式美、音乐美和画面美。

总之，散文必须具有五项功能：情、理、意、事、景。情，就是抒情。高明的抒情往往寄托在叙事、写景之上，显得自然，如巴金的《鸟的天堂》。理，就是说理。它不同于一般议论文，在说理之余还有感情、感性，也讲究声调、比喻、文采，如《桃花心木》笔端常带情感，理直气壮。意，就是表意。既不刻意抒情，也不着力说理，而是把握情理之间那一份情趣或理趣，它展示的是观察与活泼的想象，是健全的心灵发乎天然的好奇。小学语文所选文章，大都是这一类表意散文。如，老舍《猫》、《草原》，许地山《落花生》，叶圣陶《爬山虎的脚》，冯骥才《珍珠鸟》，表达对生活的诗意感受。事，就是叙事。需要记忆力、观察力，加上反省和想象，如，肖复兴《那片绿绿的爬山虎》，苏叔阳《理想的风筝》，许地山《落花生》。景，就是写景。即场面描写，自然风景，动静结合，如萧红《火烧云》、《我和祖父的园子》（选自萧红自序传抒情体长篇小说，因为语言的诗化和散文化，也可看成是散文）。一般散文都是几者兼具，如，叙事兼抒情的《趵突泉》，叙事兼抒情、表意的《猫》、《草原》，写景兼抒情、情景交融的《鸟的天堂》，叙事、说理、表意、抒情相结合的《落花生》，叙事兼表意的《珍珠鸟》等等。

（二）教学策略建议。

散文的这些特点，决定了散文教学必须在"言"、"意"、"情"上下功夫。

1. 入语境，由"言"及"心"，体味语言美。

对于那些洋溢着诗情画意的优美散文，要让学生体会文中情景交融的意境，开拓其审美联想和想象能力，首先要引导学生品析文中极富艺术表现力的词语，赏析、揣摩、体味祖国语言的丰富内涵和无穷魅力。比如，《匆匆》中的"洗手的时候，日子从水盆里过去；吃饭的时候，日子从饭碗里过去；默默时……"一组情思牵动活跃而又恬静的画面就在这一连串的动词和形象化的描述中迅速展开，让人仿佛看到时间的流逝，表现了作者对于时间流逝的无奈、焦急、惋惜。"燕子去了,有再来的时候;杨柳枯了,有再绿的时候;桃花谢了,有再开的时候……"一组整齐的排比,把无形的时间具体化成一个个有形的事物,于是,时间的流逝就成了看得见,摸得着了。

教师还可以通过联系具体语境对语言进行分析比较,仔细品味字、词、句,相机点拨,深入体会作者在"炼字""炼词""炼句"上的功夫,使学生对作者选词造句的深意有进一步的理解,以培养学生运用语言的能力。《荷花》中的"白荷花在这些大圆盘之间冒出来",这里的"冒"很耐人寻味,为什么用"冒"字而不用"钻"、"长"等字呢?指导学生比较分析,在思索中让学生领悟语言的丰富内涵,产生如临其境的感受和体验。教师只有创设具体的语境,让学生通过比较来揣摩、领悟,才能在潜移默化中让学生吸收这些典范的语言材料,让学生从具体的语言环境中培养审美想象和审美创新能力,提高语文素质。

当然,体味语言,不仅仅是体味语言的内容,也可以是语句的表达方式。"如果把眼前的这一池荷花看作是一大幅活的画,那画家的本领可真了不起。"细读这句话,不难发现这是一句比喻句,把这"一池荷花"说成是"一大幅活的画","那画家"又是谁呢?通过关键词句引导学生触摸文章的情感基调,把握作品的主旨。

2. 悟心境,了"心"察"情",体悟情思美。

"文学的本质是始于情感终于感情。文学家把自己的情感表达出来,而他的目的——不管是有意识的还是无意识的——总是要在读者的心目中引起同样的感情作用的。"因此,散文教学光靠品析语言还不够,还要通过指导朗读,把无声的文字变为有声的语言,生动地再现作者的思想情感,使文章出己之口,如出己之心。特别对那些抒情性极浓的散文,教师还可以借助音乐作为朗读背景,指导学生配乐朗诵,把音乐语言与文学语言沟通起来,充分调动学生的听觉、视觉等器官,使文中所描绘的景和物,所倾吐的情和意,叩击学生的心灵,引起共鸣,让学生在愉悦的学习中提升审美情操。

想象是人脑对已有表象进行加工改造从而创造新形象的心理过程。想象在写作中有着重要的作用，古今中外的许多作家都认为想象力是文学创作绝对必需的。茅盾先生就曾经说过：创作文学时必不可缺的，是观察的能力与想象的能力。在散文学习中，如果能够引导学生合理地运用想象，就能让学生在角色转换中，感悟散文的情感美。比如，《荷花》中说"我"仿佛就是一朵荷花，站在阳光里翩翩起舞，雪白的衣裳随风飘动。如果仅从字面上理解，学生是难以体会"我"的快乐以及爱荷花的感情，必须引导学生深入文本，展开想象，并在角色换位中，融入课文描绘的情景之中，进而引发情感共鸣。

生动的细节是散文富有感染力的一个重要特点。一个细节的刻画，往往凝聚着丰富的情感，把握细节的内涵，往往能很快地走进那一片情感世界。教学《慈母情深》，如果我们抓住母亲外貌的"极其瘦弱"、"脊背弯曲"，动作的"头凑近"等细节，就能充分感受到母亲劳动的艰辛，体会到作者对母亲的无限怜爱和感激，一个慈母的形象自然也跃然纸上。

3. 品意境，动"情"入"境"，体验意境美。

意境，是文艺作品中描绘的对象和表现思想感情融合一致而形成的一种境界。散文中的意境，饱和了作者思想感情的艺术画面，蕴含着动人的生活激情，还富有精辟的生活哲理和深刻的艺术美感。这些意境就给读者留下了"联想空间"，需要读者用自己的已知经验、学识能力如身临其境地来联想和补充，感受作者的创作境界，得到阅读散文的至高享受，升华个人审美思想和境界。

教会学生体验意境的方法很多，可以借助于图画、录像、录音等媒体来创设情境，渲染感情气氛，并且要灵活地采用讲故事、现场表演、实物演示等教学方式来再现散文的情境。还可以借助于遐想、想象引导学生反复吟读、品读表情达意的重点句段，进一步体会蕴含在散文中最主要的意境，感受作者思想感情，从而达到丰富学生感情的目的。比如，教学《鸟的天堂》时，通过对作者用文字作画、语言富于变化、有精妙的修饰方法等的分析，深谙散文语言的文字魅力，感受语言所表达的美好画面，把学生从一个美景的境界带到另外一个心里捉摸不定的美妙境界，两境界交融，又是一份高层的升华了。从感情进入想象，体味点点滴滴，自然流入境界中，超越了文本。

（三）教学课例呈现。

《那片绿绿的爬山虎》教学实录

【教学目标】

1. 认识7个生字，会写13个生字。正确读写"推荐、眼帘、删掉、规范、燥热、融洽、黄昏、客厅"等词语。正确、流利、有感情地朗读课文。

2. 了解课文内容，联系上下文体会文中表现作者感受等含义深刻的句子。

3. 初步学习修改作文的方法，培养认真修改作文的习惯，懂得学作文应先学做人。

4. 借助课文两处描写爬山虎景色的语句，学习借物抒情的描写方法，感受叶老对文一丝不苟，对人平易真诚的文品和人品。

【教学重点】

初步学习修改作文的方法，培养认真修改作文的习惯。学习借物抒情的描写方法，感受叶老对文一丝不苟，对人平易真诚的文品和人品。

第一课时

1. 揭示课题，激趣导入。

师：我们刚刚学过一篇写爬山虎的课文——《爬山虎的脚》，作者是叶圣陶。再读读这段话，说说爬山虎给你的感觉。

（出示叶圣陶先生的《爬山虎的脚》第 1 段文字，学生自由读）

生：爬山虎很好看，而且很有生命力。

生：爬山虎的叶子很新鲜，很可爱。

师：叶圣陶先生通过仔细观察，向我们介绍了他家院子中的爬山虎。今天我们要学的这篇课文，也写到了爬山虎，看老师写课题，注意"绿"字这一横要稍长点，就美观了。一起读读题目。

生：那片绿绿的爬山虎。

2. 初读课文，整体感知。

师：这篇课文的作者是肖复兴，他写爬山虎会写些什么？请放声读课文，注意把字音读正确，语句读通顺。

（学生自读课文）

生：主要写了叶圣陶先生帮我修改文章的事。

（老师板书：修改作文）

师：哪些部分是写这个内容的？

生：1—6 自然段。

师：还写了什么呢？

生：7—10 段写了叶老先生邀请"我"去他家做客。

师：我们概括得简洁些可以说：受邀做客。（板书）

师：还读懂了些什么？

生：叶老先生非常质朴、亲切、认真。

生：还写了"我"非常感谢叶老先生，一直都记着他。

师：《爬山虎的脚》是写植物的，那这篇课文是写什么？

生：是写事的。

师：是通过事情来写叶圣陶老爷爷的。对吗？

生：对。

师：读了几遍课文，大家对课文有了那么多的了解，说明你们读得特别认真。课文中有几个带着生字的词语，我们一起读一读。

（教师出示：客厅、黄昏、燥热、推荐、融洽、删掉、窗棂、摇曳、余晖、堪称楷模。学生读）

[**教学意图**] 对四年级学生而言，把握课文的主要内容没有太大的问题，但是根据课文的逻辑顺序给课文分段还是有一定难度的。教师在这里没有直接要求学生分意义段，而是通过提示"这两件事怎样把课文分成两部分"的。学生把握了这两件事的开头结束就可以给课文分段了，这就给学生一种学习方法的指引，学生在今后的学习中可以试着运用。

3. 重点品味，学习"改"法。

师：让我们先来看课文"修改作文"这部分。看看自学提示。

（课件出示：默读课文第一部分。思考：拿到叶老为"我"修改的作文，"我"看到了什么？有什么感受？请画出相关的内容，然后读一读这些句子）

生：（读）映入眼帘的是红色的修改符号和改动后增添的小字，密密麻麻，几页纸上到处是红色的圈、钩或直线、曲线。

（出示这句话）

师："曲"是多音字，在这里应读"qū"，表示弯曲的意思。"密密麻麻"是什么样？

生：就是在空的地方这里那里都写上很多字了。

师：还看到了什么？

生：（读）题目《一张画像》改成《一幅画像》，我立刻感到用字的准确性。

（出示这一句话）

师："一张"怎么要改成"一幅"，它们有什么不一样吗？体会体会。

生：用"幅"字更准确点。

师：我们平时说：一张——（学生齐答）纸，一幅——（学生齐答）画。

师：这样用字就准确了。还看到了什么？

生：（读）类似这样的修改很多，长句断成短句的地方也不少。有一处，我记得十分清楚："怎么你把包几何课本的书皮去掉了呢？"叶老先生改成"怎么你把几何课本的包书纸去掉了呢？"删掉原句中"包"这个动词，使得句子干净了也规范了。而"书皮"改成"包书纸"更确切，因为书皮可以认为是书的封面。

（出示这句话）

师：这句话中有个"删掉"，这"删"字是怎么来的呢？（出示课件）古时候，在纸还没有发明之前，人们就在兽骨和龟甲上刻字，后来还在竹片上刻字，刻完以后用一根绳，把这些竹片串起来，就成了一"册"书。我们来看看"册"字的演变过程：甲骨文、金文、篆书、隶书、楷书，也就是现在写的"册"字。同学们，古人要是写错了字怎么办呢？就用小刀给它挖去，这种方法就叫做"删"。所以你看，这"删"字就是什么？对，一个"册"字加一个立刀旁。要把"删"字写好，得注意点什么呀？

生：左边的"册"字中间的一横要改成提。

生："册"字要写得瘦一点。

师：来，跟老师一起写，"册"写得瘦一点就漂亮了。

师：同学们，删改前和删改后的句子有什么不一样？同桌的同学合作着读读，体会体会。

生：改后的句子把"包"字去掉，句子更加简洁明了，"书皮"换成"包书纸"就更确切了。

师：句意确切了，句子呢？

生：句子更干净了。

师：用书上的词说，就是——

生：干净了也规范了。

师："我"还在本子上看到了什么？

生：看到了叶老写的评语。（读）"这一篇作文写的全是具体事实，从具体事实中透露出对王老师的敬爱。肖复兴同学如果没有在这几件有关画画的事上深受感动，就不能写得这样亲切自然。"

（出示这段话）

师：这段评语不仅告诉了肖复兴，也告诉了我们应该怎样写好作文。请你们读读看。

生：要写具体事实，这篇作文全是具体事实。

生：（读）"肖复兴同学如果没有在这几件有关画画的事上深受感动，就不能写得这样亲切自然。"

师：你从这里读出了什么？

生：要想写得亲切自然，就得在这件事上深受感动。

师：先得感动自己，才能感动别人。同学们，老师把叶老给"我"修改作文的这几个句子放在了屏幕上，它们告诉我们修改作文的好方法呢。读读看。

生：要用修改符号，比如圈、钩或直线、曲线。

生：把用得不准确的字改成准确的，比如把"张"改成"幅"，"书皮"改成"包书纸"。

生：还要用删除的方法把不规范的改成干净规范的。

生：还有就是把长句断成短句。

生：在作文后面还可以写上简短的评语。

师：都讲到了。这些修改方法很实用，以后大家在给自己或给同学修改作文的时候，都可以用上。

[教学意图] 教师引导学生体会语言，先是体会叶老修改的妙处，理解课文内容和体会表达融在一起。处理"删"字，课件演示由"册"的形象入手，出示多种字体的演变，让学生感觉到了汉字的奇妙，并且留下深刻印象。感受"删"，是在对"册"感性认识上，用学生都能理解的方式，把"删"的字义带出来。这里的巧妙在于把汉字构字的规律揭示出来了。

4. 想象说写，升华情感。

师：同学们，叶圣陶老先生给一个初中生这样仔细地修改作文，你有什么感受？

生：我感受到了叶老的认真。

师：那作者是怎么来表达自己的感受的呢？

生：(读)"我虽然未见叶老先生的面，却从他的批改中感受到他的认真、平和以及温暖，如春风拂面。"

师：同学们，你们知道吗？叶老先生给"我"修改的这篇作文只有1500多字，可就是这1500多字的文章被叶老修改了100多处呢！这就是叶老的修改稿原件（课件展叶老修改的原件），看到它你想说什么？

生：叶老先生修改得太仔细太认真了。

生：改得密密麻麻的，很不容易。

师：同学们，你能想象得到叶老是怎么改的吗？

（出示想象练写：

身为教育部副部长，叶老有多少大事要做啊，可他＿＿＿＿＿＿；

作为年近70的老人，多么需要休息啊，可他＿＿＿＿＿＿；

身为著名的文学家，他有多少大作要写，可他＿＿＿＿＿＿。）

生：身为教育部副部长，叶老有多少大事要做啊，可他心里还一直惦记着给"我"修改作文的事；作为年近70的老人，多么需要休息啊，可他一下班，就打开台灯，戴上老花镜，一字一句地改起我的作文；身为著名的文学家，他有多少大作要写，可他宁可不写自己的，也要改"我"的。

师：一想到这些，"我"不禁发出这样的感慨——

生：（有感情地）我虽然未见叶老先生的面，却从他的批改中感受到他的认真、平和以及温暖，如春风拂面。

生：身为教育部副部长，叶老有多少大事要做啊，可他觉得给中学生改作文的事也很重要；作为年近70的老人，多么需要休息啊，可他宁愿自己少休息，也坚持给肖复兴改作文；身为著名的文学家，他有多少大作要写，可他先把自己的事放在一边，一笔一画地改起来。

师：一想到这些，"我"怎能不发出这样的感叹呢——

生：（有声有色地）我虽然未见叶老先生的面，却从他的批改中感受到他的认真、平和以及温暖，如春风拂面。

生：身为教育部副部长，叶老有多少大事要做啊，可他一有空，就不忘拿出"我"的作文本，读啊，改啊；作为年近70的老人，多么需要休息啊，可他不顾一天工作的劳累，熬夜修改到夜深人静；身为著名的文学家，他有多少大作要写，可他一改起"我"的作文，就把自己的事给忘了。

师：一想到这些，"我"不得不由衷地发出这样的赞叹——

生：（深情地）我虽然未见叶老先生的面，却从他的批改中感受到他的认真、平和以及温暖，如春风拂面。

师：同学们，你觉得叶老先生为什么要给"我"这个素不相识的中学生如此认真、细致地修改作文呢？

生：他是想让我树立写作的信心。（读）"这则短短的评语，树立了我写作的信心。"

生：他是从心底里关心我。

师：此时此刻，在你心里叶老还仅仅是一位认真的老人吗？他还是一个怎样的人？

生：他还是一个温和、慈祥的老人。

师：是啊，他还是一位带给我们温暖的老人。能不能把"温和、慈祥"填进去说一说？

（出示：我虽然未见叶老先生的面，却从他的批改中感受到他的_____，如春风拂面。）

生：我虽然未见叶老先生的面，却从他的批改中感受到他的温和、慈祥，如春风拂面。

生：他是一位对孩子的成长非常关心的人。

师：他爱每一个孩子，他是一位教育家。也填进去说。

生：我虽然未见叶老先生的面，却从他的批改中感受到他的关心、爱护和鼓励，如春风拂面。

[教学意图]基于课文内容感悟的想象练习，无疑将课文的抽象、概括的语言符号，还原成可以看得见、摸得着的生活画面，又通过不同的生活场景，实现了景象的连续体，形成了很多"象"的叠加。学生仿佛亲眼看见叶老克服许多困难，为中学生修改作文的感人场面，深深为老人关心下一代的品质和情怀所深深感动。产生心灵共鸣共振后的他们，再读课文语句，怎能不绘声绘色、声情并茂呢？

第二课时

1. 利用旧知，自然引入。

师：上节课，我们不仅了解了叶老是怎样给肖复兴修改作文的，还从中学到了一些修改作文的常见方法，知道了作者看了修改后的作文的感受。一起读读作者感受。

生：（读）我虽然未见叶老先生的面，却从他的批改中感受到他的温和、慈祥，如春风拂面。

师：在"我"到叶老家里做客这件事中，作者又会有什么样的感受呢？读第7—10自然段，画出描写感受的句子。

（学生读、画）

生：（读）"我感到意外：像叶圣陶先生那样的大作家，居然要见一个初中生！"

师：此时"我"的感觉是——

生：很意外。

生："居然"和"！"告诉我们还有惊讶、紧张。

师：这就会读书。还找到了哪些句子？

生：（读）"我们的交谈很融洽，仿佛我不是小孩，而是大人，一个他的老朋友。他亲切之中蕴含的认真，质朴之中包含的期待，把我小小的心融化了，以至不知黄昏的到来。"

（投影出示这句话，学生一起读）

师：这两句话中各有一个词语写出了作者的内心感受，是什么？

生："融洽"和"融化"。

（屏幕上，"融洽"和"融化"变成红色）

[**教学意图**] 作者的感受贯穿了全文，上节课就是抓住感受进行教学的。本课伊始，依然这样做，对于学生来说可谓是熟能生巧。

2. 扣词悟写，浑然天成。

师：我们先来读第一句。"融洽"是什么意思？

生：就是很谈得来，很友好。

生：越聊越有的聊。

师：对，就是感情好，没有距离，没有隔阂。"我"听到叶老要见"我"时是惊讶、紧张的，为什么现在却交谈得很"融洽"呢？要想解决这个问题，有个方法，叫做"联系上下文"。课文说"我"感觉到叶老的认真、平和及温暖，是因为他看到了叶老给他改的作文。那么，这里的感受又因为"我"来到叶老先生家看到了什么，做了什么呢？请大家再读第7—10自然段，把描写"我"看到的语句画出来。

（学生读、画）

生：作者看到的都是爬山虎。第一个是"刚进里院，一墙绿葱葱的爬山虎扑入眼帘。夏日的燥热仿佛一下子减去了许多，阳光都变成绿色的，像温柔的小精灵一样在上面跳跃着，闪烁着迷离的光点"。另一个是"落日的余晖染红窗棂，院里那一墙的爬山虎，绿得沉郁，如同一片浓浓的湖水，映在客厅的玻璃窗上，不停地摇曳着，显得虎虎有生气"。

（课件出示这两段话）

师：让我们一个一个地学，先读第一个。静下心读读这段话，想想这段话写出了爬山虎的什么？在你有感受的地方写上批注。

（学生默读、思考、勾画、批注）

生：我知道这段话主要写了爬山虎的叶子很茂盛，长得绿葱葱的。

生：我觉得这情景很有趣，阳光能变成绿色的，像温柔的小精灵一样在上面跳跃着，闪烁着迷离的光点。

生：这个爬山虎很特别，会在夏天给人带来凉爽，还会让阳光变成绿色的。

师：看到这满眼的绿葱葱的爬山虎，作者的感受是——

生：（读）"夏日的燥热仿佛一下子减去了许多，阳光都变成绿色的，像温柔的小精灵一样在上面跳跃着，闪烁着迷离的光点。"

师：身体上觉得不怎么热了，那心情呢？

生：看到绿绿的爬山虎，本来很紧张的心情肯定会平静一点，清爽一点。

师：所以，他才会这么说——

生：（读）"夏日的燥热仿佛一下子减去了许多，阳光都变成绿色的，像温柔的小精灵一样在上面跳跃着，闪烁着迷离的光点。"

生：我觉得这时候他应该有点激动，有点兴奋，就像跳跃着的阳光。

师：说说理由。

生：我是这样想的，一般人马上要见到梦寐以求的大作家了，当然是会激动，会兴奋。

师：所以作者才这样说——

生：（读）"夏日的燥热仿佛一下子减去了许多，阳光都变成绿色的，像温柔的小精灵一样在上面跳跃着，闪烁着迷离的光点。"

生：我觉得他这时应该还有点不安，不知道叶老会怎么对他。

师：所以作者才这样说——

生：（读）"夏日的燥热仿佛一下子减去了许多，阳光都变成绿色的，像温柔的小精灵一样在上面跳跃着，闪烁着迷离的光点。"

师：同学们，这段话没有告诉我们作者这时候的心情怎样，我们怎么知道的呢？

生：是从爬山虎的描写中体会到的。

师：对，像这种不直接写心情，而把心情藏在景物描写中的写法，叫做"寓情于景"。（板书）一起读读这个词。

（学生读）

师：作者看到了爬山虎，又做了什么？

生：（读）"叶老先生见了我，像会见大人一样同我握了握手，一下子让我觉得距离缩短不少。"

师："距离"这个词大家不陌生，数学课上经常听到。那什么是距离？

生：就是两个事物之间的长度。

师：好，我开始向你走去，什么缩短了？

生：距离缩短了。

师：可书上说"叶老先生像会见大人一样握了握手，一下子让我觉得距离缩短了不少"，只是说远近的距离吗？

生：不是。

师：那是说什么距离缩短了？

（学生茫然）

师：我问大家，叶老多大，"我"呢？

生：叶老快70岁了，"我"才十几岁。

生：我知道了，这是年龄的缩短。

师：很好。叶老是什么人，"我"是什么人？

生：叶老是著名的作家，"我"只是个中学生。

师：作家很有学问，中学生知识少，他们之间缩短的是什么？

生：是知识的缩短。

生：学问的缩短。

师：叶老很有名，中学生很普通，缩短的又是什么？

生：是地位的缩短，名气的缩短。

师：年龄的缩短、学识的缩短、地位的缩短，都源于什么？

生：叶老先生像会见大人一样同我握了握手。

师：手握着，心温暖着。如果要用一个词来概括叶老是个怎样的人，你会用什么词？

生：平易近人。

生：和蔼可亲。

生：没有架子，待人亲切。

师：从开始的紧张，到看到爬山虎时的心情清爽，再到和叶老握手时的温暖如春，"我"的心情渐渐发生着变化，"我"不断地感受到叶老对"我"的热情和友善，所以，一起读。

生：（读）"我们的交谈很融洽，仿佛我不是小孩，而是大人，一个他的老朋友。"

[教学意图] 从"融洽"入手，既感受叶圣陶先生的平易近人，又顺带着理解了爬山虎景色描写所蕴含着的作者心理的微妙变化，从而初步体会到借景抒情的写法之妙处。

师：好，我们再来看"融化"。一起读一下这句话。（课件出示："他亲切之中蕴含的认真，质朴之中包含的期待，把我小小的心融化了，以至不知黄昏的到来。"学生读）

师：生活中，你看到什么会融化？

生：冰会融化，成了水。

生：蜡烛点燃了会融化。

生：钢铁放在炉子里烧也会融化。

师：大家发现了没有，冰、蜡烛、钢铁要融化都需要什么？

生：有火，很热。

生：温度很高。

师：说得对。事物融化的前提就是要有温度和热度。课文说"我"小小的心融化了，是说"我"的心被高温融化了吗？

生：不是。

师：那究竟是什么让"我"小小的心融化了？

生：（读）是"他亲切之中蕴含的认真，质朴之中包含的期待，把我小小的心融化了。"

师：这是书上的句子，能用自己的话说吗？

生：是叶老对"我"的和蔼可亲让"我"小小的心融化了。

生：是叶老对"我"的爱让"我"小小的心融化了。

师：看来，"融化""我"的是叶老那一团火一样的深情，火一样的爱啊。让我们饱含深情再读读这一段话。

生：（读）"我们的交谈很融洽，仿佛我不是小孩，而是大人，一个他的老朋友。他亲切之中蕴含的认真，质朴之中包含的期待，把我小小的心融化了，以至不知黄昏的到来。"

师：这时，作者再一次写到了爬山虎。此时的爬山虎跟前面写到的爬山虎又有什么不一样呢？读读这段话，写上自己的想法。

（学生读、思、写）

生：前面是午后的爬山虎，现在是黄昏时候的爬山虎。

生：午后的爬山虎是绿葱葱的，黄昏的爬山虎绿得沉郁，浓浓的，像湖水一样。

生：午后的爬山虎有阳光跳跃，黄昏的爬山虎是不停地摇曳着，显得虎虎有生气。

师：这也是寓情于景的写法，那此时的爬山虎描写给我们传达作者什么样的心情呢？

生："绿得沉郁，如同一片浓浓的湖水"是说心情像水面一样完全平静了，连一丝的紧张也没有了。

生：我觉得"绿得沉郁，如同一片浓浓的湖水"是在赞美叶老爱孩子的心像湖水一样清澈、宽广。

师：读出自己的想法，真好。请把你的感受带进朗读中。

（学生读）

生："不停地摇曳着，显得虎虎有生气"是说作者对未来充满了希望。

生：作者听了叶老的教诲，感到生活非常的美好，对未来充满了期待，所以说爬山虎"不停地摇曳着,显得虎虎有生气"。

师:读出你的体会来。

(学生读)

[教学意图] 从"融洽"到"融化",折射出叶圣陶先生对少年儿童火热的情怀。扣住"融化"学爬山虎景物描写的另一段落,巩固了借景抒情的写法,又让学生从中领悟到了叶老的人品。

3. 创境练说,升华情感。

师:正是感受到了叶老的爱,叶老的真诚,叶老的期待,所以作者在文章的最后这样写。谁来读?

(一学生读)

师:"堪"是完全称得上,"堪称楷模"呢?

生:完全称得上是人们学习的榜样。

师:叶老先生堪称楷模的人品和作品,"让我15岁的那个夏天意义非凡"。为什么作者认为15岁的那个夏天意义非凡呢?看了肖复兴的介绍,你肯定会有答案的。

(课件出示肖复兴照片和简介)

生:我知道了,肖复兴写了这么多的书和文章,就是受到了叶老先生的影响。

生:15岁的那个夏天,叶老给了作者极大的鼓励和期待,让他爱上了写作,最终成了著名的作家。

师:所以,作者才会在文章的结尾,特别提到"15岁时的那个夏天意义非凡",接着读。

生:(读)"在我的眼前,那片爬山虎总是那么绿着。"

师:现在知道为什么总是那么绿着?是仅仅在眼前绿着吗?那片爬山虎不仅绿在墙上,还绿在——

生:作者的心里。

师:从此,30年过去了,是啊,那片爬山虎总是在肖复兴的眼里和心里那么绿着。在肖复兴心里，忘不了的是什么？

（教师投影出示：

在我的眼前

那片爬山虎

总是那么绿着。

我忘不了_____，

我忘不了_____，

我忘不了_____！）

生：我忘不了叶老先生的认真，忘不了他的教导，忘不了对自己的爱！

生：我忘不了叶老先生亲切之中蕴含着的认真，忘不了他质朴之中包含的期待，忘不了他堪称楷模的人品与作品！

师：是啊！30年过去了，肖复兴仍然没有忘记叶圣陶先生对他的教诲，没有忘记叶老曾经写过的爬山虎。那片绿绿的爬山虎总是那么绿着，绿在他的生命中。那一份情浓缩成一声深情的感激，浓缩成一份永远抹不去的回忆，浓缩成一生深切的爱戴与怀念，读——

生：那片绿绿的爬山虎。

[教学意图]创境进行想象说话训练，既是对课文语言的借用，也是在说话中，进一步感受叶老堪称楷模的人品与作品，提升情感体验。

三、诗歌类文体的教学。

（一）文体类型略说。

在小学语文教材中，诗歌类课文主要有儿歌、儿童诗、古诗、词等，具有意象的丰富性、强烈的抒情性、丰富的想象力、高度的概括性、凝练的语言、和谐的韵律和节奏等特点。

典型的意象。诗歌由意象构成，所谓"意象"，通常是指意与象、主观与客观两方面。也就是说，是诗人的立意与所描写的物象的结合，即指诗歌中浸润了诗人情感的物象。比如月亮是诗歌中经常出现的典型意象，人们看到它，就自然联想到了家乡、故土、故园，于是，月亮就成了"思乡"的代名词。"月是故乡明，露从今夜白"、"春风又绿江南岸，明月几时照我还"等都借月亮这一意象，表达了诗人对家乡、对亲人的思念与牵挂。诗歌有了意象，就能把抽象的主观情思寄托于具体的客观物象，使之成为可感可触的艺术形象，使情思得到鲜明生动的表达，达到"言有尽而意无穷"的艺术效果。

奇特的想象。想象是诗歌的翅膀。诗给人以教益，不是依靠推理和说教，而是凭借诗歌的艺术形象。诗要用形象思维，形象的塑造离不开想象。雪莱说："诗可以解作想象的表现。"与其他文学作品相比，诗歌的想象更为奇特而丰富，别人想象不出来的东西他要想象得出来。于是，"我"坐上小小的月亮船，看蓝蓝的天，闪闪的星；李白可以"危楼高百尺，手可摘星辰"，庐山瀑布竟然是"飞流直下三千尺"，让人惊叹不已。

凝练的语言。所谓"凝练"，就是用精炼而优美的语言，表现尽可能丰富的思想感情。"红杏枝头春意闹"，一个"闹"字，就将杏花竞艳、群鸟争鸣的盎然春意描绘得栩栩如生；一个"闹"字，喧闹的"红杏枝头"就这样绘声绘色地展示在世人面前，让人感到生机勃勃的大好春光是多么美好！著名学者王国维在《人间词话》中，曾评说这句词"著一'闹'字而境界全出"，宋祁也因"红杏枝头春意闹"而名扬词坛，被誉为"红杏尚书"。"春风又绿江南岸"的"绿"极为传神，化不容易传达的听觉、感觉而为视觉，赋予江南岸以色彩感和动态感。既见出春风的到来，又表现出春风到后江南水乡的变化，一派生机，欣欣向荣，给人以强烈的美的感受，乃"文字频改，工夫自出"的典型例证，真可谓是"吟安一个字，拈断数茎须"。

跳跃的节奏。诗歌讲究押韵和节奏，音韵和谐，节奏鲜明，所以读起来琅琅上口，听起来声声悦耳，产生了音乐美。比如，郑板桥的《咏雪诗》："一片二片三四片，五六七八九十片。千片万片无数片，飞入梅花总不见。"这一片二片三四片，是再通俗不过的语言了，但是它照样可以成就一首让人喜闻乐见、流传久远的佳作。这是因为这首诗节奏鲜明、音调跌宕起伏，具有韵律美，并且以现在进行时的语态往前推进。同时，通过前三句的这些"片"，我们头脑已形成了一个纷纷扬扬的场景，最后一句"飞入梅花都不见"就像风婆婆的口袋忽然一收，一切风吹草动霍然而止，形成了一个鼓胀的张力场，让人回味无穷。

浓郁的情感。诗歌一般借助于具体的描写，来表现诗人的情感，传达诗人的思想。诗歌的情感表达方式主要有三种：一是直抒胸臆，即情感不经过任何修饰和媒介直接流露出来，能带给人们一种强烈的主观感受；二是借物起兴，即通过描写外界的自然物象来引发人的情思，使观赏者先睹其物，再索其情；三是类比，即以此情比彼物。作者将心中的情感比拟外界的事物，使不可名状的情思形象可感。李煜的"问君能有几多愁？恰似一江春水向东流"，作者将难以名状的哀愁用形象的"一江春水"来比拟，使人感觉到作者心中的"愁"如江水般源源不绝，极大增强了艺术感染力。

（二）教学策略建议。

在了解了诗歌的文体特征之后，我们会一下子发现，"读"是最切合诗歌特点的教学策略了。古人写诗叫"吟"诗，说明诗歌是"吟唱"出来的，别人也应该以"吟唱"的方式去领会诗中的韵味，诗歌本身内容和形式上也具有特定的旋律和节奏。因此，诗歌教学如果囿于分析讲解，不调动学生心眼口耳去吟诵朗读，就浪费了诗歌的价值。正因如此，2011年版语文课程标准就明确提出："诵读儿歌、童谣和浅近的古诗，展开想象，获得初步的情感体验，感受语言的优美"；"诵读优秀诗文，注意在诵读过程中体验情感"；"诵读优秀诗文，注意通过语调、韵律、节奏等体味作品的内容和情感"。可见，离开读，离开诵，诗歌教学就成了无水之源，无本之木。同时，我们还应认识到文学作品本身所具有的由表及里的三个基本层次：语言符号—文学形象—文学蕴含。作为文学的诗歌，其阅读教学过程中不可缺少的三个环节是：识别语言符号，学习语言，感受诗歌语言美；再现文学形象，培养想象，体悟诗歌形象美；挖掘文学蕴含，锻炼思维，理解诗歌意蕴美。"读"就应该贯穿在这样的学习全过程中。综上，我们提出如下一些可运用的教与学的方式。

1. 品读，赏语言。语言素养体现在对语言的理解、品味、积累、实践诸多方面。对诗的语言的理解是读诗的基础，许多教师都指点学生自己看注释、查资料、或联系上下文把字词的意思读懂。在此基础上，引导学生进行品词析句，咀嚼诗歌的语言美及其蕴含在语言之中的情感美，感受诗歌的语言表达特点。通过这样足够量的言语实践，更好地帮助学生品味并实践诗歌语言的情感美、韵律美与形式美，感受中国经典诗歌的无限魅力。

2. 美读，悟情感。必须把握好诗歌以诗传情这一特点。诗歌情感的感悟，必须立足于语言感悟的逐步深化。随着对语言的感悟，学生对诗词情感的共鸣也不断升华内化。语言的品味是"读"出来的，情感的感悟也是"读"出来的。为了让学生沉进诗歌的情境之中，和作品融为一体，读出诗的内在旋律和情感，要努力营造浓厚的朗读氛围。引导学生投入积极的思维和情感活动，设身处地站在诗人的立场上，通过口、眼、心、耳等各种感官全身心地进入文本。从而产生审美愉悦，激发审美创造，陶冶心志，做到以读带情，以读悟情，激昂处还他个激昂，委婉处还他个委婉，在深化语言理解和感悟的同时，又受到思想启迪和情感熏陶。

3. 想象读，入意境。诗歌语言的精炼、意境的深远，留下非常广阔的想象空间。诗词教学没有想象，就没有情境，就没有品味，就没有创意。教学要从文本出发，拓展想象的空间。要充分运用各种方法与手段，如利用音乐或画面，渲染气氛，创设教学情境等，有效地激发儿童的情感，使儿童在情感的促动下牵引想象，进而在飞扬的想象中产生更加丰富的情感体验。这一再现并感悟诗歌形象的过程，往往充满激情，充满想象，充满灵感，于是，诗歌语言就在这样的过程中变成了一幅幅鲜活的画面，一幕幕立体的场景。学生沉醉在美妙的意境之中，不思归，从而培养了想象能力、形象思维能力和欣赏美、鉴赏美的能力。

（三）教学课例呈现。

课例一 《荷叶圆圆》教学实录

【教学目标】

1. 通过想象、体验、生活经验和有感情朗读,体会语言的意境美和情趣美,感受荷叶之美、荷塘之乐。

2. 凭借动词和"荷叶是我的_____"等语言材料,理解词句意思,进行句意把握、句式仿说等语言训练。

【教学内容】

人教版一年级下册第四单元第 14 课。

【教学过程】

1. 看图朗读,感受用字的有趣。

师:(出示一池荷叶)孩子们,这是什么?

生:这是荷叶。

师:荷叶怎么样?

生:荷叶圆圆的。

生:荷叶绿绿的。

师:这是书上说的,能自己说吗?

生:荷叶大大的。

生:荷叶美美的。

师:说得真好。圆圆的,绿绿的,大大的,美美的,你们发现它们都是什么样的?

生:前面两个字是一样的,后面都有"的"。(众笑)

师:对呀,这样一说,就感觉荷叶很可爱、很有趣了。谁能把这样的感受读出来?

(教师出示"荷叶圆圆的,绿绿的",学生读得有滋有味)

[教学意图] 课文一开始就用"圆圆的"、"绿绿的"这样的叠词,生动

形象地表现荷叶之美。如何让一年级学生对此产生哪怕是朦胧的语言意识，最好的方法不是"告诉"而是朗读。朗读是眼、耳、口、目等多种感官以及大脑同时参与的一种较为复杂的认识活动，具有唤起形象、表达感情、训练思维等多种功能。学生在个性化的朗读中，就能隐约感受到这样用词的有趣和有味。

2. 示范导说，了解句子的意思。

师：孩子们，大家读读课文，说说荷叶有哪些好朋友呀？用笔把它的名字圈出来。（学生读书，圈画）

生：荷叶有四个好朋友，小水珠，小蜻蜓，小青蛙，小鱼儿。（教师板书）

师：能用一句话把这四个好朋友连起来说吗？

生：荷叶的好朋友是小水珠、小蜻蜓、小青蛙和小鱼儿。

生：小水珠、小蜻蜓、小青蛙和小鱼儿是荷叶的好朋友。

师：这四个好朋友是怎么做的？

生：小水珠躺在荷叶上，眨着亮晶晶的眼睛。（投影出示）

生：小蜻蜓立在荷叶上，展开透明的翅膀。（投影出示）

生：小青蛙蹲在荷叶上，呱呱地放声歌唱。（投影出示）

生：小鱼儿在荷叶下笑嘻嘻地游来游去，捧起一朵朵很美很美的水花。（投影出示）

师：孩子们先读第一句话，说说小水珠在干什么？（学生读课文上的句子）

师：这是书上说的，能自己说吗？（学生说不清楚）

师：不怕，老师教你。看屏幕。（屏幕上的"小水珠躺在荷叶上"、"眨"和"眼睛"变红）谁愿意把变红的字连起来读？

生：小水珠躺在荷叶上眨眼睛。

师：你看，这样会吧。（学生点头）好，我们再说第二句，你也能学着这样说吗？

生：小蜻蜓立在荷叶上展开翅膀。

师：不错嘛。能不能再简单点？

生：（思考片刻）小蜻蜓立在荷叶上展翅膀。

师：表扬。（学生鼓掌）谁说第三句？

生：小青蛙蹲在荷叶上放声歌唱。

师：还可以简单些。

生：小青蛙蹲在荷叶上歌唱。

师：第四句呢？

生：小鱼儿在荷叶下笑嘻嘻地游来游去。

师：这么长的句子能说成这样已经很好了，还能说得更好吗？

生：小鱼儿在荷叶下游来游去。

师：给他掌声。（学生鼓掌）

师：一起读一读这四句话。（学生齐读）

[**教学意图**] 捕捉主要信息是国际阅读能力测试的基本项目。低年级学生虽然没有这方面的硬性要求，但是，了解每句话说的是什么意思是理解语言的基础和前提，必须从小开始训练。由于一年级正处于训练的起步阶段，教师的示范导说显得很有必要，这样，学生就能依葫芦画瓢，靠着教师提供的"拐杖"，逐步从不会说到会说，从会说到说得好。

3. 想象体验，品味动词的精妙。

师：这四个好朋友做的事情不一样，做事的动作也不一样，找出来，标上记号。（学生读，找）

师：你找到的小水珠的动作是——

生：躺，眨。

师：小水珠躺在荷叶上，一阵风吹来，荷叶就摇晃起来，小水珠觉得——

生：小水珠觉得好像在荡秋千一样。

生：小水珠在荷叶上滚来滚去，好舒服呀！

师：不仅舒服呢，它眨着亮晶晶的眼睛，好像看到了什么？

生：好像看到了从它头顶飞过的小鸟。

生：好像看到了在蓝天上飘着的朵朵白云。

师：小水珠多么会享受呀，它的心情一定是快乐的，读出小水珠的快乐来。

（指名有感情地读）

师：你找到的小蜻蜓的动作是什么？

生：立。

师：老师的这个动作就是"立"，蜻蜓立在荷叶上的样子是什么样的呢？快看！（屏幕出示图片）你觉得怎么样？

生：很漂亮。

生：样子很特别。

师：这好看的样子早就被人写进诗句中去了，（图片上出现："小荷才露尖尖角，早有蜻蜓立上头"）一起读读。（学生读）

师：小蜻蜓立在荷叶上，展开透明的翅膀，它要干什么呢？

生：它要展翅飞翔了。

生：它想飞上蓝天，展示自己的美丽。

师：真是只爱美的蜻蜓，读读这句话。（学生读）

师：小青蛙的动作呢？

生：蹲。

师：谁来做蹲的动作？（指名上台演示）

师：哪位同学知道，小青蛙为什么是"蹲"而不是"立"？

生：小青蛙的腿很短，不能立。

生：小青蛙都是跳着走的，只能蹲。

师：小青蛙虽然没有像蜻蜓一样有一双长腿，但是它也有自己的本领呢，是什么？

生：呱呱地放声歌唱。

师：对，你觉得它会唱什么歌？

生：它会唱《春天在哪里》。

师：唱两句。

生："春天在哪里啊，春天在哪里……"（众生笑）

师：青蛙呱呱地唱歌，预示着这又是一个丰收年呢。多么可爱、快乐的小青蛙呀，谁读这一句？（学生读）

师：小鱼儿的动作是——

生：游。

师：想象一下，小鱼儿游来游去在干什么？

生：应该是在玩捉迷藏的游戏。

生：我觉得它们是在比赛谁游得快。

师：是呀，这一游，尾巴摆来摆去（做手势），就好像是一双手——一起读。

生：捧起一朵朵很美很美的水花。

师：荷叶的这四个好朋友，可爱又快乐，我们每组读一句，看谁读得好，看谁读出它们的快乐、可爱来。（小组比赛读）

师：荷叶的好朋友不止这四个，另一个好朋友小蝴蝶也来了。

（出示：小蝴蝶_____在荷叶上）

生：小蝴蝶趴在荷叶上。

师：在干什么？继续说。

生：小蝴蝶趴在荷叶上，睡着了。（众笑）

师：真好。还有不同的说法吗？

生：小蝴蝶站在荷叶上，警惕地看着周围。

师："警惕"这个词用得好，这时的小蝴蝶就是一名哨兵了。小雨点也来了。

（出示：小雨点_____在荷叶上，_____。）

生：小雨点打在荷叶上，啪啪啪直响。

生：小雨点落在荷叶上，像个活泼的小孩子。

生：小雨点落在荷叶上，跳着欢乐的舞蹈。

师：小鸭子也来了。（出示：小鸭子____在荷叶下，_____。）

生：小鸭子游在荷叶下，好像在捉迷藏。

生：小鸭子躲在荷叶下乘凉。

生：小鸭子藏在荷叶下，不让别人发现它。

[**教学意图**] 四个动词的使用是这篇儿童诗在语言表达上的一个显著特点。教学时，尽管每个字所采用的教学策略各有不同，但基本上都是循着"发现动词—想象体验—感情朗读"的程序进行。尤其重视发挥了体验在语言学习中的独特价值，使学生在身体、心理、情感的多方位体验中，感受语言情趣，获得言语经验。

4．句式仿练，尝试语言的运用。

师：孩子们，荷叶的四位好朋友不但会做事，还会说话呢，能找出来吗？

生：小水珠说："荷叶是我的摇篮。"

生：小蜻蜓说："荷叶是我的停机坪。"

生：小青蛙说："荷叶是我的歌台。"

生：小鱼儿说："荷叶是我的凉伞。"

（课件出示这四句话）

师：孩子们，自由读读，这四句话有什么一样的地方？

生：四句话都有荷叶是我的什么。

（出示：荷叶是我的_____）

师：很重要的发现。还有吗？

生：都有"说"。

生：说话的都有"小"。（众笑）

师：真好，别人没注意到的你发现了。是啊，"小"、"小"、"小"、"小"，显得多么可爱啊。小蝴蝶来了，它会说什么呢？

（出示：小蝴蝶说："荷叶是我的_____。"小蝴蝶落在荷叶上，跳起了优美的舞蹈）

生：小蝴蝶说："荷叶是我的舞台。"小蝴蝶落在荷叶上，跳起了优美的舞蹈。

生：小蝴蝶说："荷叶是我的舞厅。"小蝴蝶落在荷叶上，跳起了优美的舞蹈。

师：还有吗？（学生摇头）老师给你补充一个。比舞台、舞厅小的跳舞的地方，叫"舞池"，（板书）能说吗？

生：小蝴蝶说："荷叶是我的舞池。"小蝴蝶落在荷叶上，跳起了优美的舞蹈。

师：小雨点也来了。（出示：小雨点说："荷叶是我的_____。"小雨点打在荷叶上，这里一下，那里一下，敲着欢快的鼓点）

生：小雨点说："荷叶是我的小鼓。"小雨点打在荷叶上，这里一下，那里一下，敲着欢快的鼓点。

生：小雨点说："荷叶是我的大鼓。"小雨点打在荷叶上，这里一下，那里一下，敲着欢快的鼓点。

师：这回小雨点不是打鼓了，而是比赛了。你看。（出示：小雨点说："荷叶是我的_____。"小雨点打在荷叶上，你快我更快，好像在比赛）

生：小雨点说："荷叶是我的跑道。"小雨点打在荷叶上，你快我更快，好像在比赛。

生：小雨点说："荷叶是我的运动场。"小雨点打在荷叶上，你快我更快，好像在比赛。

生：小雨点说："荷叶是我的操场。"小雨点打在荷叶上，你快我更快，好像在比赛。

生：小雨点说："荷叶是我的赛道。"小雨点打在荷叶上，你快我更快，好像在比赛。

生：小雨点说："荷叶是我的体育场。"小雨点打在荷叶上，你快我更快，好像在比赛。

师：多好啊，小朋友们个个都成了小诗人了。回家以后，把自己刚才说的说给爸爸妈妈听，也可以把自己说的写在课文的后面，愿意吗？

生：愿意！

师：这篇文章写得这么美，我们一起把它背下来好不好？

生：好。

师：老师和大家一起背。开始，荷叶——

生：圆圆的，绿绿的。

师：小水珠说——

生："荷叶是我的跑道。"

师：小水珠——

生：立在荷叶上，眨着亮晶晶的眼睛。

……

师：现在不用老师帮忙，自己能背吗？

生：能！

（学生齐背）

[**教学意图**]"荷叶是我的_____"是本首诗最大的教学价值点，其学习难度并不在于能否发现其句式特点，而在于这样的句子并不是孤立的，是与接下来的一句话紧密相连的。而这，常常为许多教师所忽视。考虑到这样的语文知识是不宜告诉给一年级学生的，所以，只能采取渗透的方法。教学时分两步走：先是既出示"荷叶是我的_____"的句式，还把后一句话也一并呈现，为学生提供了完整而具体的说话语境；再在模仿"小雨点"说话时，特意把后一句话做了变化，从"小雨点打在荷叶上，这里一下，那里一下，敲着欢快的鼓点"变成"小雨点打在荷叶上，你快我更快，好像在比赛"，以此帮助学生意会语言表达的内在关联，感受语言的情境感和完整性，从而形成良好的语感。

课例二 《忆江南》课堂实录

【教学目标】

1. 初步认识词这种文学样式。

2. 感知诗词大意，用自己的话说说诗句的意思。

3. 有感情朗读，熟读成诵并背诵。

4. 根据词所描绘的景物，边读边想象画面，感悟这首词的魅力，提高鉴赏能力。

【教学重点】

1. 根据词所描绘的景物，想象画面。

2. 有感情朗读，读中悟情，读中生情，读中赏文。

【教学过程】

1. 引——盘活经验，丰富表象。

师：一说到春天，你的脑海中会浮现出怎样的画面？请你用一两个词语或一首诗词或一两首歌来描绘。

生：春回大地、春光明媚。

生：春花烂漫、百花盛开、百花齐放。

生：百鸟争鸣、春意盎然、鸟语花香。

生：《咏柳》、《春夜喜雨》、《春晓》、《江南春》。

师：春天是美好的，古往今来，有多少诗人用优美的语言来赞美她。唐代诗人白居易就写了一首《忆江南》。（板书课题）一起读。

（学生齐读题）

师：同学们，关于江南，不同的历史时代有不同的说法。（圈出"江南"两字）一般人所说的"江南"是指长江中下游，长江的南岸；白居易笔下的江南，指的是苏州与杭州一带。江南，以她的美丽和富饶，吸引着一批又一批的文人墨客。他们游历江南，写下了大量歌咏江南的诗词。但是，流传最广，影响最大的，还数白居易的这首只有 27 个字的《忆江南》。那么，这首《忆江南》究竟有着什么样的独特魅力呢？这节课，就让我们一起走进白居易眼中的江南。（指题目）一起读。

[教学意图]启发学生展开想象，进入作者描述的意境之中，让学生回忆对春天的感受，并用词语、语句来描述。既拓宽了学生的视野，丰富了学生关于春天的表象感知，同时也为学生的学习创设情境，激发了他们对春天的兴趣，调动了他们感受春天的欲望，学生的求知欲也就自然而然地调起来了。

2. 读——疏通词句，整体把握。

师：同学们，学古诗词，首先得把古诗词读通顺，还要读出节奏来。自己读两三遍，一会儿我们来试一试，好吗？

（学生自由读后，指名读）

师：读得非常好，请坐。同学们，古诗词光读通顺还不够，它是有节奏的，句子和句子之间也有停顿。同学们看，（大屏幕呈现整首词）你能够把这首词句子和句子之间的停顿读出来吗？哪位同学试一试？

（请几位学生读整首词，之后全班读）

师：同学们，大家能不能再仔细读一读，看一看这首词里边藏着一个"对对子"，你发现了吗？

生："日出江花红胜火"和"春来江水绿如蓝"是一个对子。

师：好，我们来看：（大屏幕出示）

日出江花红胜火，

春来江水绿如蓝。

师：这个对对子很有意思。下面老师读上边句子的一个词语或短句，你们读跟它相对应的词语。

师：日出——

生：春来。

师：江花——

生：江水。

师：（越来越快）红胜火——

生：（学生跟着越快）绿如蓝。

师：江花红胜火——

生：江水绿如蓝。

师：日出江花——

生：春来江水。

师：（语速更快）日出江花红胜火——

生：（更快）春来江水绿如蓝。

师：你看，这个对对子真有意思，读起来琅琅上口，非常有节奏。像这样的对对子，一般叫它对偶句。在古诗词中的对偶句，叫对仗。来，再读"日出江花红胜火"——

生：（齐）"日出江花红胜火，春来江水绿如蓝。"

师：同学们，学古诗词，读通了，读出节奏感了，那是远远不够的，咱们还得读懂它的意思。老师想请教大家对"忆江南"三个字的理解。

生："忆"，是回忆，怀念。诗人怀念江南的往事。

生：是诗人想念江南作的诗。

生："忆江南"是词牌名，不是诗的题目。

师：你对词有多少了解呢？

生：我知道词在宋朝很有名。

师：向来以唐诗、宋词并举。

生：词是古代诗歌的一种，词的句式有长有短，因此又叫长短句。

生：词牌是曲调的名字。

师：对，可以这样说。词，原是配合隋唐以来燕乐而创作的歌辞。后来逐渐脱离音乐关系，成为一种长短句的诗体。

生：词有各种词牌。每一种词牌的句式是固定的，不同的词牌有不同的句式。

师：你还知道其他的词牌名吗？

生：我知道西江月。

生：渔歌子。

生：水调歌头、长相思。

师：你们怎么知道这么多？

生：通过查阅资料。

师：同学们很会学习，借助工具书，查阅资料这一点对学习古诗词很重要。下面就请同学们用这些好的方法先来自学这首词，在学习和诵读中去领略词中的景，感悟词中的情。

（学生自学、自读）

[教学意图] 古代教育家朱熹说："大凡读书，须是熟读，熟读了则自然精读，精读后，理自见得。"留给学生充足的读书时间，就是为了扫除阅读障碍，总体把握诗文，为进一步的学习和理解奠定基础。

3. 议——研讨探究，解决疑难。

师：在刚才的学习中你领略到了什么样的意境，能描述一下吗？

生：这首词写的是江南清晨日出时的美景。初升的太阳很红，把江南的花映衬得更红艳，红得胜过了火，而江水绿得如蓝草染过一般，我怎能不怀念江南呢？

师：诗人白居易一开口就用这个通俗的"好"字来赞颂江南，这个"好"让你体会到了什么，能说说你的看法吗？

生：这个"好"是赞美江南的美景。

师：那就换个字，江南"美"，不更好吗？

生：我觉一个"好"字说明江南不只是景美，还有很多的好。

生：一个"好"说明江南各方面都很"棒"，诗人非常喜欢江南。

生：一个"好"说明诗人很喜欢、怀念江南。

师：请你读一读。

生：江南好！（大声赞）

师：我听出诗人的赞扬之意。还可以怎么读？

生：江南好！（小声叹）

师：我听出诗人的向往之情。就这样可以大声赞，可以小声叹，把诗人的赞扬之意和向往之情尽寓其中！

（学生齐读）

师：那么，江南"好"在哪里？

生：江南"好"在"江花"。（读"日出江花红胜火"）你看，太阳升起来了，天边是通红通红的朝霞，江畔是大片大片鲜艳的江花，江花被朝霞映得火红火红的，胜过了燃烧的火焰。（多媒体展示这一画面，让学生尽情欣赏，诵读诗句）

生：江南"好"在"江水"。春天的江水碧绿，而红艳艳的阳光洒满了江岸，更显得绿波粼粼。这红与绿相互映衬，于是红的更红，"红胜火"；绿的更绿，"绿如蓝"。

师：好一个红的更红，绿的更绿啊！请你读出花红胜火，水绿如蓝的美！

（学生读）

生：江南"好"在"红日"。红花、绿水固然是美的，但如果缺少了太阳的光辉，这景色就逊色了一半。太阳，使江花更艳，也为江面铺上了一条红绸缎，多美啊。没有了阳光，江花也不会那么红艳了，江面上也失去了五彩斑斓。正应了那句老话：红花还需绿叶衬。

生：正由于江南"好"，所以作者才发出"能不忆江南"的感叹。这是因为作者曾经生活在江南，亲身体验过江南之美，对故土风光的迷恋，使他久久不忘江南。"能不忆江南"一句从侧面烘托出了"江南好"。

生："谙"是熟悉的意思，"旧曾谙"的意思是过去很熟悉。一个"旧曾谙"说明江南之"好"不是听别人说的，而是当年自己亲身感受到的，体验过的，所以觉得格外好。

师：你很会理解，"旧曾谙"既落实了"好"字，又点明了"忆"字。

古典诗词语言精妙，我们学习古诗词不仅仅要知道它的意思，还要懂得通过语言来品味、欣赏。那么，江南好仅仅只是体现在这些方面吗？当然远远不止。

（出示：江南好，风景旧曾谙。日出江花红胜火，春来江水绿如蓝。_____ _____，_____，_____，_____。能不忆江南？请把学过的描写江南美景的诗句填在横线上）

生：接天莲叶无穷碧，映日荷花别样红。

生：竹外桃花三两枝，春江水暖鸭先知。

生：千里莺啼绿映红，水村山郭酒旗风。

生：烟波不动影沉沉，碧色全无翠色深。

……

师：同学们，江南美景道得完吗？

生：（齐说）道不完。

师：歌咏江南的诗句咱们吟得完吗？

生：吟不完。

师：道不完的江南美景，诵不完的江南诗词，但是白居易却只用了三个字道尽了江南好，读——

（学生齐读一、二句）

师：谁再来读读这两句？此时此刻，你再来读，一定会有别样的感觉！

生：（温柔地）江南好，风景旧曾谙。

师：你的声音流淌着江南的柔美。

（学生稍微平淡地读）

师：这平静的声音中，藏着对江南的深情。

（学生响亮地读。）

师：好一个豪迈洒脱的赞叹！

（学生舒缓而低沉地读）

师：轻声细语当中，也藏着白居易对江南深深的情啊！"江南好"，读——

（师生合作读）

师：现在请同学们闭上眼睛，跟老师到这开满鲜花的江边走走。（播放音乐）

（学生闭目静听）

师：你看到了什么？

生：我看到了江南一簇簇的红花鲜艳如火。

生：我看到了江边盛开着大片大片的红花，太阳出来了，朝霞满天，映照得花儿更加红艳。那红艳光彩夺目，胜过燃烧的火，再看那一江的春水，碧绿如蓝草，就像晶莹剔透的翡翠。

生：我仿佛看见轻波荡漾的江面上，泛着道道涟漪，水面开着火红的江花。一轮朝阳渐渐地从地平线上升起，映红了江面。微风拂过的江水，仿佛被岸边的蓝草染绿了一般，绿得让人沉醉。

生：太阳出来了，江边的红花是那样的红，红得好像一团燃烧的火焰，燃烧了整个江南。春天到了，那不知疲倦流淌的江水绿得像被蓝草染过似的。那是多么醉人的绿啊……

师：多美啊！你就是站在这江边的诗人，请你读——

生："日出江花红胜火，春来江水绿如蓝。"（声情并茂地诵读）

师：你怎么读得这么好啊？

生：因为我在读的时候眼前出现了我想象中的画面。

师：很好，想象画面朗读，声情并茂，让听众也和你产生了共鸣。这就读出了情，读出了味。

师：日出花开胜火，男孩子读——

生：日出江花红胜火。（男生读）

师：春来碧水悠悠，女孩子读——

生：春来江水绿如蓝。（女生读）

师：江南如此之好——（指大屏幕）

生：（读）能不忆江南？

师：这是个什么句式？

生：反问句。

师：用你的朗读来告诉大家。

生：（读）能不忆江南？

师：从这句中你还体会到了什么？

生：我体会到了诗人不能不忆。

师：请你读出不能不忆！

生：（读）能不忆江南？

[教学意图] 阅读是个性化的行为，引导学生对江南的好风光究竟"好"在哪里的探究，既为学生的个性解读提供了机会，也使学生对江南美景的认识和感知更加丰富。特别是填充练习的设计，放飞学生的想象，激活已有知识，通过自己的重新组合填补了"好"字留给读者的空白，使江南春色美景得到个性化、形象化、多样化的展现。同时，也提取和巩固了学生以前学过的知识，促进知识的融会贯通，增加了学生的语言积累。

4. 品——体味语言，感悟诗情。

师：同学们，词读到这儿，老师的脑子里产生了这样一个问题：其实，在我们看来，这江花，这江水，是很平常的江南景物啊，为什么白居易却觉得如此的美丽？如果大家走进白居易，了解了白居易在江南的经历之后，你会对这一点有更深的理解。让我们一起走进白居易。

（屏幕出现：

白居易任刺史满三年，就要离开杭州了。三年来，他带领百姓筑起了一道美丽的湖堤，疏通了六井清澈的泉水；留下了200首杰出的诗篇，结交了许许多多的好友。离别的那一天，杭州人扶老携幼，提着酒壶，洒泪而别，白居易落泪了……

离开杭州之后，白居易又在苏州做过几年官，晚年居于洛阳。公元838年，离开杭州整整13年的大诗人，已经67岁了，他在洛阳香山脚下，深情地遥望江南。他多想重回杭州啊！但因路途遥远，交通不便，终未成行。他只能将一腔思念，托付于《忆江南》。直到去世，他魂牵梦绕的杭州，他亲自命名的西湖，再也没有能够旧地重游。

——节选自王旭烽《走读西湖》）

师：这平常的江花和江水，为什么在白居易看来是如此的美丽？

生：因为他所在地的洛阳是多么缺水，而杭州和江南是水乡，水很多的地方。所以白居易回忆江南，把普普通通的江水、江花写进了《忆江南》的词中去。

师：是的，身处洛阳的白居易，他回想起江南风景，风景旧曾谙，所以他一遍又一遍地吟道——

（学生读全词）

师：白居易还因为什么，觉得这平常的江水江花是如此美丽呢？

生：还因为在江南时，白居易结交了很多好友。他想念这些好友们。

师：是啊，那一帮百姓，那一帮朋友，就是他眼中的风景啊！所以他痴痴地想念着江南——

（学生读全词）

师：白居易还因为什么，而觉得江水江花是如此美丽？

生：因为他在那里带领着百姓建筑了一道美丽的湖堤，疏通了六井清澈的泉水。

师：是啊，在白居易眼中，那一道湖堤，那六井清泉，就是一道风景。所以他无限向往地沉吟道——

（学生读全词）

师：同学们，让我们一起再来吟这首词吧！（大屏幕出示全词，配乐）

师：（响而快）江南好——

生：（响而快）风景旧曾谙。

师：（慢而轻）江——南——好——

生：（慢而轻）风景——旧——曾——谙。

师：（轻而慢）日出——

生：（轻而慢）江花红胜火——

师：（渐快，渐响）日出江花——

生：（渐响）红胜火。

师：（更快，更响）日出江花红胜——

生：（响亮）火。

师：你看到了这团火了吗？

生：（齐说）看到了。

师：那是怎样的火啊？

生：熊熊燃烧的火。

师：那是一团跳动的火，那火焰当中跳动着的是什么？

生：白居易对江南的思念。

师：对啊，跳动着作者对江南热烈的想念啊！

师：（继续合作往下读）日出江花红胜火，春来——

生：（响而快）江水绿如蓝。

师：（渐轻渐慢）春来——江水——

生：（渐轻渐慢）绿——如——蓝。

师：（很轻很慢）春——来——江水——绿——如——

生：（很轻很慢）蓝——

师：看到那绿绿的江水了吗？同学们，这江水当中，流淌着的还有什么呢？

生：白居易对江南的思念之情。

师：是啊，流淌着白居易对江南深沉的思念！所以，同学们，这江花中，这江水中，分明藏着白居易对江南深深的情啊！情深所以景美，景美更显情深啊！这真是"寄情于水，情深似水"啊！因此，这首词，才会深深地打动着今天的我们。

师：一起再来读这首词，"江南好"起——

（学生在音乐声中齐读全词）

师：哪位同学能背下来？

（学生纷纷举手背）

师：所有会背的同学站起来背给大家听。

（学生全体起立，齐背）

师：同学们，古诗词是我国文学艺术中的瑰宝，是文学史上的一朵奇葩。"腹有诗书气自华"，愿同学们在诵读经典诗文的熏陶中，个个气质如兰。

[教学意图]培养学生的文化底蕴是语文教学的核心所在，因此，品味语言、欣赏语言，在此过程中享受经典语言的内涵和魅力，促进语言积累，得到美的熏陶，乃是语文教学的应有之义。

四、童话类文体的教学。

（一）文体类型略说。

童话是儿童文学独有的一种文学样式，是儿童文学文种中最契合、吻合儿童心理与思维方式的一类文种。童话一直以其生动有趣且富有幻想的故事内容，拟人化夸张化的人物形象，浅显易懂、积极向上的故事意义吸引着广大儿童读者。

童话的人物形象有常人体、拟人体、超人体三种。小学语文课本中大量出现的动物童话《丑小鸭》、《小马过河》、《小猫钓鱼》等，赋予动物以情感、思维方式、行为语言等，是一种拟人体童话。《卖火柴的小女孩》、《巨人的花园》出现的人物似乎与我们常人无异，为常人体童话。而《七色花》、《渔夫和金鱼的故事》，则是超人体童话。不论是哪一类童话，真正吸引读者的是其特有的"新异性"、"神秘性"、"超越性"、"假定性"、"幻想精神"、"人性光辉"以及"游戏精神"，以及神奇曲折的故事、生动浅显的语言和浓郁的儿童情趣。

从传统童话的文学特征来看，童话具有固定的叙事模式，民间童话固定的叙事模式首先表现在开头和结尾上。"从前……"这样的开头虽然千篇一律，却能够让读者在遥远的、充满距离感的叙述基调中找到一种神秘的认同感。《巨人的花园》开头就是"从前，一个村子里有座漂亮的花园"。前面两个字实际上创造了童话与现实的距离，向小读者发出了另一个世界的邀请，告诉孩子这是一个过去了的世界，因而也是距离现实很远的世界。这种时间上的疏离所造设的陌生感能够制造惊异的阅读效果。同样，在传统童话中与固定的开头对应的还有童话主人公的大圆满结局——"从此他们过上了幸福的生活"，又将儿童从非现实带回到现实中。《巨人的花园》就是这样："从那以后，巨人的花园成了孩子们的乐园。"孩子在读了前几次巨人花园的变化之后，这样的结局不正是所期待的吗？故事外的孩子如同故事里的主人公一样，在内心经历同样的波折，最终获得心理上的满足。丑小鸭经历种种磨难最终成为美丽的天鹅，让一直为丑小鸭命运担忧的孩子，放下了一颗悬着的心，为丑小鸭的苦尽甘来而喜悦、而开怀。

传统童话固定的叙事模式还表现在重复性叙事模式上。在故事情节的交代过程中，传统童话常常用重复来推动故事情节的发展，由此形成了重复性的叙事模式。《幸福是什么》中，三个孩子十年后又来到井边，他们讲述了自己十年中的经历，都是通过自己的劳动获得了自己的幸福，但是他们的劳动又是各不相同。《去年的树》中，小鸟去找去年的树要唱歌给他听，小鸟飞了很多地方，这些地方都不相同，但是他们给小鸟的答案都是相同的，就是没有去年的树，让她去别的地方找。《卖火柴的小姑娘》中，小姑娘四次擦燃火柴的过程几近相同，这样的特征，能够使读者获得一种经验上似曾相识的感觉，与他们的期待心理相响应，而情节在重复的系列变化中又能使读者获得全新的阅读体验。这种变化中的重复，恰如其分地迎合了孩子的心理需求。在儿童的经验里，这样的叙事模式比其他的文学创作更加富有魅力。

另外，传统的童话还通过具体的事件和事物表达主人公的需要、关系和感觉，并在二元对立的模式中建立一切都和谐、协调的理想情境，其主题是直接鲜明的。《巨人的花园》中，一开始自私孤独的巨人和善良活泼的孩子形成鲜明的对比，但是巨人最终醒悟过来，故事以幸福告终，最终传达了抑恶扬善的鲜明主题。年幼的儿童缺乏对矛盾和模棱两可的事物的理解能力，而传统童话善最终战胜恶的结局，迅速敏锐地揭示出现实存在的美和丑、善与恶，能够让儿童摆脱对问题迷惑不解的烦恼。

从现代的童话特征来看，童话还具有日常生活进入幻想世界、性格化多样化的趣味和风格、儿童与成人共享梦想的特征。在《幸福是什么》一文中，三个孩子在十年中通过自己的劳动与真诚体验到了什么是幸福，而不是通过毫不费力的魔法得知什么是幸福，更是告诉孩子们，亲身实践才是解开疑惑、探索新知的真正路径。这样的童话在教学过程中，适合让学生说说如果你是童话中的主人公，你会怎么想，怎么做。通过这样的活动，不仅让学生充分体会到童话的情节美、表达美，也有助于儿童丰富词汇，锻炼表达能力，发展想象，培养创新思维，形成正确的价值观和人生观。

（二）教学策略建议。

在童话体文章的教学中，不能以简单的课文分析、乏味单调的认知活动作为课堂的主要形式。因为这样就忽视了学习主体内在的对文学形象的感知、体悟与理解的心理过程，不仅直接影响学生对文章本身的理解，而且使其不能获得真正的文学美的熏陶。在教学实践中，根据具体情况，可有选择地考虑以下几种教学策略。

1. 讲。为了让学生在重复而又变化的情节中理清故事发展的脉络，掌握故事的主要内容，可采取复述故事或者用自己的话讲述故事的教学策略，把童话语言内化成自己的语言。还可以先从复述入手，指导儿童先学会合理地展开故事情节，进而融入情感，加入表情色彩，说出狐狸的狡猾、大灰狼的凶狠、小白兔的活泼、老牛的善良等。在此基础上，启发并引导学生根据已有的情节去续讲童话，或设置情境，引导学生发挥想象续讲童话。通过这样的活动，不仅可以使学生充分体会到童话的情节美、表达美，也有助于儿童丰富词汇，锻炼表达能力，发展想象，培养创新思维。

2. 演。带有幻想性的童话对学生有天然的吸引力，各个年级的学生都会对根据课本内容开展戏剧表演有强烈的兴趣。在复述甚至自编台词的过程中，儿童更主动地理解文章，把握形象，充分感受童话的形象美，同时又在特定的情境中进行生动的语言训练，进而深入理解童话作品的内容与表现艺术。学生为了完成对童话角色的分析和体验，必须揣测表演技巧以及理解角色心理。这样的过程不仅能促进学生的心理素质、社交能力和创造力的发展，还能使儿童产生丰富的美感体验，并学会欣赏自己，感受成功。

3. 想。即展开想象。作品的幻想性需要我们在兼顾语文基本的字、词、句、篇的同时，着重于童话幻想性在人物、情节、环境等叙事文学要素上的反映和体现，关注童话如何通过幻想手段实现对现实生活的表现、审视和评价。

4. 比。原作在成为教材文本的修改过程中可能会丢失一些具有幻想艺术特殊趣味的细节，并在一定程度上影响童话作品的文学性和艺术价值。在教学准备环节或教学结束后安排课文与原作的比较阅读，对学生理解作品有非常明显的作用。

5. 写。童话的幻想趣味及情节的离奇曲折性会吸引学生积极参与故事情节的设计，通过激发学生的想象力和创作冲动，寻找特别的写作角度，变换写作的形式，让学生多角度改写或续写，激活学生的写作兴趣，开展读写结合的练习。

6. 联。就是联系已有的阅读经验。童话特别是民间童话和古典童话经常会呈现类型化的特征，在童话教学中应注意引导学生整合过往童话阅读的经验，进行故事类型的比较和归纳，培养提升学生对童话艺术的审美鉴赏能力。

（三）教学课例呈现。

《巨人的花园》教学实录

[教学意图]

1. 认识8个生字，会写12个生字。正确读写"鲜花盛开、绿树成阴、鲜果飘香、洋溢"等词语。

2. 紧扣"花园的变化"和巨人说的话，抓住词语的理解、积累与运用，通过比较、想象、朗读等感悟童话表达上的特点，感受童话的美丽，创编童话。

3. 想象画面，体会巨人在行动上和心理上的变化，明白快乐应该和大家分享的道理，并愿意和大家一起交流阅读后的感受。

【教学重点】

体会这篇童话在表达上的突出特点；体会巨人在行动上和心理上的变化，明白快乐应当和大家分享的道理，愿意和同学交流阅读感受。

第一课时
聊一聊，初识故事的奇妙

师：今天，让我们一起走进英国著名作家王尔德的《巨人的花园》。（板书课题，学生齐读）

师：这个课题有点意思，你觉得有意思在哪儿？

生：我觉得花园在我们生活中经常看见，巨人生活中就根本没有，怎么就连在一起了。

生：我觉得这应该是一篇童话故事。

师：从哪里知道的呢？

生：生活中不可能有巨人，只有童话里才有。

师：比如说——

生：《丑小鸭》里丑小鸭能变成美丽的天鹅。

师：那你们认为，什么样的人才能称得上是巨人呢？

生：应该非常高大，要比我们一般的人要高得多了。

生：我想，如果真有巨人站在我们的面前，我们抬起头可能只看见他的下巴。

师：（出示课文插图）看，这就是巨人，他身边的孩子跟他比一比怎么样？

生：孩子实在太小了，巨人显得特别大。

师：是啊，童话中的人物呀，事物呀，个个都是那样的奇妙。读读课文，看看这篇童话哪些地方让你感到奇妙？注意读准字音，读通句子。

（学生自由读书）

生：我发现巨人的花园一年四季都是美丽的。可巨人回来，赶走了孩子们，砌起了围墙，竖起了告示牌，虽然春天来了，花园里依然是冬天。这真是很奇妙。

师：巨人的花园是怎么美丽的？读读句子。

生：（读）"那里，春天鲜花盛开，夏天绿树成阴，秋天鲜果飘香，冬天白雪一片。"

生：（读）"花园里常年洋溢着孩子们欢快的笑声。"

（教师出示"溢"，指导学生读准字音）

师："洋溢"是什么意思呢？先看看这个字（投影出示），最早啊，古人就用这种图形来表示它的意思，从这我们知道"溢"就是指——

生：流出来的意思。

师：所以"溢"字和水有关。"洋"跟"溢"一样也是多、满的意思，那"洋溢"连在一起就是——

生：是充满了的意思。

师："洋溢"在课文中又是什么意思呢？

生：是说孩子们非常快乐，笑声充满了整个花园。

师：是呀，联系到"那里，春天鲜花盛开，夏天绿树成荫，秋天鲜果飘香，冬天白雪一片"这句话，我们就知道，孩子们欢乐的笑声洋溢在鲜花盛开的春天，也洋溢在——你说。

生：绿树成阴的夏天。

师：洋溢在——

生：鲜果飘香的秋天。

师：还洋溢在——一起说。

生：（齐）白雪一片的冬天。

师：所以，课文这样说——

生：（齐）"花园里常年洋溢着孩子们欢乐的笑声。"

师：孩子们被赶走了以后，花园怎么样了？

生：（读）"但不知为什么，巨人的花园仍然是冬天，天天狂风大作，雪花飞舞。"

师：确实非常奇妙。还有哪些地方也奇妙？

生：后来孩子们来了，巨人的花园又变得很美了。（读）"他抬头望去，一缕阳光从窗外射进来。好几个月没见过明媚的阳光了。巨人激动地跑到花园里，他看到花园里草翠花开，有许多孩子在欢快地游戏，他们大概是从围墙的破损处钻进来的。孩子们的欢笑使花园增添了春意。"

师：（出示"添"，学生读后，指导书写）

生：接下来的事也奇妙。孩子们又一次被赶走后，刚刚还春意盎然的花园又变冷了。（读）"与此同时，鲜花凋谢，树叶飘落，花园又被冰雪覆盖了。"

师：知道"凋谢"的意思吗？

生："凋谢"就是说花都枯萎，落下了。

师：好。这句话中有个"覆"字，看老师怎么写。（教师指导后，学生练写一遍）

生：这句话写得也很奇妙。课文是这样写的："这个小男孩在树下一伸手，桃树马上绽出绿芽，开出许多美丽的花朵。"

生：还有。"小男孩在巨人的脸颊上亲了一下。巨人第一次感到温暖和愉快。"亲一下巨人就有了这样的感受，太有意思了。

（指导"颊"的读音，了解"脸颊"的部位）

师：同学们，刚才大家说的是巨人花园的奇妙变化。其实，巨人的表现也很奇妙呢。谁发现了？

生：我知道。赶走了孩子们，春天来了，巨人裹着毯子，还瑟瑟发抖。孩子们钻进了花园，他激动地跑到花园里。第二次赶走孩子，花园里马上鲜花凋谢，树叶飘落。最后，孩子们回来了，巨人感到无比的幸福。

师：看来，这篇课文处处都透着在现实生活中不可能发生的奇妙，这就是童话不同于其他文章的地方。谁能用几句话把课文的奇妙完整地说一说？先准备准备。

（学生自由练说）

生：开始，花园一年四季非常美丽，可巨人赶走了孩子们，砌上围墙后，花园再也不美了。最后，围墙拆除了，孩子们又回来了，巨人的花园才又重新热闹美丽了。

师：课文的主要意思都说出来了。谁还想再说？

生：巨人有座花园一年四季都很美丽，由于巨人赶走了孩子们，花园失去了春天般的美丽。当巨人知道自己的错误，把花园还给孩子们后，花园又恢复了往日的美丽。

师：你用上了"失去"和"恢复"，说出了巨人花园的变化，很好。

生：一开始巨人把孩子们赶走，后来他明白了有孩子们的地方才有热闹美丽的花园，最后他和孩子们一起在花园里玩。

生：巨人赶走孩子们，不让他们在自己的花园里玩耍，于是，他感到了孤独而寒冷。巨人拆除了围墙，把花园还给孩子，他才过得无比的幸福和快乐。

师：这是从巨人的角度来说童话内容的。也不错。你们看，这样一说，我们就明白了这篇课文讲了什么内容了。不知大家发现没有，花园或者巨人的变化都跟什么有关？

生：跟孩子们有关。

生：跟巨人对待孩子们的态度有关。

[教学意图] 阅读心理学告诉我们，一个人读一篇文章，就会产生初步的阅读感受，通称"阅读初感"。它是阅读者在没有受到外界任何影响的情况下产生的，虽不免肤浅杂乱，却是阅读者独特的体验。循阅读的这一规律，教学伊始，刘老师摒弃了传统的先疏通生字新词的做法，而是从童话奇妙想象的特点出发，引导学生谈自己的阅读感受，并适机渗透生字词教学和重点语句的初读检查。而将诸多的奇妙连起来说，就是将长长的一篇童话故事浓缩成一段短短的话，既把握课文大意，又初步认识了童话的基本特点，为后续学习打下了良好的情意和知识的基础。

品一品，何是语言的精妙

师：那么，巨人是怎么对待孩子们的呢？巨人是如何对待这些自由自在玩耍的孩子们的？请大家自由读3—8自然段，边读边画出相关句子。

（学生自由读、画）

师：好，咱们来做个交流。巨人是如何对待这些自由自在玩耍的孩子们的？

生：巨人看见了这些孩子非常生气，就把他们赶走了。

师：他是怎么赶的？你能读出有关句子吗？

生：（读）他见到孩子们在花园里玩耍，很生气："谁允许你们到这儿来玩的！都滚出去！"（投影出示这句话）

师：这句话中有个生字"允"，一起读读。（学生读）还找到了哪些句子？

生：（读）赶走巨人以后，巨人在花园周围砌起围墙，而且竖起一块"禁止入内"的告示牌。

（出示"墙"、"牌"生字卡片，指导书写）

师：还有吗？

生：（读）可是巨人又发脾气了："好容易才盼来春天，你们又来胡闹。滚出去！"（投影出示这句话）

生：还有一句。（读）"喂！你赶快滚出去！"巨人大声叱责。（投影出示这句话）

师：大家自由读读这三句话，你从中体会到什么？（学生自由读）

生：这三句话都是说巨人不愿意孩子们到花园里玩，让他们都滚出去。

生：我从三句话中明白了，巨人的心胸非常狭窄，他看见别人在这里玩，就感觉心里很不爽。

师：巨人的这些意思，你是从哪些地方读出来的呢？再读一读这三句话，看看你有什么发现？

生：这三句话都是巨人赶走孩子们的话。

师：我们刚才明白了这个意思。

生：三句话都有"滚出去"。

师：很重要的发现。还有吗？

生：每一次说话都用了感叹号，有的每句话都用了感叹号。

师：从"滚出去"和感叹号中，你体会到了什么？

生：这说明巨人对孩子们在花园里玩非常不满意。

生：不是不满意，而是很讨厌，很愤怒。

生：我体会到巨人很凶恶、很自私。

生："滚"字很难听，可见他很不懂得尊重别人。

师：这些都是相同的，有不一样的吗？

生：巨人一次比一次骂得凶，骂得厉害。

生：第一次用的是"玩"，第二次是"胡闹"，最后却用了个"喂"，他对孩子们的态度越来越差，可见他的心里一次比一次不耐烦。

生：我从提示语中也有发现，第一次是"生气"，第二次变成"发脾气"，第三次最可怕，用的是"叱责"，就是呵斥、责骂了。

师：说得真好。同学们，常言道：言为心声。要想真正弄懂巨人为什么会这样说话，作者连续用上了"滚出去"和感叹号，还得走入巨人的内心。想想看，巨人心里是怎么想的，才说了这样的话？先看第一句。

（投影出示：他见到孩子们在花园里玩耍，心想：_____，就很生气："谁允许你们到这儿来玩的！都滚出去！"）

生：巨人心想：这是我的花园，你们怎么随便闯进来？

生：巨人心想：我的花园这么漂亮，不是让你们玩的，想玩就回你们家玩去。他就很生气："谁允许你们到这儿来玩的！都滚出去！"

师：巨人心里这么想，在说这番话时，他会有怎样的表情，怎样的动作呢？

（指导学生加上动作、带上表情来读）

师：巨人一生气，在花园里玩耍的孩子们呢？

生：（齐读）"孩子们吓坏了，四处逃散。"

师：巨人说第二句时又会怎么想的？请联系上下文想想。

（投影出示：巨人看到许多孩子在欢快地游戏，他想：_____，于是又发脾气了："好容易才盼来春天，你们又来胡闹。滚出去！"）

生：巨人看到许多孩子在欢快地游戏，巨人想：我裹着毯子还那么冷，今天终于看到了太阳，可以享受花园里的美景了，你们又来胡闹，真是讨厌。赶快滚出去，让我一个人享受这难得的阳光吧。

生：巨人心想：我多长时间没有看到花园里草翠花开了，还有那么好的阳光了，今天我终于可以晒晒太阳，睡个好觉，你们却来捣乱，实在可恶！

师：听呀，他说出了文字背后的意思，真好。孩子们，这么好的阳光，这么美的花草，是巨人盼来的吗？说说你的根据。

生：（读）"一天早晨，巨人被喧闹声吵醒了。"你看，花园里来了孩子们，才有了阳光和花草。

生：赶走孩子们后，即使春天来了，巨人的花园仍然是冬天，巨人也冷得瑟瑟发抖。孩子们从围墙的破损处钻进了花园后，巨人才看到了一缕阳光，看到了花园里草翠花开。这些都是孩子们带来的，而不是巨人带来的。

师：可是，巨人却没想到这一点，他只想自己独享这一份阳光和草翠花开，于是他就发脾气了——

生："好容易才盼来春天，你们又来胡闹。滚出去！"

师：这样的话，用课文中的词就是可怕的——

生："训斥"。

师：所以，"训"是言字旁，右边是"川"字。再读读这个词。

生：训斥。

师：上一次，巨人的生气让孩子们四处逃散，这一回呢？

生：（读）"孩子们听到可怕的训斥，纷纷逃窜。"

师：孩子们的反应有什么不一样吗？

生："逃散"只是逃跑，"逃窜"还说明孩子们心情十分害怕。

师：是啊，巨人发了大脾气，孩子们就更害怕了。加上动作读巨人的话。

生："好容易才盼来春天，你们又来胡闹。滚出去！"（有的挥手，有的指着孩子们，一副恶狠狠的样子）

师：那第三次说话又是怎么想的呢？

（投影出示：巨人发现桃树底下站着个小男孩，心想：＿＿＿＿＿＿，便大声叱责："喂！你赶快滚出去！"）

生：巨人想，这个男孩胆子真大，其他孩子都逃走了，他竟然还赖在这里，我要给他颜色看看。

生：巨人心想：还没有人不听我的话，你敢不听，真是胆大包天，看我不收拾你！

师：如果你是那个巨人，那个男孩就在你的面前，你会怎么叱责？

生："喂！你赶快滚出去！"

师：注意"叱责"是大声责骂，你再试试。

生："喂！你赶快滚出去！"

师：哎哟，我看见他的眼睛都瞪圆了，好像自己就是那个巨人一样，真的很恼火。我们一块儿来读。

生：（齐）"喂！你赶快滚出去！"

师：孩子们，读到这，你的眼前出现了一个怎样的巨人？

生：我眼前出现了一个自私冷酷的巨人。

生：我眼前出现了一个冷酷的巨人。

生：我眼前出现了一个很冷酷，很自私，而且也很凶的巨人。

[教学意图] 潘新和教授说："语文教学是一种言语感觉和言语智慧的传递，是用教师的言语感悟和言语睿智，唤醒鸿蒙未启的学生的言语灵性和悟性。一个缺乏言语感悟力和感染力的教师，是无法敲开学生的言语心智法门的。"这个环节的教学，主要以巨人说的三句话为抓手，通过句式的比较发现、理解的语境联系、朗读的情境表演，感受语言的丰富内涵，以及如此表达对表现人物形象的重要作用，促进言意共融。

第二课时
悟一悟，感受想象的神奇

师：这高高的围墙，这无情的告示牌，这伤人的叱责，伤害了孩子们，也给巨人带来了什么？请大家自由读第6、7自然段。

（学生自由读）

生：巨人的花园里没有春天了。课文这样写："但不知为什么，巨人的花园里仍然是冬天，天天狂风大作，雪花飞舞。巨人裹着毯子，还瑟瑟发抖。他想：'今年的春天为什么这么冷，这么荒凉呀……'"

师：而此时此刻，围墙外是什么一副模样？

生：（读）"春天终于来了，村子里又开出美丽的鲜花，不时传来小鸟的欢叫。"

师：这两句话该怎么读才能读得有味道？

生：写村子春天的句子应该读得开心些，其他句子不那么开心。

生：前一句声音可以响亮些，后两句低沉些。

师：来，自个儿练练。

（学生自由练读后汇报，教师指导）

师：那么，发了第二次火后又有哪些神奇的变化？

生：刚刚还是草翠花开、阳光明媚的花园，马上鲜花凋谢，树叶飘落，又被冰雪覆盖了。

师：这变化有多快？哪个词语告诉我们？

生："与此同时。"

师：这里的"此"指什么？

生：指孩子们听了巨人的训斥后，纷纷逃窜。

师：多么神奇的一幕啊。在孩子们纷纷逃窜的同时，阳光不见，草翠花开消失，取而代之的是——

生：（读）"鲜花凋谢，树叶飘落，花园又被冰雪覆盖了。"

师：当"村子又开出美丽的鲜花，不时传来小鸟的欢叫"时，巨人的花园却——

生："巨人的花园里仍然是冬天，天天狂风大作，雪花飞舞。"

师：当围墙外草长莺飞，孩子们个个"忙趁东风放纸鸢"时，巨人却——

生："巨人裹着毯子，还瑟瑟发抖。他想：'今年的春天为什么这么冷，这么荒凉呀……'"

师：当围墙外花开花落，"儿童急走追黄蝶"时，巨人还是——

生："巨人裹着毯子，还瑟瑟发抖。他想：'今年的春天为什么这么冷，这么荒凉呀……'"

师：这省略号中的一个个小圆点，分明就是巨人在寒风中的声声叹息啊。让我们再一起读读巨人内心的痛苦。（学生读）

师：巨人永远生活在没有春天、没有欢笑、没有孩子的花园里吗？后

来他是怎么做的呢？请读第 8—12 自然段，找出相关的语句。（学生读、找、画）

生：后来，巨人的生活很幸福。（读）"从此以后，巨人的花园又成了孩子们的乐园。孩子们站在巨人的脚下，爬上巨人的肩膀，尽情地玩耍。巨人生活在漂亮的花园和孩子们中间，感到无比的幸福。"（全班齐读）

生：（读）"巨人第一次感到了温暖和愉快。于是，他立刻拆除了围墙，把花园给了孩子们。"

（区别"拆"与"折"的异同）

师：巨人的变化令人意想不到，为什么会发生如此巨大的变化呢？

生：是小男孩的表现提醒了巨人。

师：读读小男孩的话。

生：（读）"小男孩没有拔腿逃跑，却用他那会说话的眼睛凝视着巨人。"

生：还有。（读）"这个小男孩在树下一伸手，桃树马上绽出绿芽，开出许多美丽的花朵。"

师："凝视"是什么意思？

生：就是一直盯着看，形容注意力很集中。

师：注意"凝"字，右边是"怀疑"的"疑"。小男孩凝视的眼睛里到底隐含着什么秘密呢？现在你就是小男孩，你想用眼神对巨人说些什么？

生：我想对巨人说：没有孩子们的地方就没有春天，你不应该赶走孩子们。

生：你赶走了孩子就是赶走了春天，赶走了欢笑。没有了我们，你不是寒冷又寂寞吗？

生：我想对巨人说：巨人伯伯，您为什么要赶我们走呢？有了我们，你才不会孤单寂寞啊。我们不是坏人，我们会给你带来春天般的快乐和幸福。

生：巨人，你难道不知道我们才是带来春天和快乐的小精灵吗？让我们一起再让花园美起来吧！好吗？

师：这双眼睛还会对巨人说些什么，仅仅是我们和春天的关系吗？

生：巨人啊，您为什么那么自私呢？难道您不知道自私的人会被快乐给抛弃，被孤独所包围？难道您不觉得人多会快乐，孤独会悲伤吗？

生：唤来寒冬的，是你那颗任性、冷酷的心啊！

师：看着小男孩纯真的眼神，看着小男孩那双会说话的眼睛，巨人仿佛读懂了这一句句无声的劝告，他的心里感到火辣辣的。什么是"火辣辣"？

生："火辣辣"就是知道自己做错了事，心里很难受。

生：就是想到自己以前那样对待孩子们，心里感到惭愧。

师：是啊，这样的内心感受就叫——

生：（齐）火辣辣。

（提醒"辣"字右边的"辛"最后一笔改竖为撇）

师：带着这些感受，我们再来读读这句话。（学生读）

师：此时，巨人发现小男孩不仅那双眼睛神奇，那双小手也非常神奇。你瞧。（播放动画，并出现文字："这个小男孩在树下一伸手，桃树马上绽放出绿芽，开出许多美丽的花朵。"）

师：你觉得怎么读，才能让人觉得小男孩的手非常神奇呢？谁来读读？

（一学生读后，全班读）

师：看着眼前的情景，巨人不禁浮想联翩，他都想起了什么呢？

（投影出示：望着眼前的情景，巨人不禁想起：孩子们在欢快地游戏时，花园里＿＿＿＿＿＿；自己在训斥孩子们的时候，花园里＿＿＿＿＿＿＿＿。）

生：望着眼前的情景，巨人不禁想起：孩子们在欢快地游戏时，花园里阳光明媚，草翠花开；自己在训斥孩子们的时候，花园里鲜花凋谢，树叶飘零。

生：望着眼前的情景，巨人不禁想起：孩子们在欢快地游戏时，花园里草翠花开、春意盎然；自己在训斥孩子们的时候，花园里雪花飞舞、狂风大作。

生：望着眼前的情景，巨人不禁想起：孩子们在欢快地游戏时，花园里欢声笑语；自己在训斥孩子们的时候，花园里冰雪覆盖。

生：望着眼前的情景，巨人不禁想起：孩子们在欢快地游戏时，花园里充满欢笑；自己在训斥孩子们的时候，花园里死气沉沉。

[教学意图] 童话故事是富于想象的，想象是童话的翅膀，这就决定了童话教学必须注重挖掘童话中的情感因素，激发学生内心深处那根情弦，培养学生的想象能力。上述教学，就是以花园的神奇变化、小男孩的神奇一指等内容为教学的切入点和生长点，充分调动儿童的好奇心，鼓励学生进行大胆而合理的想象。让学生在想象中感受童话故事的情节，融入童话故事的意境，走进童话人物的心灵。

师：想起这一切，巨人终于明白了什么？

生：巨人明白了，没有孩子们的地方就没有春天。

生：巨人明白了，赶走春天的是他那颗日渐冷酷的心。

生：巨人明白了，是自己的自私赶走了美丽的春天。

（投影出示：没有孩子们的地方就没有春天）

师：是啊，没有孩子们的地方，那里只会——

（屏幕出示：寒风刺骨　狂风大作　鲜花凋谢

　　　　　　树叶飘零　雪花飞舞　冰雪覆盖）

（学生齐读四个字的词语）

师：有孩子们的地方，那里就有——

（屏幕出示：鲜花盛开　绿树成阴　鲜果飘香

　　　　　　小鸟欢叫　草翠花开　阳光明媚）

（学生齐读这些词语）

师：砌了围墙，没有孩子们的地方就没有春天，巨人也没有了快乐。一起读。

生：（读）"巨人孤独地度过了漫长的严冬。"

生：（读）"巨人裹着毯子，还瑟瑟发抖。他想：'今天的春天为什么这么冷，这么荒凉呀……'"

生：（读）"他抬头望去，一缕阳光从窗外射进来。好几个月没见过这么明媚的阳光了。"

师：拆除了围墙，有孩子们的地方就有春天，巨人就享受到了快乐和幸福。读。

生："从此以后，巨人的花园又成了孩子们的乐园。孩子们站在巨人的脚下，爬上巨人的肩膀，尽情地玩耍。巨人生活在漂亮的花园和孩子们中间，感到无比的幸福。"

师：曾经的困惑，刹那间恍然大悟。他非常激动，抱起那个孩子，说——

生："唤来寒冬的，是我那颗任性、冷酷的心啊！要不是你提醒，春天将永远被我赶走了。谢谢你！"

师：巨人多么感激那个小男孩啊，他不禁抱住那个孩子，说——

生："唤来寒冬的，是我那颗任性、冷酷的心啊！要不是你提醒，春天将永远被我赶走了。谢谢你！"

师：这是一番发自内心的呼唤，让我们轻轻地吐露巨人的心声——

生："唤来寒冬的，是我那颗任性、冷酷的心啊！要不是你提醒，春天将永远被我赶走了。谢谢你！"

师：巨人曾经想独自拥有花园，却无法拥有幸福；而当他拆除围墙，把花园给了孩子们时，却感受到了无比的幸福。此时此刻，你明白了什么是真正的幸福吗？你能学着这样说一说吗？

（投影出示：没有＿＿＿＿＿＿＿＿＿就没有＿＿＿＿＿＿＿＿＿）

生：没有分享就没有真正的快乐。

生：没有付出就没有人生的幸福。

生：没有宽广的心胸就不能拥有真正的幸福。

生：没有一颗爱别人的心，就没有办法获得别人的爱。

[教学意图]童话阅读，不仅仅是表面意义上的阅读，而在于一种潜移默化的教育，领悟童话最深邃、最广博的精义，是童话教学的应有之义。这一环节，教师紧紧把握住本文对比的叙述结构的特点，采取前后对比的教学策略，在不断的想象、朗读和比较中，进一步认识"没有孩子的地方就没有春天"的深刻内涵，并在含义的延伸拓展中，引发对分享、对幸福的思考。

仿一仿，感悟童话的特点

师：同学们，读了这篇童话，你觉得它与其他课文有什么不一样？

生：故事非常生动有趣，生活中不可能发生的事它都发生了，太神奇了。

生：而且变化太快了，一会儿阳光明媚，一会儿冰雪覆盖，说变就变。

生：作者的想象很丰富，也很大胆。

生：我觉得这篇课文好几个地方都用了对比的方法，说明有孩子们和没有孩子们，巨人的花园就不一样。

师：是的，童话能让我们感到故事内容的神奇，想象的奇妙。接下来，我们也来当一回小童话作家如何？（课件出示课文的最后一段话）《巨人的花园》结尾说孩子们爬到巨人身上玩耍，那一定非常有趣。同学们，这些孩子会爬到巨人的脚上、腿上、肚子上、背上、肩上甚至吊在他的胡子上，藏到他的头发里玩些什么游戏呢？请展开想象，写一段话。

（学生动笔练写）

生：几个孩子索性爬到了巨人的大肚子上。巨人的大肚子弹性真好啊，简直就是一个弹性十足的蹦蹦床。一个孩子觉得好玩，使劲一蹬巨人的肚子，"呼——"的一声，孩子不见了。原来他给蹦上天空去了，差点儿就撞到一棵大树上了，惊得其他孩子大喊大叫起来。巨人却当没事一样，呵呵地笑着，一伸手，一把接过往下掉的孩子，说："调皮蛋，看把你吓的！"

生：你看，巨人的大腿成了百米跑道，几个男孩子正在进行跑步比赛呢。这个巨人跑道可就是不一样，不仅有塑胶跑道的轻柔舒适，而且很有弹性，就连平时跑得最慢的小佳军跑起来也跟会飞似的。一声"开跑"，几个男孩子争先恐后向前冲，稍一用力，他们就已"飞"到了终点，真难以分出谁是第一谁是最后，气得"短跑常胜将军"陈辉哇哇直叫。

……

师：同学们，怎么样？写童话不难吧。有兴趣的同学，我们可以自己或和同学合作写篇童话，到时，我们开个童话展示会，大家一起分享，看谁的童话写得好。让我们永远记住：没有孩子的地方就没有春天；不会懂得分享，就无法享受到真正的幸福。

[教学意图] 认识童话，感受童话的魅力，不能仅仅限制于对童话课文的阅读和感悟上，让学生学着写一写童话，也是必不可少的途径。学生通过动笔练习，不仅对童话的基本特点有更深的了解和把握，而且在成功的写作体验中，切身感受到童话的独有魅力。上述教学，教师巧妙地借用了课文结尾的空白，让学生展开奇妙的想象，在片段的扩写补白中，尝试童话的写作，从中获得童话阅读与练笔的乐趣。

五、纪实类文体的教学。

（一）文体类型略说。

纪实文学是一类纪实性叙事文学文体的总称。相对于虚构文学，纪实文学的文体特点和文体规范主要是：既有纪实性又有虚构性，是纪实性与虚构性的有机结合。所谓真实，是指作者的亲历经验，以及深入的调查采访所获得的蓝本。真实，是纪实文学的生命所在，也是纪实文学必须要遵循的一个基本原则。但是，真实并不等于就是原原本本，毫无选择，否则，就只有纪实，没有文学了。纪实文学应是对物质世界有选择、审美化的再现，在选择中，有的内容被强化，有的内容被忽略或省略。更重要的是，不能仅靠艰苦的采访调查获得翔实的第一手资料，或仅仅把自己个人亲历的事作原始记录，还必须把自己的整个身心和思想感情介入进去。当他对亲历亲闻的人和事产生了血肉相连的痛点，真正从心灵深处涌出情感之潮并有了沉甸甸的思考与积累，这时他的主体世界才会被创造所照亮。这样，一方面，作者最大限度地缩小了主体世界与客体世界的距离，他为纪实而作；另一方面，形象思维的自动跃动又必然将某些他人的经验或作者的情理推断有机地交融在一起。因此，主体化的写实，往往以最坦诚的风格，让读者直接走进生活的真相中、人性的真相中和情感的真相中，并与作者产生精神上的共振。

由此看来，所谓纪实文学，就是在真人真事基础上，运用文学语言和多种艺术形式，真实、及时地反映社会生活事件和人物活动的一种文学体裁。纪实性和文学性是其主要特征。纪实性说的是纪实文学不能像小说那样虚构人物、情节，它必须写现实生活中的真人真事，但不是任何真人真事都能成为纪实文学描写的对象。纪实文学要追踪事实，但并不是任何事实都值得它们去报告，而是要有所选择和提炼。文学性说的是纪实文学不能像新闻报道那样，只有事件梗概，它必须塑造丰满的人物形象，必须有生动的形象化的细节。

所以，纪实文学的表现手法也同样呈现出丰富多样的面貌。结构上，有的借用一般情节小说的结构形式，有开端、发展、高潮、结局，一般以时间推移和过程进展为线索安排结构。有的借用一般散文"以线穿珠"的结构形式，依靠主题思想的论述来直接组合互不相关的材料。材料安排上，善于把最精彩、最感人、自己感受最深而最能吸引、打动读者的关键材料，放到最显著的地位，以增强艺术效果。当然，把关键材料放在显著的地位，并非一律要放在开头，也可以放在其他地方。但是不管放在哪里，作者都要想办法突出它，着力写好它，使它处于显著的位置，从而突出强化现场节奏感，如场景、画面的交替转换，人物形象的特写处理，镜头跟踪的动感效果等等。在人物形象塑造上，往往把主要人物放在一个广阔的社会背景中去反映，发掘人物形象普遍的社会意义。还注重细节描写、环境描写，以及生动鲜明的个性化语言，揭示人物的内心世界，刻画出有血有肉的人物形象。

（二）教学策略建议。

选入中小学语文教材中的纪实作品，大多为红色经典。这类文章由于主题过于鲜明，时代特色过于浓厚，作者情感倾向过于明显，而被许多人所诟病。比如，《狼牙山五壮士》就是一篇有关真人真事的通讯报道。在中华民族危难之时，就曾有一批义勇之士"捐躯赴国难，视死忽如归"，维护人民的利益和民族的尊严。这种精神是我们中华民族的立身之本，是任何时代、任何人都不能忽视的，在任何时代都要继承和发扬。这是需要让学生明白的。但这不等于说可以置语文能力训练于不顾了，要清醒地意识到，教材是个例子，是培养学生听说读写能力的例子，是启发学生情智思的载体。所以，我们不能为文章强大的人文因素所遮蔽，将精力和时间用于人文思想的挖掘上，有意无意地忽略甚至难以发现隐藏于文章思想背后的语言存在。造成一上这样的课就主题先行、人文为先，得"意"忘"言"，从而陷入了"教课文"而不是"教语文"的泥潭。因此，以"语文"带"人文"理当成为教学纪实作品的总体思路。

1. 读活画面。纪实作品一般会选择典型的事件或场景来表达作者情感。比如《开国大典》中，新中国第一面五星红旗升起来，三十万人脱帽肃立的情景，多么激动人心；阅兵式上，整齐的队伍，各式的兵器，壮观的气势，令人印象深刻；《狼牙山五壮士》中，五壮士峰顶歼敌的无畏，英勇跳崖的决绝，令人动容。这些场景因其固有的高度真实性，而显得比其他文学作品更具有强烈的感染力。但是，由于纪实作品往往是记录过往的历史的，许多事实离学生今天的生活体验太遥远，学生理解起来有困难，要进入情境更加困难。所以，教学时，要尽可能地选择与课文内容相一致的真实的影像资料或文字资料，把学生带入到那段激情燃烧的岁月。让抽象的文字符号立体成一幅幅生动形象的画面，帮助学生深化对语言文字的理解和感悟，让一幕幕鲜活动人的场景牢印在学生的脑海之中，从而体悟文中人物或事件在特定的历史和社会背景中的意义和影响。

2. 习得语言。教语文实际上就是让学生能动地把课文的规范语言内化为自己的语言的过程。学生内化语言的过程，主要是个体的心理行为，教师无法超越，别人也无法替代。学生的语文能力不是教师讲出来的，不是分析出来的，而靠读、悟、积累。我们既要让学生抓住那样关键的语句，动人的细节，在推敲、想象、体味中触摸语言温度，在字词理解、语言感悟中走入情境，深化体验，体味语文，发现语文之美，并通过有感情的朗读，再现语言形象，活化语言内涵；也要瞄准那样典型的写作方法，感受语言表达的丰富与巧妙。如，《开国大典》的点面结合，就是表现活动场面和生活场景所不可缺少的。教学时，可分别教读"点"和"面"的内容，再"点""面"结合着读，从而懂得点面结合写法的特点、适用范围、表达目的和效果。《狼牙山五壮士》用一连串动作的词刻画了班长马宝玉的英雄形象，也是小学语文教材中少有的写法，都需要引导学生细细揣摩和体味。教学这部分内容，重点抓住马宝玉的动作细节描写精读品悟，并与第二自然段中的人物描写方法作比较，从中体会连续动作描写对表现人物的作用。与此同时，还兼顾体会其他战士的表现，让学生明白，在描写多个人物时，既要突出重点人物，又须兼顾其他人物，初步感悟这种表达方式的作用。

3. 读写迁移。学以致用是语言学习的必然过程，语文学习就是要"读得进、记得住、用得出"。所以，学过《开国大典》发布宣告、升国旗等内容后，学生积累了用"初读了解场面描写的点和面—细读找重点词句—想象场面，体会感情—诵读升华感情，回读体会写法特点"的阅读方法，体会了文章的思想感情及场面描写的特点。然后就让学生继续用这个学法体会"会场布置、阅兵仪式、群众游行"几个大场面的思想情感、写法特点，并安排"点""面"结合的课堂小练笔。学习《狼牙山五壮士》用连续动作描写表现人物性格的写法后，提供相关画面或材料，让学生也学着这样写一写。如此，有助于学生对语言的积累、掌握和运用，提高语言表达能力。

(三) 教学课例呈现。

课例一　《开国大典》教学实录

【教学目标】

1. 学习课文生字新词，正确流利地朗读课文。
2. 捕捉课文的关键信息，梳理行文思路，概括文章内容。
3. 体会场面描写的方法与作用，在具体的生活情境中尝试学习场面描写。

【教学重点】

体会场面描写的方法与作用，在具体的生活情境中尝试学习场面描写。

【教学过程】

1. 整体关照，学习长文的文脉梳理。

师：看老师写一个字。（板书"丼"）看到这个篆书体，大家觉得它像什么？

生：下面好像是一张桌子，上面放着盘子。

生：没有，很大的一个盘子放在桌子上。

师：说得对。中国是个礼仪之邦，自古就有祭祀的礼俗。古时候，祭天、祭地、祭祖、祭鬼神，都是历代帝王的重大活动。祭祀当然就得有供品，供桌上放着各种供品，这就是"典"字。（板书"典"）"典"就是典礼。那"大典"呢？（板书"大"）

生："大典"指的是盛大、隆重的仪式、典礼。

师：（板书"开国"）"开"就是开启的意思，读读题目，用自己的话连起来说一说题目的意思。

生：开国大典就是一个新的国家成立时举行的隆重盛大的典礼。

生：就是中华人民共和国成立时举行的隆重盛大的典礼。

师：既然是大典，一定马虎不得，肯定讲规矩、有程序，更何况这是一个新国家成立的大典，它是怎么的隆重庄严呢？请大家快速浏览课文，把表示大典进行时间和大典进行过程中的各个项目的词句分别做上记号。

（学生读、画，做记号）

生：写时间的有：1949年10月1日，下午三点整，两个半钟头，傍晚，晚上九点半。

师：把这些时间排列起来，你可能会有更多的发现。

生：我发现开国大典是在1949年10月1日举行的，是从下午三点开始，一直到晚上九点半才结束。

生：我发现作者写大典是按照时间进行的顺序。

生：这些表示时间的词语基本都在每个段落的开头。

师：已经有所发现了，不过还不够。再请大家关注一些段落的开头部分，有些词组看似没有明确点明时间，但是和这时间的脉络息息相关，你能发现吗？

生：我找到了两个"接着"。

生：我找到了"毛主席宣读公告完毕，阅兵式开始"和"阅兵式完毕"。

生：还有"升旗的时候"，也表示时间。

师：作者交代大典举行的过程，有的用明显的、直接描写时间的词语，有的用隐藏的、提示性描写时间延续的词语。你们都找到了，很棒。再看看全文，按照时间顺序都写了哪些庆典程序呢？

生：宣布典礼开始，奏国歌，毛主席宣布中央人民政府成立，宣读公告，阅兵式。

生：还有典礼前会场情况，升国旗，响礼炮，群众游行，放礼花。

（师生共同梳理典礼的程序：宣布典礼开始、奏国歌、宣读公告、宣布成立、升国旗、宣读公告、举行阅兵式）

师：大典举行程序是在课文的哪些段落写到的？

生：第5—13自然段是写大典盛况的。

师：那其他的呢？

生：1—4自然段是写大典开始前的情况。

生：14、15两个自然段是写大典完毕后群众游行。

师：这样理一理就知道这篇课文的写作顺序了，是什么？

生：是按大典前、大典中和大典后的顺序。

师：好，我们现在梳理一下。这篇课文是按什么顺序写的？

生：大典前、大典中和大典后。

师：其中在举行典礼部分，作者按照顺序描写了——

生：宣布典礼开始、奏国歌、宣布成立、升国旗、宣读公告、举行阅兵式的顺序来写。从大典举行的过程说，大典中是课文的重点。现在细细读读5—13自然段。

师：通过上节课的学习，我们知道了这篇课文是按照典礼进行的顺序，描写了四个场景，分别是——（课件出示，学生回顾）

生：典礼前会场情况，举行典礼，阅兵式，群众游行。

师：这就是这篇文章的写作顺序，也叫文章的脉络、条理。读一篇文章，特别是篇幅很长的文章，理清脉络显得尤为重要。

[教学意图]如何理清一篇长课文的写作思路不是件容易的事，最重要的是要教给学生具体的方法。依据课文的特点，让学生抓住关键信息，不失为好的选择。

2. 语意品读，咂摸"反复"的表达效果。

师：让我们一起走进盛大隆重的典礼，去感受那激动人心的一刻，体会作者是如何把大典盛况写出来的。请同学们认真默读课文5—10自然段，把描写大典上群众表现的语句画出来，在旁边写上自己的阅读感受。

（学生默读课文，勾画批注，教师巡视）

生：我画的句子是"会场上爆发出一阵排山倒海的掌声"和"三十万人的目光一齐投向主席台"。

师：说说你的感受。

生："排山倒海"是说巨大的山塌了，都把海给填上了，可见威力有多大，气势有多大。我从"排山倒海"和"爆发"这两个词中感受到当时场面壮观，气势磅礴，声音震耳欲聋。

生：我补充。"三十万人"写出参加庆典的人数非常非常多，这么多的人本来动作很难一致，可是他们的目光却是"一齐投向主席台"，动作惊人的一致。想想看，这场面该是如何震撼人心。

生：我找到的语句是第7自然段。"这庄严的宣告，这雄伟的声音，使全场三十万人一齐欢呼起来。这庄严的宣告，这雄伟的声音，经过无线电的广播，传到长城内外，传到大江南北，使全中国人民的心一齐欢跃起来。"

生：我找到的是这一句。"三十万人一齐脱帽肃立，一齐抬起头，瞻仰这鲜红的国旗。"这句话中的"瞻仰"是怀着崇拜敬仰的心情看的意思，用了这个词说明人民群众对国旗的敬重。

生：还有"脱帽肃立"和两个"一齐"可以看出国旗在人们心中的神圣地位。

生：我也找到了。"每一声炮响后，全场就响起一阵雷鸣般的掌声。""观礼台上同时响起掌声。"这两句话都是通过掌声写出人们的喜悦和激动。

师：在这么多描写群众的语句中，有四句话在写法上有特点。请大家读读这几句话，你发现了它们共有的语言秘密吗？

（投影出示课文中出现"一齐"的四个语句）

生：这几句话都有"一齐"这个词，有的还有两个"一齐"。

师：人们"一齐"做了什么？画出来。（学生勾画、回答）

师：我们常说，写文章要避免重复使用一个词语，可课文为什么一而再、再而三地用"一齐"呢？再读读，体会体会，把自己的感受写在这些句子旁边。

（学生默读课文，勾画批注，教师巡视）

生：我觉得这几个"一齐"就把人们的动作一致写出来了。

生：我认为不仅是说动作是齐刷刷的，还能让人感受到震撼人心的场面。

师：再读读这几句话，透过文字，你看到了怎样的震撼人心的画面？

生：我似乎看到了三十万人的目光集中在毛主席的身上，有的热泪盈眶，有的满含深情。

生：我仿佛看到了三十万人不约而同地脱下帽子，抬头看着国旗，目光随着国旗的上升而移动，热烈、深情而持久。

师：是啊，三十万人的动作如此"一齐"，是不是有人指挥啊？

生：我觉得根本没有人在指挥。人少可能可以，这么多人谁有办法指挥呀。

师：没人指挥，那三十万人的一次又一次的动作怎么可能如此一致呢？

生：我觉得应该有指挥，只不过不是人在指挥，而是人们的心在指挥。

生：是三十万人热爱毛主席、盼望新中国成立的感情在指挥。

师：理解得真好。现在知道课文为什么重复使用"一齐"这个词了吧？

生：我知道了，"一齐"的多次出现就把全国人民激动、喜悦的心情表达得淋漓尽致。

生：还能让读者一次次地联想到激动人心的热烈场面，让读者的心一次次地受到震撼和感染。

生：人们的眼、口、手、心都是"一齐"的，更说明了他们爱领袖的情是相同的，盼望新中国成立的心是相同的。

师：是啊，这哪是简简单单的"一齐"，它"齐"出的是人们爱领袖的心，"齐"出的是人们盼祖国独立的情，"齐"出的是开国大典的宏大气势，"齐"出的是庆典盛况的壮观场面。

师：这是一个什么样的壮观场面啊，你瞧，（播放录像）五星红旗升起来了！面对冉冉升起的国旗，人们心潮起伏，多少屈辱，多少辛酸，多少奋斗历历在目。（录像中出现相关画面）无能的清政府签下一个又一个不平等条约，割地赔款，丧权辱国；各路军阀占地为王，不顾人民死活；日本侵略者大肆侵犯中国，大好河山不断沦陷。是无数的仁人志士，抛头颅，洒热血，才迎来新中国的曙光；是毛主席、共产党领导全中国人民奋起反抗，才换来了新中国的成立。如今，这面鲜红的五星红旗终于升起来了，这是中国人民的百年期盼，这是中华民族的千年梦想，怎么不让人心潮澎湃、肃然起敬呢？于是，当毛主席出现在主席台时——

生：（齐）"三十万人的目光一齐投向主席台。"

师：当毛主席宣告新中国成立时——

生：（齐）"这庄严的宣告，这雄伟的声音，使全场三十万人一齐欢呼起来。这庄严的宣告，这雄伟的声音，经过无线电的广播，传到长城内外，传到大江南北，使全中国人民的心一齐欢跃起来。"

师：当五星红旗升起来时——

生：（齐）"三十万人一齐脱帽肃立，一齐抬起头，瞻仰这鲜红的国旗。"

[教学意图] 词语有温度，语言有魅力。"一齐"的重复使用，看似反常，却蕴含着丰富的内涵和作者独有的情思。上述教学就是抓住文本的这一语言现象，采取集中聚焦的教学策略，在联系、品味、想象中感受到如此表达的目的与意图，从而对"同语反复"的语言特点及其丰富表现力有个深刻的认识。

3. 内容创生，丰盈"概述"的言语体验。

（投影出示第7自然段）

师：在开国大典上，毛主席发出了这样的庄严宣告。（播放主席宣告国家成立的画面和声音）"这庄严的宣告，这雄伟的声音"指的是什么？

生：是指毛主席说的话："中华人民共和国中央人民政府在今天成立了！"

师：这是个激动人心的时刻。读着这样的文字，你的眼前仿佛出现了怎样的画面？

生：我仿佛看到了三十万人高兴得一边欢呼一边不停地跳起来了。

生：我仿佛看到了有的人高兴得互相拥抱，有的人激动得抱头痛哭，还有的人兴奋得把帽子和衣服都脱下来扔上了天空。

师：这样令人热血沸腾的画面，你是从哪些文字感受到的呢？

生：这段话两次用上了"这庄严的宣告，这雄伟的声音"，"庄严"、"雄伟"让我们读起来就特别受鼓舞。

师：是啊，这句话还隐含着更多的语言秘密呢，我们一起来发现发现。这段话先说人们的心情是——

生：一齐欢呼。

师：后来又说——

生：一齐欢跃。

师：这就写出了心情的变化。还有什么变化？

生：这段话先说"三十万人一齐欢呼起来"，再说"全中国人民的心一齐欢跃起来"，从三十万人到全中国人民，人数越来越多了。

师：对，这是人数上的变化。

生：一齐欢呼的是在开国大典的现场，后来就扩大到了"大江南北"、"长城内外"。

师：这是范围上的变化。谁知道"大江南北"、"长城内外"是什么意思？

生：就是全国各地。

师：是的，人们常用"大江南北"、"长城内外"来代表中华人民共和国960万平方公里的土地。这段话从人数、范围、情感三个方面的变化更说明全国人民是多么的自豪、喜悦和幸福。这是这两句不同的地方，可也有相同的地方呢？你看，这两句话开头都是——

生：这庄严的宣告，这雄伟的声音。

师：好的，像这种同样一个词语连续使用的写法，我们就叫它"反复"。我们一起来读读这两句话。

（学生读）

师：这庄严的宣告，这雄伟的声音传到了长城内外，传到了大江南北，这"长城内外"，这"大江南北"又会是哪里呢？请大家展开想象，说说这声音会传到哪里，那里又会怎么样呢？

（出示：这庄严的宣告，这雄伟的声音，经过无线电的广播，传到＿＿，＿＿。）

生：这庄严的宣告，这雄伟的声音，经过无线电的广播，传到城市里，大街小巷，彩旗飞扬，男女老少欢天喜地。

生：这庄严的宣告，这雄伟的声音，经过无线电的广播，传到了乡村里，大家敲着锣，打着鼓，放着鞭炮，欢呼新中国的诞生，欢庆人民的解放。

生：这庄严的宣告，这雄伟的声音，经过无线电的广播，传到校园里，大家拿着鲜花，挥着彩带，唱啊，跳啊，喊啊，好像要让这个消息传遍全世界。

师：新中国的诞生是中国人民浴血奋战换来的，这声音，这宣告，怎能不激动人们的心？让我们边读边想象，把这难忘的画面定格在我们的脑海里。（学生读）

师：这是一个多么有特色的段落，让我们把它背下来吧。

（全班试背第7自然段）

[教学意图] 课文中有不少内涵丰富的概述性语言，丰盈、领略其潜在的情感、意境的语言体验，必不可少。以上环节通过内容创生的教学策略，引导学生调动已有的生活经验，在想象中把"长城内外""大江南北"具体化、具象化，将"心欢跃"画面化、形象化。于是，概述性语言就变得有声有色、直观可感，学生对全国普天同庆新中国成立的喜悦与激动就有了更深切的体验。

4. 写法迁移，实现"例子"的有效增值。

师：同学们，刚才我们紧紧抓住开国大典上群众表现的语句，很好地体会到语句所表达的丰富情感。但是，你是否发现，除了写群众以外，还重点写了谁？再读读 5—10 自然段，把相关的语句找出来。

生：我们发现写毛主席的语句有："毛泽东主席宣布：'中华人民共和国中央人民政府在今天成立了！'"

生：还有，"毛主席亲自按动连通电动旗杆的电钮，新中国的国旗——五星红旗徐徐上升"，写毛主席升国旗的情景。

生：我们还发现了写所有人和写个人的句子常常是合在一起写的。比如写升旗这些句子，写完毛主席升国旗后，就写三十万人是怎么表现的。

师：都是很重要的发现。写个体的也罢，写群体的也罢，这些句子都表现了什么？

生：表现了开国大典的盛大壮观。

生：表现了人民激动、喜悦的心情。

师：对。这种把个体和群体合在一起写来表现一个场面、一个场景、一个活动的写法，就是"点面结合"。这种写法在阅兵式的段落中也有。你看，这是描写阅兵式的一段，好好读读，哪些是点的描写，哪些是面的描写？

（出示描写阅兵式的段落，指名回答）

师：其实，群众游行这一段也是采取这种写法，回家后大家可以去找一找。看来，"点面结合"真是一种描写场面的好方法。想试试这种写法吗？

生：想。

师：（课件逐一出示）看，这是每周一早晨举行升旗仪式的画面；这一幅大家一定不陌生，是同学们在进行拔河比赛呢；还有这一幅，两队在进行紧张激烈的接力赛。看到这些画面，一定在脑海中浮现出当时的情景了吧。来，孩子们，拿起笔，选取其中的一个画面，或者写自己更熟悉的一个场面，用课文"点面结合"的写法，写一段话。

（学生练笔后再交流，教师点评、指导）

[教学意图]课文只是读法、写法、学法的一个例子，实现"例子"最

大限度的增值，是学习语言文字运用的应有之义。本环节教学就是紧紧抓住"点面结合"这一核心教学价值，以此为语言增值点进行听说读写训练，既锻炼了学生的言语表达能力，又在语言运用中迁移、内化"点面结合"这一语文知识，可谓一举两得。

课例二　《狼牙山五壮士》教学实录

【教学目标】

1. 有感情地朗读课文。背诵描写五壮士跳崖的部分。

2. 在比较阅读中，学习和理解人物形象描写的不同方法，并尝试迁移连续动作描写人物的写法。

3. 抓住关键词句体会五壮士为了掩护群众和主力部队，抗击日寇的英雄气概和不畏牺牲的崇高精神。

【教学重点】

1. 体会关键词句表情达意的作用；五壮士为了掩护群众和主力部队，抗击日寇的英雄气概和不畏牺牲的崇高精神。

2. 学习和理解人物形象描写的不同方法，并尝试迁移连续动作描写人物的写法。

【教学过程】

1. 读好词语，酝酿情绪。

师：同学们，我们先复习一下课文。有两项。大家看屏幕，想想课文的叙述顺序，再填一填。

（出示：接受任务—（　　）—（　　）—（　　）—跳下悬崖）

生：接受任务—诱敌上山—选择绝路—山顶歼敌—跳下悬崖。

师：第二项读词语。看屏幕上的 10 个词语，你发现了什么规律？老师为什么要这样分成两组。

生：我认为第一组是描写敌人的，第二组是描写勇敢的五壮士的。

师：词语有温度。你想怎么读这些词语呢？先读第一行。（学生读）

（屏幕出示：大举进犯　横七竖八　坠落山涧　粉身碎骨　叽哩呱啦

全神贯注　昂首挺胸　斩钉截铁　热血沸腾　壮烈豪迈）

师：我想问问你们，读着第一行词语为什么要这么低沉？

生：因为这是写日本鬼子的，他们很可恶。

师：好，第二行一定读得更好。读。

（学生读第二行词语）

师：读着这一组词语，你有什么样的感觉？

生：我有一种很自豪的感觉。

生：我有一种很骄傲的感觉。

[教学意图] 从两组词语的不同感情色彩入手，通过读，既营造了良好的教学情境，为课文教学定了调，又调动了学生浓郁的情感基调，一举两得。

2. 学习段落，品味语言。

师：听着大家的朗读，老师仿佛看到了五壮士痛击敌人的扣人心弦的场面。用比较快的速度读课文，哪些段落描写了五壮士痛击敌人的？

（学生读课文）

生：写五壮士痛击敌人的段落是第2自然段，第4、5自然段。

师：那我们一段一段地学。静静地读第2自然段，画出描写五壮士痛击敌人的语句。（学生动笔勾画，汇报后，课件出示相关语句）

师：同学们发现了吗，这里写了五个人，只用四句话，平均还达不到一人一句，却能把每个人物写得活灵活现，这是为什么呢？

生：因为课文写了人物的动作、神态和表情。

师：好，再读这几句话，把动作、神态和表情的词语画出来，在你有想法的地方写上自己的感受。

（学生勾画、批注）

师：谁先来说说？

生：我画出的是"沉着"，"沉着"这个词写出了班长马宝玉在面对敌人人数远超过自己的情况下，依然不慌不忙的神态。

生：我找到的是马宝玉的动作"命令"，马宝玉"让敌人走近了，才命令狠狠地打"，说明他还是一个很有头脑的人，因为这样打才能消灭更多的敌人。

师：对，这是从动作和神态两方面刻画了很有战斗经验的班长马宝玉的形象。其他同学呢？

生：副班长葛振林的动作是"打"和"吼"，写出对敌人的仇恨。

生："好像那个细小的枪口喷不完他满腔的怒火"这一句细致地描写了副班长葛振林愤怒的心情。

生：写战士宋学义的也是动作描写，"扔"和"抡"连在一起，把他一定要消灭敌人的决心写出来了。

生：我从"绷"、"全神贯注"这两个表情描写中，看出胡德林和胡福才这两个小战士是如何打击敌人的。

师：同学们，在这些描写动作、神态、表情的词语中，哪一个你觉得最能写出对敌人的恨？

生：我觉得"吼"最能表现对敌人的恨。

师：具体说说。

生："吼"不是一般地说、喊，而是带着一种感情在大声喊叫，课文用它当然就比说、喊更能写出副班长心中的怒火。

师：说得好。如果把"吼"变成一句话，他可能会"吼"什么？

生：他会吼："小鬼子，来吧，看我不灭了你！"

生：他会吼："天杀的日本鬼子，你杀我同胞，我岂能放过你们！"

师：正是这样想的，所以副班长葛振林这样痛击敌人——

生：（读）"副班长葛振林打一枪就大吼一声，好像那个细小的枪口喷不完他满腔的怒火。"

师：还找到不一样的词吗？

生：我认为"抡"最能表现对敌人的恨。"抡"的动作是这样的，（做动作）这是想把手榴弹扔得远一点，把远处的敌人也消灭光。

师：近处的敌人要消灭，远处的敌人也一个不放过。所以，战士宋学义这样打击敌人——

生：（读）"战士宋学义扔手榴弹总要把胳膊抡一个圈儿，好使出浑身的力气。"

生：我觉得"绷"最能说明仇恨敌人。"绷"本来是说一样东西拉得紧紧的，脸不可能拉得紧紧、直直的，所以这里的"绷"是说非常严肃、非常愤怒的表情。

师：透过这个表情、动作或神态，你能不能看出五壮士心里想什么？

生：他们可能在想：不管怎么样，我们都要把敌人死死地拖住在狼牙山上，拖不住敌人，大部队就要受到很大的威胁。

生：五位战士会想：哪怕自己牺牲了，也要狠狠打击敌人，不把他们消灭光，决不罢休。

生：他们会想：我们要多杀几个敌人，这样，人民群众和大部队就有时间安全转移了。

师：他们是这样想的，也是这样做的，让我们带着这样的感受，读读这四句话。

（学生充满感情地读）

[教学意图] 描写人物形象当然离不开语言、动作、神态和心理的刻画。本环节教学意在让学生明白，作者虽然用经济的语言、简洁的笔墨，对不同的战士进行各有侧重的描写，但所表达的情感却是一致的。

3. 比较阅读，感悟写法。

师：我们再来学习第4、5两个自然段。这两个自然段中，哪些语句也是写五壮士痛击敌人的？

（学生说后，课件出示相关语句，学生齐读）

师：认真读读这几句话，想想，同样都是写痛击敌人，写的和第2自然段中有什么相同，有什么不同？

（学生默读，动笔）

师：先说相同的。

生：都是写怎么打击敌人的。

师：这是内容上的相同。

生：两个部分都是通过人物的动作、神态、表情来写的。

师：这是写法上的相同。

生：都是说五壮士对敌人的仇恨。

师：这是情感上的相同。

生：都表现了五壮士勇敢顽强、不怕牺牲的精神。

师：这是人物品格的相同。不同呢？

生：痛击敌人的地点不同，一个是在诱敌上山的路上，一个是在顶峰。

生：消灭敌人的武器不同。前面是子弹，这里是用石头。

生：写的人物也不一样。第2自然段五个人都写，这里重点只写班长马宝玉一个人。

生：我还发现一个，第2自然段马宝玉没有受伤，这里说马宝玉负伤了。

师：都说得很好。在这么多的不同中，其实有一个不同最重要，那就是写法的不同。接下来大家集中讨论一个问题，两部分同样写人物的动作、表情，可写得一样吗？自己先想想，再和同学交流交流。

（学生再次阅读、思考、讨论）

生：这部分写了马宝玉说的话，前面部分只有"吼"没有说"吼"什么。（读）"同志们！用石头砸！"

师：读得有气势。知道为什么要这样读吗？

生：马宝玉说的话很短，却用了两个感叹号，说明马宝玉说话时很有气势。

生：也表达了五壮士一定要消灭敌人的决心。

师：看，简简单单的标点符号暴露了表达上的秘密。来，一起读一读。

（学生读）

师：还有其他不同吗？

生：我发现这个部分很少写马宝玉的表情和神态，差不多都在写他的动作。

生：我补充。第2自然段中的五个人物都只有一两个动作，这一段写班长马宝玉的用了好多个。

师：很重要的发现。说说用了几个？

生：抢、夺、插、举、喊、砸、拔、拧、扔。

（课件上的这几个动作词变红）

师：全班同学一起读读这几个动作的词。

（学生读得非常紧凑，又很有力）

师：读着这些动作的词，你有什么感觉？

生：我觉得这动作是一气呵成的，中间好像没什么停顿。

生：这几个动作一个接一个。

师：对，这样一个接一个地写动作，我们把它叫做"连续动作"，而第2自然段的动作叫做"单个动作"。你觉得用连续动作到底为什么呢？自己试着读读体会体会。

生：一个动作虽然也能说明对敌人的仇恨，但连续动作更能把这样的感情写得更感人。

生：这样写就把人物写得更具体了，读着读着好像我们就看到他了。

师：我知道你的意思，就是说细致地写就把人物的形象写得栩栩如生、如在眼前了。好，在这么多的动作中，哪个给你的印象最深？

生：我觉得是"举"。"举"就是用两手向上高抬，从这个词可以看出班长把石头抬得高，用力很大。

师：如果能联系上下文，会体会得更深。

生：马宝玉举的石头是"一块磨盘大的石头"，这是一块很大的石头……

师：磨盘大的石头到底多大，多重，知道吗？

（学生摇头）

师：磨盘是用来磨米、磨面的，以前在农村常常见到。它有这么大（双手比划），一般有一两百斤。（学生"呀"地惊叫）继续发言。

生：这么重的石头能举起来，说明他对敌人有多仇恨。

生：这时，马宝玉已经负伤了，他能举得起这么大这么重的石头，可见他就是要和敌人拼命了。

师：好一个拼命！一两百斤重的石头，一般人是举不起来的，更不用说是在受伤的情况下，可马宝玉硬是举了起来。他仅仅靠的是力气吗？那靠的是什么？

生：靠的是歼灭敌人的决心。

生：是对敌人刻骨的仇恨。

生：是视死如归的精神。

生：是宁愿牺牲自己也要打击敌人的坚强意志。

师：让我们带着对马宝玉无限敬佩之情读读这句话。

（学生读）

师：还有哪个动作让你有体会？

生：我找的是"砸"。

师：是啊，作者为什么用"砸"而不用"投"、"掷"、"抛"？

生：因为"磨盘"是说石头大，"举"是抬得高，向下扔就要用"砸"。

生：五壮士把石头当子弹，石头越大，举得越高，砸死日本鬼子就越多。

师：看来，一个"举"一个"砸"，不只是简单的动作。动作的背后写满了五壮士对敌人的恨，对人民的爱，对国家的忠，这真是"一字一词总关情"呀。让我们再次带着这样的感情读读这句话。

（学生读）

师：五壮士的英勇忘我的精神，深深地感染着作者，于是他这样深情地写道——

生：（课件出示，学生齐读）"顿时，石头像雹子一样，带着五位壮士的决心，带着中国人民的仇恨，向敌人头上砸去。"

[课件出示比较句子：

（1）顿时，石头像雹子一样，带着五位壮士的决心，带着中国人民的仇恨，向敌人头上砸去。

（2）顿时，石头向敌人头上砸去。]

师：哪一句使你更感动，为什么？

生：第一句。连石头都带着仇恨，带着决心，更说明五壮士的仇恨和决心。

师：哦，原来是用石头反衬五壮士。

生：第一句用了比喻。石头像雹子一样，说明石头很多，落的速度很快，砸得很有力。

师：是啊，用了一个比喻，用了两个"带着"，把五壮士坚决完成任务的决心和仇恨日本帝国主义的感情表达得更加淋漓尽致。读出这样的感情来。

（学生读）

师：同学们，你知道五壮士为什么如此仇恨日寇吗？联系课前收集到的资料说一说。

生：震惊中外的南京大屠杀，让30多万同胞死于非命，尸骨遍地。到现在，南京还有个万人坑。

师：是啊，一想到这些国家耻、民族仇，怒火就在五壮士心中燃烧，于是，马宝玉——读。

生：马宝玉抢前一步，夺过手榴弹插在腰间，他猛地举起一块磨盘大的石头，大声喊道："同志们！用石头砸！"

生：有一部电视剧说，日本侵略者在我国东北建立了一个"731"细菌部队，用中国人做实验，向人体内注射鼠疫。他们这是想要灭我民族，亡我国家。

师：是啊，他们竟然做出这样没有人性的事，一想到这些国家耻、民族仇，怒火就在五壮士心中燃烧，于是，他们手中的石头——读。

生：顿时，石头像雹子一样，带着五位壮士的决心，带着中国人民的仇恨，向敌人头上砸去。

生：日寇在我根据地实行"三光"政策，也就是杀光、烧光、抢光，做了数也数不尽的坏事。

师：是啊，日本鬼子的手段极其残忍，一想到这些国家耻、民族仇，怒火就在五壮士心中燃烧，于是，马宝玉——读。

生：马宝玉嗖的一声拔出手榴弹，拧开盖子，用尽全身气力扔向敌人。随着一声巨响，手榴弹在敌群中开了花。

师：看来，同样描写人物的动作、神态和语言，还可以根据不同的需要采用不同的写法。写好几个人的，可以平均用力概括地写；只写一个的，就要集中精力具体地写。

[教学意图]只写班长马宝玉一人，却用了一连串的动作描写，这是与上文人物描写大不同的地方，也是本文的一大写作特色。而采取比较的教学策略，更容易让学生对概括的写和具体的写一目了然，从中丰富了人物形象的描写方法，实现了本课教学目标的达成。

4. 利用空白，迁移写法。

师：完成了掩护群众和连队转移任务，五位壮士屹立在狼牙山顶峰。子弹打完了，石头砸光了，他们怎么样了呢？请一个同学读读英勇跳崖的部分。

（一学生读）

师：班长马宝玉像每次发起冲锋一样，第一个纵身跳下深谷。战士们也昂首挺胸，相继从悬崖上往下跳。这是怎样悲壮的一幕啊！请看！

（屏幕播入电影《狼牙山五壮士》副班长葛振林英勇跳崖的片段，之

后，把跳崖过程分解成几个画面定格在屏幕上）

师：同学们，看了这悲壮感人的一幕，你一定有许多话想说。那就拿起你手中的笔，用上连续动作加神态、语言的写法，把副班长葛振林英勇跳崖的壮举再现出来吧！

（学生动笔叙写，之后交流汇报）

[教学意图] 学习贵在迁移。此环节就是借用课文中的空白，仿用课文的写法，让学生在模仿中掌握写法，提升能力。

六、寓言类文体的教学。

（一）文体类型略说。

我国古代的寓言，起源于劳动人民的口头创作。"寓言"一词最早见于《庄子》。所谓"寓"，"寄托"之义也。作者把自己认为正确的道理、有益的教训，通过虚构的简短故事加以譬喻，让人们从故事中领会这些道理，获得教训，这种故事叫寓言。

寓言一般篇幅短小，语言凝练，常常蕴深刻哲理于浅显语言和生动故事中。寓言结构简单却富有表现力，一般具有明显的讽喻性和教育性，常用比喻、夸张、象征等修辞手法。它的故事情节多为虚构，主角多是人格化了的动物、植物或者自然界的其他事物。可从两个角度理解文体特点：一是浅与深。寓言故事浅显，道理深刻，是"穿着外衣的真理"，这个"外衣"就是故事，"真理"就是蕴含在故事中的道理和生活经验。为了一些生活经验和道理能让人明白，寓言多借用生活中常见的情境和情节，用讲故事和谈话的风格娓娓道来。二是趣与理。著名作家严文井说："寓言是个怪物，当他向你走来的时候，分明是一个故事，生动活泼，而当他转身要离开的时候，却突然变成一个哲理，严肃认真。"寓言中，生动活泼的故事与深刻的道理和谐统一，它的趣为理服务，它的理通过趣来表现。

很显然，寓言中包含一定的寓意，且具有鲜明的哲理性，是寓言诸多特征中最为突出的。但是，有些寓意对儿童的价值引导又具有两面性，因此面对寓言这种文体，我们的语文教学应该采取怎样的姿态是相当重要的。

过去，寓言类作品教学过程中，教师在教学的最后一定会清楚地告诉学生：这则寓言揭示了一个什么什么样的道理，它告诉我们做事情的时候应该怎样怎样等等。新课程改革背景下，受非议最多的是对寓言作品的解读，大有对寓言进行一番另类解读的趋势。如有学生从《揠苗助长》中读出了农夫的勤快；有学生学习了《狐狸和乌鸦》之后，不仅不同情被骗的乌鸦，反而会赞慕善骗的狐狸；还有的学生学了《狼和小羊》、《会摇尾巴的狼》等寓言之后，会崇拜大灰狼，觉得大灰狼有智商、聪明，善于运用计谋达到自己的目的等。这样的理解会给学生造成怎样的误导？在教学中充分尊重儿童的感受本身无可厚非，但尊重不等于放任自流，"以儿童为本"也并非"儿童就是绝对真理"。针对寓言来说，在这样的情况下，教师的引导和点拨作用就必不可少了。用自己所掌握的知识和教学策略，引导学生向真善美的方向靠拢，是教师义不容辞的责任。寓言是用假托的故事或自然物的拟人手法来说明某个道理或教训的文学作品。在寓言的教学中应该树立健全的价值观导向、立足故事揭示寓意，并灵活运用多种教学手段对寓言中的"坏心术"加以正确引导，切实做到多元解读寓言，让学生学会从多种角度多种途径去思考问题并认识生活、认识社会。

（二）教学策略建议。

基于此，寓言教学的两个问题我们需要注意：一是寓言中生动的情节、形象的描绘不应该成为教学的难点、重点，尤其是到了高年级，借助具体的事件进行抽象概括的能力训练才是教学的重点、难点；二是不能总是沿着既定的思维方向，想以最快的速度来达到明白寓意的目的，学生思维稍一偏离，马上制止，这往往会扼杀学生创造性思维的发展。只有个性的充分发挥，在多角度的对比中才能真正懂得寓言的寓意，并促进思维的充分发展。具体可从以下几方面加以考虑。

1. 通过分析内容和形象揭示寓意的。

有人说，寓言是"理智的诗"。寓言的寓意有的在作品中直接说出来，有的则隐含在文字背后，让读者通过思索找出来。无论在文中点明寓意与否，象征、夸张、拟人的手法都是寓言作者常用的，他们通过塑造形象，营造情景，把想表达的意思寄托在这些形象和情景中。因此，以内容为载体，以形象为媒介，紧扣文本，领悟寓意，是寓言教学的一个要点。具体可根据不同寓言的特点，或转换角色体验，或创设情境对话，或评价人物言行，或抓住故事情节，或分析事物特点或发展规律，从而实现对寓意的揭示。

2. 借助重点语言感受形象。

一般说，寓言的语言多是直白如话、朴素简洁的，而这些简洁朴素的语言文字，通过细细揣摩，对学生的语言学习也能够起到推动作用。比如《南辕北辙》，采用一问一答对话的形式，每句问答独立成段，没有复杂的结构，没有华丽的词语，甚至对人物的语言都没有任何修饰的成分，可谓简约。但它采用白描的手法，用先总后分的结构，成功塑造了一位不听劝告、固执己见的人物形象，揭示了方向不对，行动与目的会完全相反的深刻寓意。《揠苗助长》，抓"巴望"体会农夫盼望禾苗长大的急切，抓"筋疲力尽"感受农夫的努力和辛苦，抓"总算没白费"体会农夫拔高禾苗后的喜悦和舒畅，从而深刻理解文本内容，感受人物形象。

3. 减少教师的判断推理，扩展学生的思维天地。

在寓言教学中，有的教师生怕学生难"明理"，很少给学生自己判断推理的机会；更怕学生想远了收不回来，完不成教学任务，学生思维刚一出格，就立即制止，结果学生的思考唯教师所想是瞻，养成直线、单一的思维模式。比如《买椟还珠》，如果仅仅停留在让学生了解寓意上，知道这篇课文是比喻把没有价值的东西留下来，却把贵重的东西丢掉的行为，可能还不够。还可以运用这则寓言的内容，由浅入深地引导学生思维至更宽广的领域，比如，有价值还是没价值，要通过比较才能知道；说什么东西有没有价值，要看用什么标准等等。这样，有利于培养学生思维的灵活性，更全面、客观地看待事物。

（三）教学课例呈现。

《狮子和鹿》教学实录

【教学理念】

《狮子和鹿》是一篇寓言故事，选自《伊索寓言》。内容理解方面，了解故事的内容、感悟故事中所蕴含的道理，自然是少不了的。语言学习方面，本文通俗易懂，平白如话，但其突出的语言表达特色就是语气词的使用，形象而生动地传达出鹿丰富的内心感受和情感，怎能轻易放过。阅读能力方面，进行段意的概括方法的迁移与训练，更是三年级阅读教学的重点，也是提高自读自悟能力的一项内容。可问题是，这么多的目标怎么能在短短的一节课时间内完成呢，非要来个筛选和整合不可。因此，准确撷取关键学点，牵一发而动全身，无疑成为本课成功教学的总体策略。经过对课文内容、学段目标、教材编排等进行一番分析、思考之后，最终确定"练习段落段意"和"学用语气词"为本课教学的关键学点。先用读中捕捉信息，抓住要点或者提供词语的方法，迁移练习段意概括；再按"初步感知—寻找规律—感悟用法—迁移运用"的步骤，层层深入地展开语气词的学习，从而促进教学目标的有效达成。

【教学过程】

1. 课题导入，提出读书要求。

师：今天，我们一起学习一篇课文，题目叫——

生：狮子和鹿。（教师板书课题）

师：发现没有，课文题目前还有个星字号，（板书）这是告诉我们什么？

生：这是一篇略读课文。

师：对。这还是篇——

生：寓言故事。（板书"寓言"）

师：你从哪知道的？

生：我从课文下的注释知道。（学生读注释："本文选自《伊索寓言》"）

师：用文后的注释帮助学习，真是一种不错的方法。你知道寓言故事跟一般课文有什么不一样吗？

生：寓言故事就是在故事中讲了一个道理。

师：对，故事里藏着一个要说明的道理，这就是寓言故事的特点。刚才，有同学告诉老师，你们在家里已经预习了这篇课文，如果老师现在就来考考你读书读得怎么样，敢不敢？

生：（齐）敢！

师：不过在敢之前，为了让每一个同学把最美的声音、最好的朗读表现出来，还是先给大家一点时间，再把课文读一读。不过读的时候，要做好两件事。（课件出示阅读任务：1. 把课文读通，注意把生字读好。2. 边读边想想每个自然段讲什么）

（学生自由读书）

[教学意图]

开门见山式的导入，节省了不必要的时间浪费；单刀直入地提出学习任务，为后续的阅读活动定向。这不失为略读教学的基本策略。

2. 迁移学法，练习概括段意。

师：现在开始检查大家读课文的情况。谁读第 2 自然段？

（学生读）

师：大家回忆一下，在以前课文的学习中，你们是怎么说一段话的意思的？

生：可以用自己的话说。

生：也可以找出这段话中的关键词，再加上自己的话概括。

生：如果一段话中有概括全段话的句子，就直接用这句话概括。

师：很好。那课文的第 2 自然段讲什么？

生：这一段讲，有一天，一只鹿去河边喝水，发现自己的影子很美。

师：你发现了这段话中的"发现"一词，用它概括意思，这方法果然好用。再请一位读第3自然段，读完后说说这一段说什么。

（学生读后，师生一起纠正"匀称"、"精美别致"、"珊瑚"的读音）

生：这一段写鹿的身段很匀称。

生：写鹿看到自己的身段很匀称，它很得意。

生：我有补充。还有写鹿角很美丽。

师：这段话中也藏着一个关键词，是哪个？

生：欣赏。

师：这个词在前面学过的哪一课中出现过？

生：在《美丽的小兴安岭》中。（学生读）"有的侧着脑袋欣赏自己映在水里的影子。"

师：那你能不能也用上这个词把鹿角和鹿腿这两个内容合起来说一说？

生：鹿的身段很匀称，鹿角很精美别致，鹿非常欣赏。

生：鹿对着池水欣赏自己匀称的身段和精美别致的鹿角。

师：继续。请你读第4自然段。

（学生读，指导读好"泛"、"撅"）

生：这一段写鹿讨厌自己的腿太细了，配不上两只美丽的角。

师：你为什么用上了"讨厌"这一词？

生：因为课文说鹿"撅起了嘴，皱起了眉头"。

师：能够通过课文的句子表现出来的意思选择词语概括，很好。

生：老师，我觉得不用"讨厌"，用"抱怨"更好。

师：说说理由。

生：第5自然段的第一句话这样写："鹿开始抱怨起自己的腿来。"这句话中的"抱怨"就是讲上面一段的。

师：都能联系上下文中的词语概括段的意思，这种联系上下文的学习方法值得鼓励。（学生鼓掌）

师：第6自然段比较长，能不能读好？

（学生读，提醒学生特别读好多音字"撒"、"挣"，以及"扯"的读音）

生：这段话写鹿靠两条细腿逃脱了。

生：我觉得这段话是写鹿遇到危险，最后是靠两条细细的腿终于把凶猛的狮子给甩在后面了。

生：这段话是写美丽的鹿角差点送了鹿的命，细细的鹿腿却救了它。

师：是啊，你所说的意思在最后一段话中就有。谁来读读这句话？

生：（读）"两只美丽的角差点儿送了我的命，可四条难看的腿却让我狮口逃生。"（投影出示这句话）

师：大家一起读读。（学生齐读）

师：这样的句子在文中很重要很重要，在学过的课文中就有很多，比如《爬天都峰》中的——

生：（读）爸爸听了，笑着说："你们这一老一小真有意思，都会从别人身上汲取力量！"

师：还有《孔子拜师》中的最后一句——

生：（学生读）"人们佩服孔子和老子的学问，也敬重他们的品行。"

师：是的，在以后的读书中，如果发现这样的句子，可千万不能小看它。在课文的这句话中，就有反义词，找一找。（学生找、圈画）

生：我找到的是"美丽"和"难看"。（板书：美丽　难看）

师：具体说说，美丽的是什么，难看的是什么？

生：美丽的是鹿角，难看的是细腿。（教师在黑板的"美丽"、"难看"后分别加上"角"和"腿"）

师：还有一对。

生：送和逃。

师：好，用书上的话说就是"差点送命"和"狮口逃生"。（在"美丽的鹿"和"难看的腿"后，对应地写上"差点送命"和"狮口逃生"）

[教学意图] 紧紧围绕学习任务展开检查，并突出概括段意这一重点，

是本环节教学的主要特点。对三年级学生而言，概括段意虽处训练的起步阶段，但也不是毫无经验背景，他们在《狮子和鹿》之前的精读课文或略读课文的学习中，已初步学习了一些概括段意的基本方法。故此，这环节的教学，重在引导学生把相关的知识经验和学习方法加以迁移，以进一步形成和巩固概括段意这一阅读能力。

3. 感悟语言现象，学用语气词。

师：弄懂了每段话的意思，接下来我们就开始学习课文中好的句子了。这回，我们可要静静地默读第2、3、4自然段，把描写鹿发现自己的影子、角和腿的句子找出来。

（学生默读，边读边用笔画句子）

生：我找到的句子是："哎，这四条腿太细了，怎么配得上这两只美丽的角呢？"

生：我找到的句子是："啊！我的身段多么匀称，我的角多么精美别致，好像两束美丽的珊瑚！"

生：还有这一句："咦，这是我吗？"

（多媒体出示这三句话，让学生齐读一遍）

师：这三句话可有共同的地方呢，你能发现吗？

生：我发现了，这三个句子都是鹿说的话。

生：我还发现了，这三句话都是鹿说自己的。

生：这三句话的开头，都只有一个字"咦"、"啊"、"哎"。

师：对了，这三个字都是——

生：口字旁。

师：这是什么词？

生：象声词。

师：像叮叮叮，咚咚咚这样表示声音的词才是象声词。老师告诉你们，"咦"、"啊"、"哎"，这是语气词。（板书）给这三个语气词做上记号。（学生圈画）

师：课文为什么要用上语气词呢？自己读一读，感觉感觉。（学生自由、轻声地读）

生：老师，第一句话用"咦"是不是说鹿很惊讶？

师：去掉"咦"读一读看。（学生边读边琢磨）

生：对了，我读着，发现没有"咦"，好像不怎么怀疑。有了"咦"，鹿惊讶、怀疑的意思就清楚了。

生：我觉得有了"咦"，鹿又惊讶又欢喜的感觉就读出来了。

师：看来，用读来感觉词语或句子的意思，确实是一个好方法。谁来读出自己的感觉来？（学生有感情地读）

师：你来说第二句。

生：第二句中的"啊"，是表示开心的意思。（学生读这句话）

生：不仅开心，还有惊喜。（学生声情并茂地读句子）

师：那"唉"呢？

生：是说很讨厌，厌倦，失望。

生：鹿对自己难看的细腿感到非常的失望。

师：读出鹿的失望来。（学生读）

师：原来，用不用语气词，就是不一样。有了语气词，就能把鹿的内心想法表现得更真实、更生动了。不过，课文中还有些地方没有用上语气词，你能不能也学着用一用呢？（投影出示第6自然段，学生边默读边思考）

师：好，下面我们来试一试。

[投影出示：当鹿灵巧地把狮子远远甩在后面时，狮子灰心丧气不想追了："（　　），＿＿＿＿＿＿＿＿＿＿＿＿。"]

生：哎，鹿你怎么跑得这么快啊，看来我老了，没用了。

生：哎，到嘴的美餐就这么丢了，真是不甘心啊。

生：哎，煮熟的鸭子怎么就这样飞走了？

师：狮子灰心丧气，而鹿呢？

[投影出示："（　　），_____。"鹿长长地舒了口气]

生：哈，我真是命大啊！

生：嘀，想吃我，没那么容易！

师：正在这时候，糟糕！美丽的鹿角被树枝挂住了！凶猛的狮子一看，机会来了，鹿却吓得直冒冷汗。

[投影出示：狮子：（　　），_____。

　　　　　　小鹿：（　　），_____。]

生：狮子惊喜万分地说：哈哈，我终于捉住这只美丽的鹿了！

生：狮子会说：啊，飞走的鸭子又回来了。

师：如果加上"老天有眼"可能会更好。再说一说。

生：啊，真是老天开眼了，飞走的鸭子又回来了！

师：那鹿呢？

生：哎，都是这两只美丽的角给害的，我可怎么办啊，呜！

生：哼，这什么破角啊，这下我要成为狮子的盘中餐了。

生：哎，我真不该那样喜欢角，相信角。

师：鹿眼看着就要被狮子吃了，在这危急的关头，鹿靠四条细腿逃生了。这时，鹿才恍然大悟，明白了什么？

[投影出示：这次死里逃生让小鹿恍然大悟，"（　　），原来_____。"]

生：啊，原来，不能小看自己的那四条难看的腿呀。

生：哦，原来，好看的东西，也会有害人的时候。

生：哟，原来，美丽的东西不一定有用，难看的反而有好处呢。

生：哦，原来，看一样东西好不好，不能只看它好不好看，要看它有没有用。

生：看人也是这样。

生：噢，原来，每个人都有优点，也有缺点，我们不能只看到一部分，忘了看全部。

生：哦，原来，看一个人不能只看表面，应该看全面。

师：不是表面，而是片面。学到这，我们明白了这篇课文告诉我们的道理，那就是，对待任何人和物，不能只看到他的外表，还得看他的使用价值；不能片面地看，要全面地看。下课！

[教学意图]语言学习大致要经历感知、理解、内化、运用这样的过程，对语气词的学习基本遵循了这一学习规律。整体教学分成三步：先默读，发现三个句子中都用了语气词，再自由读，感受语气词对句子表达的作用，然后以课文段落内容为平台，依据自己的理解，尝试用上语气词表现狮子和鹿在不同时候的内心感受。如此，把内容理解、语言内化、寓意感悟、表达训练等自然地渗透在语气词迁移运用这一支点上，收到了以一当十、省时高效的教学效果。

七、说明类文体的教学。

（一）文体类型略说。

叶圣陶先生说，说明文就是要"说明白"，要忠实于事物的客观性和知识的准确性。"说明白"可能就是说明文的最核心、最本质的特征了。为了把事物特征说清楚，或者把事理阐述明白，说明文中就有了自己独特的说明方法。

1. 精准的词句运用。尽管是说明类课文，作者依然特别注意推敲词语，讲究词语的精当、贴切。《赵州桥》中的"大桥洞顶上的左右两边，还各有两个拱形的小桥洞"中的"顶上"、"左右两边"、"各有"等词语就体现了说明文说明语言的准确性、平实性、周密性和科学性的特征，保持着此类文本特有的严谨的科学态度。而《我是什么》中的"平常我在池子里睡觉，在小溪里散步，在江河里奔跑，在海洋里跳舞，唱歌，开大会"形象地拟人化地说明了水在不同地方的表现形态，使得原本深奥难懂的科学语言变得通俗化、趣味化、生动化。

2. 多样的说明方法。常见的说明方法有举事例、分类别、列数据、作比较、下定义、打比方等，不同的说明文需要根据说明对象的特点及写作目的，选用不同的方法。

3. 精巧的布局结构。说明文有一定的顺序，常见有时间顺序、空间顺序和逻辑顺序。但具体到一篇文章时，又会有所变化。如《恐龙的灭绝》全文是按总分总的顺序写的，中间分述部分又采用并列结构来写。《电脑住宅》按照"大门外—门口—会客厅—厨房—卧室—浴室"的顺序把电脑住宅介绍得一清二楚。《神奇的克隆》一文的叙述顺序是"什么是克隆？哪些可以克隆？克隆有什么益处？"在结构上具有清晰的条理性。《我是什么》则运用了童话的体裁，以人物的对话等方式向低年级的学生介绍了事物的特点。

当然，这些说明方法的使用，意在表现知识的趣味性，激发学生探索世界的好奇心和求知欲。小学语文教材中的许多说明性文章，或者介绍大自然的神奇现象或自然景观，或者描写有趣的动、植物生活习惯，或者介绍最新科技的成果，带着神奇而神秘的色彩，学生非常感兴趣。

（二）教学策略建议。

相对于其他文体的课文，说明文没有吸引人的曲折情节，没有影响人的鲜活形象，也没有感染人的浓郁情感。因此，许多教师认为此类文本内容简单，写法平实，学生一读就懂。于是，有些教师索性让学生读读课文，了解了解内容，顶多再延伸一下，读读课外补充资料就结束教学了。这样，一方面歪解了编者的意图，弱化了学生对说明文的深入认知和阅读兴趣，另一方面，使得本该成为学生学习方法习得、学习习惯养成、科学知识熏染的过程被浅化。其实，说明文有其独特的教学功能，特别是对于学生的认知能力、理解能力、概括能力、表达能力培养有着独特的优势，尤其是学生科学品质的熏陶，搜集处理信息能力的培养，是其他学科难以企及的。

1. 整体把握，概括文意。读懂课文是学习课文的基础，这首先就体现在学生能否读懂课文的内容，段落的内容，能否用准确、简洁的语言概括出课文的主要内容。但是，说明文的内容概括不同于其他文体，一般遵照这样的思路：课文从哪些方面，介绍了什么事物，具有什么样的特点或价值。特别注意的是，概括出主要内容不是目的，进行概括方法的渗透更为重要。只有这样，才有利于独立阅读能力的培养。教学中引导学生抓住文中的总起句、总结句、中心句等关键句子，可以较快地帮助学生理清文章的脉络。例如《秦兵马俑》中抓住"兵马俑不仅规模宏大，而且类型众多，个性鲜明"这个过渡段，学生就能较快地知道课文是分两大部分来写的。这样的训练，不仅是有条理表达方法的渗透，还有利于培养学生的逻辑思维能力。

2. 品析词句。说明文以说明介绍事物为主，语言准确，包括表示时间、空间、数量、范围、程度、特征和性质等词句，都必须准确无误。因此，教学时要抓住这些词语进行咀嚼、对比，让学生充分感受说明文用词的准确性。教师如若不点拨，学生往往会忽视。如，教学《鲸》时，让学生在默读中找出鲸生活地点的变化，在此基础上再让学生思考作者是怎样写出演变过程的。这样学生既明白了鲸从"陆地"到"浅海"最后到"海洋"的生活演变，又扣住"很远的古代"、"很长很长的年代"、"渐渐"等关键词语体会到了这一过程的无比漫长。如，《秦兵马俑》将原文中的"近20000米、长230米、宽62米"等，改成"很大、很长、很宽、不可计数"，让学生对比，体会课文运用列数字、举例子、作比较等说明方法的表达效果的不同，这对提高学生遣词造句的能力大有好处。

3. 迁移运用。阅读教学只有着眼于言语形式，才能引导学生学习"独一无二的表达"，才能真正提高听说读写的水平，逐步形成语文素养。说明文的教学依然如此。教师要善于结合每篇课文的主要特色进行有选择的侧重练习，有的可以进行句式的迁移模仿，如学了《秦兵马俑》的第8自然段后，引导学生根据图片或发挥想象，仿照课文"描写＋想象"的方法来写秦兵马俑。有的变换人称进行语言转换训练，比如学习《新型玻璃》让学生以"新型玻璃的自述"为题，以第一人称的角度来说。有的改变叙述方式写话，如让学生仿照《鲸》的表达方法改写《松鼠》，以精练平实的语言（要求摒弃原文中感情色彩浓厚的语言），从松鼠的大小、外形、活动、吃食、住处（选址、搭窝、居住）与生育等几个方面，用列数字、举例子、打比方、作比较等说明方法来介绍松鼠。有的续写，有的进行篇章的仿写，如学习了《鲸》后，可引导学生运用举例、比较、列数字、拟人、比喻等说明方法，仿说仿写猫。这样，学生收获了知识，也收获了语言。

4. 搜集、处理信息。说明文的教学，对于指导学生运用现代技术搜集和处理信息的能力有着独特的优势。因此，一方面，要引导学生在学习的过程中就课文中出现的科学术语、新鲜事物，进行资料的查询与梳理，另一方面，在课外的阅读中，对于自己感兴趣的问题，要进行深入的阅读学习，并开始多种多样的语言实践活动。比如，教学《神奇的克隆》一文，课前的预习时，学生在读通课文的基础上，要想一想课文主要讲了哪些内容？你结合最感兴趣的某些方面，查找有关的资料、图片、视频，可以读一读、理一理、议一议。课堂上，学生进一步了解克隆的内涵，深化对这一高科技的认识，课后作业中可以继续布置学生围绕着"克隆对于今天的生活是利还是弊"进一步展开讨论，学生就需要进一步深入地查阅资料，为自己的观点搜寻信息，整理素材。文本的教学反而成为新一轮学习的起点，呈现的将是"射线式"的开放式语文学习愿景。

（三）教学课例呈现。

《秦兵马俑》教学实录

【教学目标】

1. 在正确、流利地朗读课文的基础上，尝试利用文章过渡句的方法概括课文的主要内容。

2. 默读课文，了解课文是如何介绍秦兵马俑的规模宏大、类型众多和个性鲜明的。

3. 凭借课文的语言材料，进行语言转换训练和想象写话练习。

【教学时间】教学课时：1课时。

【教学过程】

1. 直观导入，揭示课题。

师：（板书"秦"）这读作——

生：秦。

师：这是个朝代，离我们有两千多年了。大家知道中国历史还有哪些朝代？

生：唐朝。

生：宋朝。

师：（板书：俑）谁来介绍一下俑？

生：就是用泥土做的人像。

生：也有木头刻的头像。

师：俑，是古人用泥土、木头或者其他材料做的人像，主要作陪葬用的。（板书：兵马）世界上有七大奇迹，今天我们要去认识的秦兵马俑，是秦始皇的随葬品，被人称为第八大奇迹。一起读课题。

生：秦兵马俑。

师：看，这就是秦兵马俑。（课件播放）

2. 自读课文，畅谈感受。

师：大家预习过课文吗？

生：预习了。

师：那请你用书上的词说一说秦兵马俑怎么样？（在课题后加一横线）

生：举世无双，类型众多，神态自若。

生：绝无仅有，气势宏伟。

师：老师带来了这些词。（课件出示以下词语，指名读）

举世无双　享誉世界　规模宏大　类型众多

个性鲜明　惟妙惟肖　宏伟气势　绝无仅有

师：这八个词语中，有一对意思是一样的，发现了吗？

生：举世无双和绝无仅有。

师：对，这一对词语告诉我们秦兵马俑在中国历史上和世界历史上都是独一无二的。再齐读这两个词。（学生读）

师：不知道大家有没有发现，这篇课文中四个字的词特别多。我们来读几个。

（出示第一组：身材魁梧、昂首挺胸。学生读）

师：这是写什么的？

生：人物的外形样子。

师：再读第二组。（出示：头戴鹖冠、身披铠甲、足蹬长靴、手执缰绳，指名读，提醒读好"鹖"，以及多音字"冠"）

师："冠"是帽子，"鹖冠"是什么样的帽子？

（学生摇头）

师：看"鹖"字形，跟什么有关？

生：鸟。

师：对，这是古代的一种鸟，这种鸟非常凶猛、好斗。看，这就是鹖冠。（出示图片）猜猜看，用这种鸟做成的帽子戴在将士的头上，表示什么意思？

生：是说这些人很好斗。（众笑）

师：你的意思我明白，就是表示这些将士一个个都很威武、善战，是吗？

生：是。

师：谁说说铠甲用来干吗的？

生：我知道是用来防护自己的。

师：（出示图片）这就是铠甲，它一般是用皮革、铁片等材料制作的用来抵御刀枪的。这四个词语是写什么的？

生：人物的衣着、动作。

师：再读第三组。（出示：颔首低眉、目光炯炯）"颔"和"炯"是生

字，不好读，谁领个头？（指名读，全班读）

师："颔"是点头的意思，"颔首低眉"就是说点着头，低着眉。"目光炯炯"是说什么？

生：目光明亮，有精神。

师：这两个词语写的是——

生：人物的神态。

师：最后一组。（出示：南征北战、所向披靡、战车千乘、殊死拼搏，指名读，全班读）

师："靡"指的是草木，猜一下"所向披靡"的意思？

生：风吹过去，草木倒了。

师：有点意思了。一阵又一阵的风呼呼地吹过（做手势），草木顺着风吹过的方向倒伏下去。这是它原来的意思，后来用它表示很有气势，势不可当。读出这个意思来。

（学生读）

师：还有一个词也要特别注意："战车千乘"。"乘"是多音字，读"shèng"，是量词。大家看课后的图，四匹马一部车合起来就是"一乘"。想象一下，战车千乘是一种什么样的壮观景象。读这个词。

（学生读）

师：这四个词语是写什么？

生：是写壮观场面的。

师：我们连起来把这些四个字的词语读一读。

（学生读）

[教学意图]由于文中有大量的四个字的词语，因此，读好这些词语自然是教学的一项要求。关键在于，仅仅读正确是不够的，还需理解词语的意思，选用词语概括秦兵马俑给人的初步感受。这无疑拓展了词语教学的语用功能。

3. 任务驱动，自学课文。

师：接下来，默读课文，完成一个练习。

（出示"课文信息卡一"，学生阅读填写）

项　目	主要内容
文物名称	
出土地点	
兵马俑特点	
文物价值	

师：哪个愿意先来？

生：文物名称是秦兵马俑；出土地点是西安临潼；兵马俑特点是规模宏大、类型众多、个性鲜明；文物价值是享誉世界的珍贵历史遗产。

生：文物价值我填的是举世无双，享誉世界。

师：我们刚才做的就是捕捉文章的主要信息。看来难不倒大家，下面增加一点难度。现在请你用这样的主要信息，说说课文主要写了什么？

生：秦兵马俑出土地点在西安临潼，秦兵马俑规模宏大、类型众多、个性鲜明，文物价值是享誉世界的珍贵历史遗产。

师：大家觉得他说得怎么样？

生：开头说"秦兵马俑"了，后面不要再说，要用"它"代替。

生："文物价值"四个字也不要。

师：好，你能自己改改吗？

生：秦兵马俑出土于西安临潼，它规模宏大、类型众多、个性鲜明，是享誉世界的珍贵历史遗产。

师：好，这回说得清楚而准确。有不同的说法吗？比如地点放在开头，或者特点放在开头。

生：出土于西安临潼的秦兵马俑，规模宏大、类型众多、个性鲜明，是享誉世界的珍贵历史遗产。

生：规模宏大、类型众多、个性鲜明的秦兵马俑出土于西安临潼，是享誉世界的珍贵历史遗产。

师：如果先说价值呢？

生：秦兵马俑是享誉世界的珍贵历史遗产，它出土于西安临潼，规模宏大、类型众多、个性鲜明。

师：都说得不错。其实在这四个主要信息中，有一个更主要。回忆一下课文内容，你认为这四个信息中哪个可以排在第一位。

生：应该是文物价值。

生：我觉得应该是文物特点。

师：到底是哪一个？以书上的内容为依据评判一下。

生：文物特点最重要，因为整篇课文主要就是说秦兵马俑有什么特点的。

师：对，秦兵马俑的特点你是从课文哪些地方读到的呢？

生：（读）"秦兵马俑不仅规模宏大，而且类型众多，个性鲜明。"

师：课文的哪个段落是讲规模宏大，哪些内容是写类型众多、个性鲜明？

生：第2自然段写规模宏大，4—8自然段写类型众多、个性鲜明。

师：这种上半句说前面的内容，下半句说后面的内容的句子叫什么句？

生：过渡句。

师：这样的句子在一个段里，叫过渡句。可它单独成一个自然段的时候，它的名字变了，叫过渡段。如果遇到这样的过渡段，我们用它也可以概括课文的主要的信息。谁来试试？

（指名说）

师：了解了课文的主要内容当然不算读完了一篇课文。接下来，我们进一步学习课文。先默读第2自然段，把这张表格填一填。

（出示"课文信息卡二"，学生阅读填写，指名汇报交流，信息卡中逐一出现相关内容）

项　目	主要内容
占地总面积	近 20000 平方米，差不多有五十个篮球场那么大
兵马俑总数	近八千个
一号坑总面积	14260 平方米
一号坑长	230 米
一号坑宽	62 米
一号坑兵马俑总数	六千多个

师：填得都对。读读所填的内容，你有什么发现？

生：填的都是数字。

师：就是说，写规模宏大部分用的是列数字的方法。（板书：列数字）还有呢？

生：这些数字有的是语文字，有的是数学字。

师：应该说有的是汉字，有的是阿拉伯数字。同样是数字，为什么会不一样？什么时候用汉字，什么时候用阿拉伯数字？

生：后面带"米"的时候用的都是阿拉伯数字，用"个"的时候用的是汉字。

师：对。还有秘密，再发现。

生：有的有"近"或"多"字，有的没有。

师：有没有"近"区别在哪？

生："近""多"是说差不多，不准确。没有用这两个的就是准确的数字。

师：同学们，如果不用这些数字你觉得会怎么样？

生：我们就不知道秦兵马俑的规模到底是什么样的。

生：没有数字，没办法让我们感受到秦兵马俑规模宏大。

师：读着读着这些数字，你的脑海里出现了什么样的情景呢？

生：我好像看到了一个很大很大的地方，里面站满了兵马俑，远远地看过去，很气派。

生：如果近八千个兵马俑真的会动会跑的话，那场面一定很壮观，很吓人。

师：这是你们的想象。这一段也写了作者的想象，读一读。

生：（读）真像是秦始皇当年统率的一支南征北战、所向披靡的大军。

师：今天，让我们再次伫立于秦俑坑前，来检阅这支蓄势待发两千多年的秦国大军吧。（大屏幕出示一号坑全景图，同时播放《兵马俑幻想曲》）伫立于秦俑坑前，你感受到了什么？

生：我仿佛看到将军一声令下，战士们一个个向敌人杀去，敌人死的死，伤的伤。

师：你看到的是前锋部队。你们有没有听到些什么？

生：我仿佛看到那些兵马俑都活了，他们手拿宝剑，翻身跃上马背，喊着："冲啊！"后面还有的战士在不停地敲着战鼓。

师：听你这么一说，我们的耳畔仿佛也响起了那震耳杀声，擂动的战鼓声，看到了弥漫的硝烟，飞扬的尘土。这就是用数字的好处，大量的数字再加上丰富的想象，使我们感觉到秦兵马俑规模宏大。（在"列数字"后板书：展现壮观景象）下面我们齐读这个自然段，再次感受一下秦兵马俑的恢宏气势吧！

师：如果你是一名小导游，能用这些数字给我们介绍一下秦兵马俑规模宏大的气势吗？准备准备，同桌互相说说。

（学生准备、交流）

生：秦兵马俑占地面积近20000平方米，差不多有五十个篮球场那么大……

师：对不起，先打断一下。导游看到游客要先说什么？

生：（点头）各位游客，大家好。欢迎参观秦兵马俑。秦兵马俑占地面积近20000平方米，差不多有五十个篮球场那么大，兵马俑总数近八千个。一号坑……

师：哦，怎么一下子说到一号坑了？大家帮他出出主意，怎么说才不让人感到突然？

生：要告诉人们地点变化了，像《颐和园》那一课一样。

师：学以致用，很好的建议。（问说的学生）你同意吗？

生：同意。各位游客，大家好。欢迎参观秦兵马俑。秦兵马俑占地面积近20000平方米，差不多有五十个篮球场那么大，兵马俑总数近八千个。现在大家看到的是面积最大的一号坑，一号坑总面积14260平方米，一号坑长230米，一号坑宽62米，一号坑兵马俑总数六千多个。

师：大家有意见吗？

生：介绍一号坑的时候，一直说"一号坑""一号坑"，太啰嗦了。只要说一个，后面就用"它"就可以了。

师：介绍完，还要加上什么？

生：感谢大家的参观，欢迎大家再来。

师：这样有开头的欢迎词，有中间的具体介绍，结束时再说感谢的话，这才是完整的导游词。再请一位同学完整地来一次。

（一学生介绍）

[教学意图] 用数字表现秦兵马俑的规模宏大，教学时当然就得紧抓这些数字不放。既要从中感受列数字表现事物特点的写法及其好处，还得在导游介绍的情境创设中用好这些数字，培养学生的表达能力。这样，列数字写法的资源运用就丰富多了。

4. 把握特点，迁移写法。

师：课文用列数字的方法展现了秦兵马俑的规模宏大，那又如何表现它的类型众多、个性鲜明的呢？默读4—8自然段，说说从哪里看出秦兵马俑类型众多，个性鲜明呢？

生：秦兵马俑有将军俑、武士俑、骑兵俑、陶马，每一种都不一样。

师：说一种给大家听听。

生：比如将军俑就很威风，神态自若。（读）"将军俑身材魁梧，头戴鹖冠，身披铠甲，手握宝剑，昂首挺胸。那神态自若的样子，一看就知道是久经沙场，重任在肩。"

师：哪些词语表现了将军俑的威风？

生：身材魁梧，头戴鹖冠，身披铠甲，手握宝剑，昂首挺胸。

师：这些词写什么的？回忆一下。

生：是写人物样子、动作和衣着的。

师：对，这些都是我们可以看得到的。（板书：看到的）那"久经沙场、重任在肩"可以看得到吗？

生：不能。

师：那是？

生：作者想到的。

师：对，是看到将军俑"那神态自若的样子"后想到的。（在"看到的"后板书"想到的"）其他俑是不是也是这样写的？（出示描写骑兵俑的语句）哪些是看到的，哪些是想到的？

生："骑兵俑上身着短甲，下身着紧口裤，足蹬长靴，右手执缰绳，左手持弓箭"是看到的，"好像随时准备上马冲杀"是想到的。

师：好。再看这一段。

（课件出示：仔细端详，神态各异：有的颔首低眉，若有所思，好像在考虑如何相互配合，战胜敌人；有的目光炯炯，神态庄重，好像在暗下决心，誓为秦国统一天下作殊死拼搏；有的紧握双拳，好像在听候号角，待命出征；有的凝视远方，好像在思念家乡的亲人……）

师：用横线画出看到的，波浪线画出想到的。

（学生画后汇报，后分组对接看到的和想到的句子）

师：如果我们把想到的不要了，你觉得怎么样？试着读一读。

（课件出示去掉联想句后的语段）

生：我们不知道这些俑准备做什么。

生：这样只有看到的，一点都不生动。

师：对，有了联想的内容，不仅把人物写活了，（在"看到的 听到的"后板书：表现鲜活形象）还把作者的感情也融了进去。一起读读这段话。

（学生齐读）

师：这段话中的省略号说明兵马俑不止四种姿态，还有哪些呢？老师给大家带了几幅秦兵马俑的图片，请你选择其中的一幅或两幅，学着书上的写法来写。（课件展示，图片下方是："有的_____，好像_____；有的_____，好像_____。"）

生：我说第一幅。有的左手向前伸，右手紧握，好像马上就要与敌人搏斗。

生：我说第五幅。有的眯着双眼，望着远方，好像回忆着与家人在一起的甜蜜往事。

师：有没有同学也说这一幅的，有不一样的吗。

生：有的眯着双眼，微微仰着头，望着远方，好像在思考下一步该如何排兵布局，应对敌人的进攻。

师：你看，同样一幅图，不同的人想象的就不一样，只要合理就可以。

……

师：课上到这差不多了。回家做一道练习，老师把它放在屏幕上，但大家不能抄，而是用这节课学到的抓主要信息的方法来记。实在不行的，就抄。开始吧。

（课件出示：

期中考试卷发了下来，同学们表情各异：有的垂头丧气，好像_____；

有的瞠目结舌，好像_____；有的手舞足蹈，好像_____；

有的若有所思，好像_____。）

[教学意图] 展开丰富的联想和想象是状物类文章的基本写法，本环节教学从具体语句入手，体会想象方法的运用能把秦兵马俑的个性、类型写

得栩栩如生。再利用文中的空白，尝试运用这种写法进行写法迁移，实现读写结合、学以致用。

八、神话类文体的教学。

（一）文体类型略说。

神话，英文为"myth"，这一词语来自希腊语中的"mythos"，其含义是"表达"、"言说"、"故事"或"传说"等，大致分为四类：创世神话、神佛神话、英雄神话、民间传说，中国的神话以民间传说为多。

神话是人们想象中的故事，发生在比有历史记载的时期更加遥远的人类纪元之前，也可以说人类最早的叙事往往是从神话传说开始的。因为当一个文明渐渐发展，人们开始对世界和自己的来源问题感到疑惑并做出各种不同的解答时，神话往往是许多民族不约而同选择的形式。比如徐整《三五历纪》云："天地混沌如鸡子，盘古生其中，万八千岁。天地开辟，阳清为天，阴浊为地。盘古生其中，一日九变，神于天，圣于地。天日高一丈，地日厚一丈；如此万八千岁，天数极高，地数极深，盘古极长。后乃有三皇。"这些故事不是发生在某个具体的历史朝代，它是中国人民关于宇宙起源，天地形成的解释，其时间背景应该是在遥远的历史纪元之前。可见，神话反映古代的人们对世界起源、自然现象和社会生活的原始理解和认识，并借助想象来表达他们征服自然力的理想和追求，以及渴望英雄、改变生活的心愿。这是其一。

其二，神话故事的象征意义超越时间，具有无时间性。神话与历史是不同的，其不同之处在于：历史记载或叙说的是时间上相对较近的，发生在某处，涉及某些历史人物的事件。任何一个历史事件都发生在一定的历史时期内，尽管时间有长有短，但仍然具有时间性。神话则不同。无论是古希腊神话、古罗马神话，还是中国古代神话，它们的象征意义都是可以超越时间而存在的。神话中的人物超越生死轮回，永恒存在，其象征意义也将被一代一代传承下去，影响深远。这就是人们今天依然喜欢神话、学习神话的意义所在。

其三，神话是远古人类还没有能力对自然现象和社会现象作符合实际的解释，只能依托想象、幻想来对所观察或经历的自然界或社会现象的解释和说明。因此，以超自然的形象和奇丽的幻想来述说超出了人力范围的不可能的事，使神话故事富有浪漫主义色彩，这构成了神话文体最显著的特征。

（二）教学策略建议。

神话是神奇的，神奇的人物，神奇的器具，神奇的事件，神奇的力量，还有心中的神奇感觉，这使得神话蕴含着神秘的色彩，充满着想象的无穷张力，所以，教学神话故事，就要充分关注神话的特点。瞄准"神奇"这一基点选择教学方法，是神话故事教学的最佳选择。

1. 朗读与想象并重，感悟神话人物的"神"。

神话由于情节生动、夸张，其故事发展和结果常常超出人们的预料之外，因而对长于形象思维的小学生来说，具有强大的吸引力。所以，要放手让学生自由读课文，边阅读边发现故事的神奇之处，并抓住那些神奇的描写，引领学生循着语言这条线，展开丰富的想象，体会人物形象。比如，《女娲补天》抓住"几天几夜"、"终于"等词语，启发学生想象在这几天几夜里，女娲会怎么找石头，会遇到多少困难，由此感悟女娲的无私奉献精神。在此基础上，诵读那样充满无限夸张和想象的语句，学生读着读着，脑海里自然而然地就会浮现一幅幅生动的画面，从而浸润在神话的情感磁场中，领略神话的无穷魅力和女娲的鲜活形象。

2. 复述与详述并行，再现神话故事的"神"。

复述是在理解课文的基础上运用语言，把课文的内容和含义进行完整而连贯的叙述。许多神话故事课文后面都安排了"我用自己的话讲这个故事"的思考练习，这就要求教师在教学中要注重学生复述、讲述能力的训练，在复述、讲述中，积累语言。为了增强复述的有效性，改变为了复述而复述的弊端,将复述的方法细化、具体化,比如用"提问题、连答案"的方法概要复述课文内容,用"借助重点词,展开合理想象"的方法详细复述课文。同时,注意复述指导的层级性,先扶学复述一部分内容,引导学生在理解课文的基础上将长句子浓缩成一个短语或一个词,并用最精练的语言表述故事内容,从中领悟概要复述的方法;再从扶到放,引领学生逐步掌握方法;最后归纳方法要领,说一说故事的主要内容。如此一步一步进行复述指导,可取得良好效果。

3. 涵咏与导写并举,领略神话语言的"神"。

神话题材的课文因富于神奇的想象而充满魅力。这魅力,一方面有赖于想象,另一方面,则有赖于语言的"诗性"和"灵性"。但在平常的教学中,我们往往将教学的着力点放在引导学生感悟故事本身的神奇上,而忽视了其语言表达的特色。因此,教学时,我们要高度关注文本语言特色,透过对语言的品析,引导学生关注神话人物是如何被刻画、塑造的。同时,还要借助课文进行丰富多彩的语言实践。比如,《盘古开天地》第4自然段描写盘古倒下后,身体发生变化的句子极富节奏感和想象力,在体察、涵咏语言的精美和表达特点后,发挥想象,仿照课文写法,补写省略号的内容。除了仿写外,还可以概括每篇神话故事的特点,设计补白、扩充、续写等练习,提高学生的想象思维和语言表达能力。

(三)教学课例呈现。

《普罗米修斯》教学实录

【教学目标】

1. 学会本课的生字新词。正确、流利、有感情地朗读课文。

2. 品读课文中重点语句,揣摩人物的心情,体会普罗米修斯的勇敢和献身精神。

3. 抓住教材空白,展开合理的想象,学生通过想象说话发展语言,从而走进人物内心，感受普罗米修斯的英雄形象。

【教学重点】

抓住重点词语，交流阅读的感受，走进人物的内心，感悟英雄形象，感受普罗米修斯的英雄行为，激发学生表达自己的独特见解。

【教学过程】

1. 初读议人物关系。

师：神话传说故事大家并不陌生，说说读过哪些这样的故事？

生：我读三年级时学过《女娲补天》。

生：还有《盘古开天地》。

生：我看过《精卫填海》、《后羿射日》的故事。

师：这都是我国的神话故事。今天，我们来认识一个古希腊神话故事，它的名字叫普罗米修斯。（板书课题）大家一定预习过课文了。课文中出现了几个人物，谁知道？读读他们的名字。

生：太阳神阿波罗，众神之王宙斯，大力神赫拉克勒斯。（板书）

生：还有一个火神，课文中没有出现他的名字。

师：这些神的名字很难读，自己试着读读，叫出他们的名字。

（指名学生读，特别提醒读好生字"赫"、"勒"的字音。）

师：再读读课文，说说课文写这几个神分别做了什么？把这些句子画出来。注意读的时候还要把生字词读好，把课文读通读顺。

生：写普罗米修斯的句子有好几句。（读）"当阿波罗驾着太阳车从天空中驰过的时候，他跑到太阳车那里，从喷射着火焰的车轮上，拿取了一颗火星，带到人间。"

师：句子中的"焰"特别容易写错，你觉得要把它写正确，要特别注意哪些笔画？

生："焰"的右上角是"刀"不是"爪"字。

生：右下角也不好写，是"臼"字。

师：在本子上写一个"焰"字。

（学生写后，指名投影评点）

师：这句话写普罗米修斯干什么？

生：普罗米修斯不怕危险盗取火种。

师：老师用四个字概括：拿取火种。（板书）还找到了哪一句？

生：还有这一句。"普罗米修斯摇摇头，坚定地回答：'为人类造福，有什么错？我可以忍受各种痛苦，但决不会承认错误，更不会归还火种！'"

生：写普罗米修斯的还有：（读）"普罗米修斯的双手和双脚戴着铁环，被死死地锁在高高的悬崖上。他既不能动弹，也不能睡觉，日夜遭受着风吹雨淋的痛苦。尽管如此，普罗米修斯就是不向宙斯屈服。"

生：我补充："白天，他的肝脏被吃光了，可是一到晚上，肝脏又重新长了起来。这样，普罗米修斯所承受的痛苦，永远没有尽头了。许多年来，普罗米修斯一直被锁在那个可怕的悬崖上。"

师："肝脏"这词不好读。"肝"是前鼻音，"脏"是多音字。一起读读。

（学生读）

师：这两句写的是——也用四个字。

生：受到惩罚。

生：受到严惩。

师："严惩"更准确。（板书）

生：有一句在开头一段："就在这时候，有一位名叫普罗米修斯的天神来到了人间，看到人类没有火的悲惨情景，决心冒着生命危险，到太阳神阿波罗那里去拿取火种。"

师：找得差不多了，一起把这几句写普罗米修斯的句子读一读。

（学生齐读）

师：其他神的呢？

生：写宙斯的有："众神的领袖宙斯得知普罗米修斯从天上取走火种的消息以后，气急败坏，决定给普罗米修斯以最严厉的惩罚，吩咐火神立即执行。"

师：这一句话中有几个生字，谁来读读？

（检查"袖"、"吩"的读音，指导写好"败"、"罚"）

生：这句话也是写宙斯的："狠心的宙斯又派了一只凶恶的鹫鹰，每天站在普罗米修斯的双膝上，用它尖利的嘴巴，啄食他的肝脏。"

师：这句话有两个生字，谁来读？

（学生读）

师："膝"字要求写，这字写正确可能没问题，要写得好看可不容易了。说说怎么写才好？

生：右边是上中下结构，"木"的撇要变成点，把位置让给"人"字。

生：最下面不是"水"字。

师：对，他注意到了。这个字书写的时候要紧凑一些。（学生写）写好了，就坐好。

师：谁读写火神的？

生：（读）"火神很敬佩普罗米修斯，悄悄对他说：'只要你向宙斯承认错误，归还火种，我一定请求他饶恕你。'""火神不敢违抗宙斯的命令，只好把普罗米修斯押到高加索山上。"

师：这两句话中也有几个生字。读读。

（指导学生读准"恕"和"押"，写好"佩"和"抗"）

师：这又写了什么？

生：真心劝告。（板书）

师：还有最后一个神。

生："有一天，著名的大力神赫拉克勒斯经过高加索山，他看到普罗米修斯被锁在悬崖上，心中愤愤不平，便挽弓搭箭，射死了那只鹫鹰，接着又用石头砸碎了锁链。"

师：读好这个词语。

生：挽弓搭箭。

师：这是写——

生：勇敢搭救。（板书）

师：读到这里，我们几乎把课文的内容通读了一遍。你觉得这些神各是什么样的？用一个词语概括。

生：普罗米修斯勇敢，宙斯狠心，火神听话，大力神很有正义感。

生：敢于牺牲的普罗米修斯，心肠狠毒的宙斯，有点软弱的火神，有勇气的大力神。

师：看来，读了写每个神的句子，大家对这些神的特点也有了基本的认识。普罗米修斯与这四位天神之间发生了哪些事呢？请你把黑板上的这四个词语填在括号里。

[课件出示：

　　　　　　　（　　）　太阳神阿波罗

　　　　　　　（　　）　众神领袖宙斯

普罗米修斯　（　　）　火神

　　　　　　　（　　）　大力神赫拉克勒斯]

生：这四个括号分别填的是"拿取火种"、"受到严惩"、"真心劝告"和"勇敢搭救"。

师：会填还不够，你能用自己的话说说发生在这些神身上的故事吗？

生：课文写普罗米修斯为了不让人类再受没有火的痛苦，就从阿波罗那儿拿取火种，宙斯知道后派火神严厉惩罚普罗米修斯。火神好心劝普罗米修斯归还火种，但是普罗米修斯坚决不同意。火神迫于宙斯的压力，就把他锁在悬崖上，并让鹫鹰啄食他，最后是赫拉克勒斯救了他。

师：《普罗米修斯》这个神话情节曲折，故事性极强，你们能在这么短的时间内概括得这么全面，知道为什么吗？

生：因为屏幕上有提示了。

师：对，提示的是人物之间的关系。今后，对于人物众多的这类神话故事，可以抓住人物之间的关系来把握主要情节，就可概括主要内容了。

[教学意图]抓住文章人物较多、关系较为复杂的特点，在人物关系的梳理过程中，实现故事情节的初步理解、人物形象的初步认识和文章内容的整体把握。

2. 再读聊人物形象。

师：读了几次课文，大家也对这几个天神有了初步的印象。接下来，我们就来进一步聊聊这些天神。你对哪个天神特别有兴趣就说哪一个，说的时候可抓住书上的一两个词句说清楚为什么对他特别有兴趣。可以自己学习，也可以几个人一起学习。开始准备。

（学生读书，思考，批注，讨论）

生：我们这一组对普罗米修斯很感兴趣。我们觉得他很有同情心。

师：具体说说。

生：课文说没有火的时候，人们吃生的东西，在无边的黑暗中度过一个又一个长夜，他看到这些，心里很同情人类，就决心冒着生命危险去取火种。

师：把句子读出来。

生：（读）"很久很久以前，地面上没有火，人们只好吃生的东西，在无边的黑暗中度过一个又一个长夜。"

师：读了这个句子，你仿佛看到了什么情景？

生：人们把打到的野物用河水洗一洗就放进嘴里咬着，咬得满嘴是血。

生：我仿佛看到天很冷了，人们穿着用树叶做的破衣，颤抖着，嘴里念着："火！火！"

师：普罗米修斯看到这情景，心里有什么样的滋味？

生：心情很难受。

生：他觉得不公平，天上有火，人间却没有火。

生：他会很同情人类，觉得人类过的不是人过的日子。

师：我理解这位同学为什么说普罗米修斯很有同情心了。谁接着说？

生：我补充一点。我从"决心冒着生命危险"知道他是个勇敢的神。

因为课文中写他遇到了两次生命危险，一次是拿取火种的时候，还有一次是被锁在悬崖上的时候，一次比一次更危险。

师：如果结合课文中的语句来说可能会更好。

生：课文中说太阳神阿波罗驾着的太阳车用的是"驰"，说明速度不慢。而且车轮上是"喷射着火焰"的，这样取火种时稍一不小心，就会被四处喷射的火焰烧伤的，可他一点也不害怕。

生：我要补充。他应该也知道拿取火种这件事如果被宙斯知道了，一定会受到惩罚的。可他还是去了。

师：这叫明知——

生：山有虎，偏向虎山行。

师：我想知道，明知有危险，他为什么还要这样做呢？

生：（读）"普罗米修斯摇摇头，坚定地回答：'为人类造福，有什么错？我可以忍受各种痛苦，但决不会承认错误，更不会归还火种！'"

（投影出示这句话）

师：让我们一起来读读这句话。（学生读）这是个反问句，你能给它换种说法吗？

生：为人类造福，没有错。

师：在这儿为什么要用反问句呢？

生：这样能把普罗米修斯的想法表达得更坚定。

师：这一句除了用反问句外，还有个词也能表现出普罗米修斯意志的坚定。

生：是"坚定"。

生：是"决不会……更不会……"。

师：发现这两个词语的不同吗？

生："决不会"已经是说很有决心了，又用"更不会"是进一步把决不会还的意思强调出来了。

师：说得真好。能把这个意思读出来吗？

（学生读）

师：原来，普罗米修斯认为为人类造福没有错，所以，他才敢冒着生命危险拿取火种。"冒着生命危险"这个话题继续谈。

生：后来他真被惩罚了。（读）"普罗米修斯的双手和双脚戴着铁环，被死死地锁在高高的悬崖上。他既不能动弹，也不能睡觉，日夜遭受着风吹雨淋的痛苦。尽管如此，普罗米修斯就是不向宙斯屈服。"

师：看图，这就是被缚在悬崖上的普罗米修斯，书上用了哪个词？

生：死死地锁。

师：死死地锁是怎样的锁？

生：就是锁得很紧，动都很难动。

师：同学们，用你的右手当锁，把你的左手腕死死地锁住，用力！再用力！你感觉如何？

生：我的手指头有点麻的感觉。

生：我手不能随便动了。

师：是啊，就是这"死死地锁"，所以，他既——

生：他既不能动弹，也不能睡觉，日夜遭受着风吹雨淋的痛苦。

师：这样的日子不是一天两天。你瞧：

（出示：夏日炎炎，＿＿＿＿＿＿＿，普罗米修斯＿＿＿＿＿＿；

寒风呼呼，＿＿＿＿＿＿＿，普罗米修斯＿＿＿＿＿＿；

雷电声声，＿＿＿＿＿＿＿，普罗米修斯＿＿＿＿＿＿；

暴雨阵阵，＿＿＿＿＿＿＿，普罗米修斯＿＿＿＿＿＿。）

生：夏日炎炎，炙热的阳光直射在他的身上，普罗米修斯大汗淋漓。

生：寒风呼呼，像锋利的刀一次次砍在他的肌肤上，普罗米修斯全身发颤。

生：雷电声声，响在他的头顶，快把他的头震碎了，普罗米修斯咬着牙关坚持着。

生：暴雨阵阵，从他的头上浇下，普罗米修斯昂首挺立着。

师：同学们，如果普罗米修斯没有拿取火种，或者听从火神的话把火种还回去，此时的他会这样过吗？

生：不会的。这时，他可能会跟家里人在一起，享受家庭的温暖。

生：可能会和火神一起到处游玩，开心地喝酒。

生：还可能会和朋友们趁着月色在花园里唱歌、赏月呢。

师：可他为了人类的光明，不但放弃了这一切，而且他的双手和双脚——一起读。

生："普罗米修斯的双手和双脚戴着铁环，被死死地锁在高高的悬崖上。他既不能动弹，也不能睡觉，日夜遭受着风吹雨淋的痛苦。尽管如此，普罗米修斯就是不向宙斯屈服。"

师：他之所以这样做，是因为他觉得——

生："为人类造福，有什么错？我可以忍受各种痛苦，但决不会承认错误，更不会归还火种！"

师：更惨的还在后面呢。

生："白天，他的肝脏被吃光了，可是一到晚上，肝脏又重新长了起来。这样，普罗米修斯所承受的痛苦，永远没有尽头了。许多年来，普罗米修斯一直被锁在那个可怕的悬崖上。"

师：看，这就是鹫鹰。（出示）它是什么样的？

生：个子好大，嘴巴很锋利。

生：很凶猛的样子，肯定很有力气。

师：是的，想象一下，这么尖的嘴，这么有力的啄，结果会怎样？

生：啄一下，普罗米修斯的皮就破了，再啄一下，血就流出来了。

生：肝脏是很柔软的地方，被这尖嘴一下一下地啄，肯定痛不欲生。

师：是啊，一啄，啄的是痛不欲生；二啄，啄的是肝肠寸断；三啄，啄的是魂魄俱散；四啄，啄的是生不如死。更悲惨的是，白天，他的肝脏被吃光了，可是一到晚上呢？

生：肝脏又重新长了起来。

师：第二天白天呢？

生：他的肝脏被吃光了，可是一到晚上，肝脏又重新长了起来。

师：如此循环往复，他天天都要承受难以忍受的痛苦，永远没有尽头。可他一点也不后悔，因为他坚定地觉得——

生：为人类造福，有什么错？我可以忍受各种痛苦，但决不会承认错误，更不会归还火种！

师：读到这，你对普罗米修斯还产生了什么样的印象？

生：他为人类受了这么多的苦，很令人敬佩，是个可敬的神。

生：我认为他很无畏，什么都不怕。

生：不是什么都不怕，而是为了实现自己的心中目标所以才什么都不怕。

师：说得好，心中有信念，就无惧无畏。还有其他的神，谁也说说？

生：我觉得赫拉克勒斯虽然是宙斯的儿子，却对父亲的做法愤愤不平，敢于救普罗米修斯，太不容易了。他是个可爱的神。

生：赫拉克勒斯是路见不平，拔刀相助，他顶着被惩罚的危险搭救普罗米修斯，也很值得敬佩。

生：我认为火神很可气，他明明知道普罗米修斯是对的，却还去帮助宙斯，把普罗米修斯锁在悬崖上。

师：到底可气在哪儿？

生：他是个胆小鬼，那么怕宙斯。

师：怎么不说说宙斯，你们也怕他吗？（众笑）

生：我很厌恶宙斯。普罗米修斯是为人类造福，宙斯不但不表扬他，还要惩罚他，太可恶了。

师：其实宙斯也是没办法呀，他是众神的领袖，他要维护天规呀？

（学生面面相觑，不知如何是好）

师：想想，宙斯到底错在哪里？看看他对普罗米修斯采取的惩罚手段——

生：（恍然大悟）他最可恶的是他的手段太残忍了。

生：还有，他听都不听普罗米修斯解释为什么拿火种，就气急败坏地下命令要给最严厉的惩罚。

师：看来，每个人的心中都有自己的判断。不论是赫拉克勒斯的可爱，火神的可气，还是宙斯的可恶，让我们更加感受到的是普罗米修斯的可敬。书中用一个词对他进行了评价，是什么？

生：英雄。

[教学意图] 本环节教学紧紧抓住课文中两处具体描写普罗米修斯遭受磨难的语段，通过品词析句、联系生活、想象练说、情感渲染等教学手段，让学生感受普罗米修斯为人类承受着的巨大痛苦，以及坚持真理绝不向邪恶势力低头的人物形象，从而深受感染。

3. 回读议英雄形象。

师：有些人不赞同这样的评价。他们说，普罗米修斯不征得别人同意私自拿取火种，给人"偷"的感觉。还有，他被锁在悬崖上，风吹雨淋，还被鹫鹰啄着肝脏，多狼狈呀，没有一点英雄的样。你认为呢？

生：我不同意这样的说法。因为宙斯不肯给人类火种，为了人类的光明，只能偷偷去取，这是正义的偷。

生：他盗火不是为自己，不是为某一个人，而是为全人类，这个"偷"要用上双引号。

生：我也觉得他是英雄。因为看一个人是不是英雄，不是看外表，而是要看他做了什么。普罗米修斯为人类遭受了那么多的罪，样子难看点算什么。

生：普罗米修斯对人类充满了爱心和同情心，他做的事就是英雄做的事。

师：大家这样一说，我就明白了，原来，英雄不是高高在上的，英雄也是有同情心，有爱心的。所不同的是，英雄一定会在别人最需要帮助的时候，挺身而出，做出别人难以想象或无法做到的事。这就是英雄。普罗米修斯的英雄行为感动了宙斯的儿子赫拉克勒斯，终于重获自由。他的精神和故事为世人传颂，我们的诗人曾这样赞美普罗米修斯。

（配乐出示诗歌，师生齐读）

是谁？让漫漫黑夜跳跃希望的火苗？

是谁？让蛮荒时代沐浴文明的曙光？

是谁？甘愿触犯天条也要救人类于水火？

是谁？深受酷刑却无怨无悔？

啊！巨人，是你给人类带来火种。

难道仅仅是物质的火种吗？

不，你给予我们的

是生生不息的精神火种！

勇敢 坚强 博爱 无私

这就是你——普罗米修斯！

师：这就是古希腊神话故事，既有现实的基础，又超越了现实，是人类对美好生活的一种向往和追求。在古希腊神话中，还有很多神，读读课后"资料袋"，都有谁呢？

生：还有众神之王宙斯，太阳神阿波罗，海神波塞东，冥王神哈得斯，智慧女神雅典娜等。

师：对。古希腊人创作了一个又一个生动、神奇的故事，和他们有关的神话和传说很多，比如，金羊毛的故事、特洛亚战争的故事、俄狄浦斯王的故事、忒修斯为民除害的故事，都很吸引人。课后同学们可以去读一读《古希腊神话故事》这本书，再次感受神话故事的魅力。

[**教学意图**] 神话故事具有启人智慧、引人向上的教育功能。这一环节的教学，意在通过自由畅谈对人物的看法，把文章中的人物与学生的生活联系起来，这样，既让神话人物可亲可爱，又发挥了神话故事的教化作用。

第二节　其他内容的教学例举

一、《语文园地》、《回顾·拓展》教学。

（一）内容特点略说。

现行小学语文教材，除了各种文体的课文外，在每个单元之后还安排一些教学内容，如中低年级的《语文园地》、高年级的《回顾·拓展》、从四年级开始的《词语盘点》。《语文园地》、《回顾·拓展》里的"我的发现"、"读读背背"、"日积月累"、"趣味语文"等安排了丰富多样的语文基础知识训练。如何教学这些内容，许多教师是非常头疼的，不教又不行，教又很难有较理想的教学设计。因此，一般的处理方式就是读一读，背一背，抄一抄就了事了。枯燥乏味不说，教学效果也是乏善可陈的。久而久之，以此为内容的公开课教学极为少见，毕竟它是烫手山芋。平心而论，像《学习园地》之类的内容确实不容易教好，主要原因是我们都认为一篇篇的文章才是教学的重点，思考、研究的就比较多，力度比较大，成效也比较明显，而对《语文园地》就是另一回事了。其实，只要我们认真研读教材，根据内容的不同也是可以有所作为的。

（二）教学策略建议。

义务教育修订版语文第五册《积累·运用三》（相当于现行教材中的《语文园地》或《回顾·拓展》）中的"读读背背"有这样一组成语或词语：

秋高气爽　天高云淡　秋色迷人　金桂飘香　秋菊傲骨　果实累累

寒冬腊月　滴水成冰　北风呼啸　瑞雪纷飞　冰天雪地　天寒地冻

读到这些词语时，一幅幅相应的画面突然浮现在我的脑海之中。于是我就想，如果再让学生死读、呆记，不是白白糟蹋了这么美的词语吗？当然也辜负了编者的一番意图和心血。为此，我们设想，要让这些词语活起来，变成一幅幅鲜活生动、直观可感的生活画面。让学生在学习语言中，进入到词语的丰富形象之中去，感悟词语的温度和亮度，并创设相应情境，以诵读促感悟，以运用促理解，从而化消极语言为积极语言，真正让学生享受到学习语言的乐趣。为此，教学这组词语时，我们改变了以往"读—说—背"的教学模式，放手让学生自主学习，收到良好的效果。

（三）教学课例呈现。

课例一 "读读背背"教学实录

1. 多形式理解语言。

师：同学们，现在已经是秋天了，大家读过哪些描写秋天的诗歌或文章？能背背或读读吗？

生：我们刚学过元稹的《菊花》："秋丛绕舍似陶家，遍绕篱边日渐斜。不是花中偏爱菊，此花开尽更无花。"（投影：秋菊傲骨）

生：我从课外书中读过《山行》："远上寒山石径斜，白云生处有人家。停车坐爱枫林晚，霜叶红于二月花。"

生：二年级时学过《秋天》，记得开头几句是："天那么高，那么蓝。高高的蓝天上飘着几朵白云。"（投影：秋高气爽　天高云淡）

生：我们在第三单元学过《美丽的小兴安岭》，其中也有写秋天的句子："秋天，白桦和柞树的叶子变黄了……还有人参等名贵药材。"（投影：秋色迷人　果实累累）

（学生回答后，继续投影描写秋天的其他词语）

师：先自由读一读。（学生读后）谁愿意来读给大家听？

师：（投影描绘冬天景象的名画，并播放北风狂吼的录音）看到这幅画，听到这风声，你想到了哪些词语？（根据学生的回答逐一出示描写冬天的 6 个词语，并要求学生再自由地读给同桌听）

师：你喜欢这些词语吗？为什么？

生：我喜欢"秋菊傲骨"这个词语，因为它表现了菊花不畏艰难的品格。

生：我喜欢"金桂飘香"，读着它，仿佛真的闻到了它醉人的香味。

生：我喜欢"瑞雪纷飞"，因为俗语说瑞雪兆丰年，它让我联想到了来年一定是个丰收年。

……

师：请大家把自己喜欢的词语有感情地读一读。

[教学意图] 理解是积累的基础。教师一开始就从学生已有的生活经验和知识积淀入手，引出所要学习的词语，这样就为新旧知识架设了一个联系的桥梁，又为理解语言做了个良好的铺垫。"你喜欢这些词语吗？为什么？"这一开放性问题，又把学生对词语的理解和感悟外显化，加深了对语言内蕴、情感、韵味的体验和感受。

2. 多方法积累语言。

师：这么好、这么美的词语不记到脑子里太可惜了。想想看，怎样才能背得快、记得牢？

生：这些词每个词都是一幅画面，我想用一边背词一边想象的方法来记。

生：我发现写秋天的6个词里，每一组开头都有个"秋"字，抓住了"秋"字就好背了。

生：写冬天的6个词之间有一定联系。"寒冬腊月"才会"滴水成冰"，"北风呼啸"后才是"瑞雪纷飞"，"冰天雪地"与"天寒地冻"意思相近。抓住了这些联系，背起来就方便多了。

生：我们想两个人一组，互相接背，在游戏中背，这既好玩，又快捷。

师：那就用你们自己喜欢的方法背诵吧。

（学生试背后组织反馈、评价）

师：你们还学过哪些描写秋天或冬天的成语或词语？写出来，看谁写得多。

（指名上台板写后再读一读）

秋：秋风送爽　秋风瑟瑟　遍地黄花　落叶缤纷　秋色宜人　秋雨绵绵……

冬：银装素裹　白雪皑皑　寒风刺骨　寒气逼人　粉装玉砌　数九严寒……

师：我们一起读一读这些词语吧。

[教学意图]《语文课程标准》指出：语文教学应"为学生创设良好的自主学习情境，尊重学生的个体差异，鼓励学生选择适合自己的学习方式。"引导学生背诵词语时，教师不统一规定，不让死记硬背，而是鼓励学生用自己感兴趣的方法记、背词语。这就充分满足了学生的个性差异和不同的学习需求，结果学生抓住了这些词的内部联系或形式特点，从自身兴趣出发，很快就背好、记熟了。同时，拓展相应词语也激活了学生的词语库存，丰富了学生的语言积累。

3. 多途径运用语言。

师：刚才读了，也背了这些词语，你们想通过什么形式把你们对这些词语的理解和喜爱表达出来呢？

生：我想像播音员一样把它有感情地读出来。

生：我想把它们编成一个童话故事。

生：我想用这些词语写一篇小散文。

生：我想把它画成两幅图，给课文作插图。

生：我想把它组合成几副对联。

生：我想用它写成一首顺口溜。

师：同学们的想法都很妙。现在你们可以按照自己喜欢的方式去学习，想法一样的同学可以自由组合成学习小组，大家一起学习，共同合作，相互交流。可以下座位走动，可以自由说话，遇到什么疑难可以请老师帮忙。

（学生分成"绘画组"、"顺口溜组"、"散文组"、"童话组"、"对联组"、

"朗诵组"准备)

师：现在可以把你们的学习成果展示出来吗？谁先汇报？

播音组：我先来朗读。(该生朗诵得抑扬顿挫，声情并茂，博得同学们阵阵掌声)

绘画组：我们画了两幅画。第一幅的题目是《醉人的秋》，这里有蔚蓝的天空、洁白的云朵、飘香的桂树、金黄的菊花、翠绿的山野、收稻的农人，表现了秋天的成熟之美和丰收之喜。第二幅图的名字叫《大地的新衣裳》，描绘的是天空中大雪纷纷扬扬，它落在小河上，落在树木上，落在屋顶上，落在田野上，如一双神奇的妙手给大地披上了洁白的新衣裳。

对联组：我们编出了三个对联，它们分别是：

(1) 秋高气爽色迷人　天高云淡桂飘香

(2) 秋菊傲骨桂飘香　北风呼啸水成冰

(3) 秋高气爽中果实累累　北风呼啸里瑞雪纷飞

童话组：我们编的童话是：

秋天到了，小松鼠兴奋不已。他一会儿看看傲骨的秋菊，一会儿闻闻飘香的金桂，一会儿望望天高云淡的高空，一会儿逛逛果实累累的果林，边走边赞叹着："秋色真迷人！秋色真迷人！"小松鼠还没玩够，冬姑娘就跳着舞来到人间。在这天寒地冻、滴水成冰的寒冬腊月，小松鼠只好躲进洞里，听北风呼啸，看瑞雪纷飞，焦急地盼望着春天的来临。

顺口溜组：我们组编的顺口溜是：

秋高气爽好时光，菊傲骨，桂飘香，果实累累遍山坡，农民伯伯乐开怀。

寒冬腊月真是冷，风呼啸，水成冰，瑞雪纷飞传喜讯，来年又是丰收年。

散文组：我们把它写成一篇小散文：

秋色真迷人。你瞧，天高云淡，大雁南飞；你闻，金桂飘香，沁人心脾；你看，秋菊傲骨，光彩夺目；更有那亮晶晶的葡萄、甜津津的山枣、灯笼似的柿子……到处果实累累，令人垂涎欲滴。怎不迷恋这秋高气爽的好时光？

冬天的大自然又是另一番景象。一阵北风呼啸过后，瑞雪纷飞，给大地披上了晶莹光亮的衣裳，到处是冰天雪地，到处是银装素裹。尤其到了滴水成冰的寒冬腊月，漫山遍野白茫茫一片。一群活泼可爱的小孩子可不怕寒冷，他们在大人的带领下，正在快乐地滑着冰呢，那姿势还真好看。那欢乐的笑声，给寂静的原野增添了许多生气。

[教学意图] 当学生拥有充分的学习自主权的时候，其创造潜能是不可估量的。课堂上，学生根据自身的特长出发，自主采用读、编、画、写等多种学习方法，通过独立或小组合作的学习方式，运用刚学到的知识。尽管这些童话、顺口溜、小散文、对联和绘画还十分幼稚，显得粗糙，但字里行间却闪动着学生的个性，跃动着学生的灵性，显现着学生的创造性。学生激情四射、活力勃发的同时，整个语文课堂也焕发出生命的光彩，怎不令人赞叹不已？

课例二　人教版二年级下册《学习园地四》教学设计

【设计理念】

以游戏活动为平台，以发展语言为指向，营造快乐氛围，变枯燥的学习为愉悦的体验，让学生成为学习的主人，让课堂焕发生命的活力，真正成为学生成长的乐园。

【教学目标】

1. 能发现相同的两个字变换顺序后组成的字，所表达的意思不同。

2. 初步认识形声字，会运用规律认识8个字，学习词语。能准确运用词语。

3. 能自己读懂小故事，培养阅读兴趣，提高独立阅读能力。

4. 以"我的小制作"为题进行口语交际活动，表达清楚，语言流畅。

5. 自主学习，乐于展示，培养学生搜集处理信息的兴趣和能力，表达交际的能力，激发学生了解自然、热爱自然的情感。

【课前准备】

1. 教师准备。

（1）多媒体课件；（2）奖品若干。

2. 学生准备。

（1）在父母的帮助下收集鲁班的资料；（2）收集邮票、名言、工艺品等；（3）独立或与父母一起动手小制作。

【课时安排】

两课时。

【教学流程】

第一课时

1. 创设情境，揭示课题。

（1）游戏激趣，导入新课。

师：我们先来比一比，谁的脑子最灵活，老师说一个词，请同学们把它倒着说出来。如："好人——人好"，"人吃鱼——鱼吃人"等。书中也有几组类似的词语，大家看看，你发现什么了？（点击课件：字词趣味园）

[教学意图] 利用学生喜爱的游戏形式，创设轻松愉悦的课堂氛围，引起学生的好奇心与求知欲，迅速进入最佳学习状态。

2. 教学"我的发现"。

（1）观察比较，自主发现。

学生自由读"我的发现"中的词语，与同学交流自己的发现。

（2）观察联想，练说句子。

①同学们观察得真仔细，发现了这些词语的秘密，再想想，怎样把你的发现说得更明白、具体。（请看课件）小姑娘是怎么说的？（我发现奶牛

和牛奶都有"奶"和"牛"这两个字,但字的排放位置不同,意思也不一样。"奶牛"是说能产奶的牛,"牛奶"是奶牛产的奶,是我们爱吃的饮料)

②想试试吗?先说给同桌听听,再争取说给全班同学听。

③同学交流时,比比谁听得好,敢大胆说出自己的意见。

(3)联系经验,拓展交流。

①老师把这些词娃娃打散了,你还能帮他们找到自己的朋友吗?

②谁还能发现,我们学过的课文和日常生活有哪些这样的词语,请在小组交流。

(如:后门—门后;友好—好友;爱心—心爱;彩色—色彩;故事—事故;欢喜—喜欢……)

(4)师生小结,感悟语言。

师生一同总结:汉字很有趣,同样的两个字,字的位置不同,其意思也发生了变化。它们的共同特点是每组词语的两个字都相同,只是交换了前后的位置。第一大组都是表示事物名称的词,因为颠倒了字的顺序,所以表达的意思不同了。第二大组的第一竖行是表示事物名称或地理位置的词,交换了字的位置,就变成了表示动作的词。所以,在说话、写文章时,必须准确运用语言。

[教学意图]通过具体的事物,引导学生观察联想,进行探究性学习,在有趣的活动中,在联系已知经验和生活经验中,拓展文本的知识容量,发展语言,发展思维,大大提高学生的学习效率。

3. 教学"日积月累"。

(1)读读认认。

①游戏激趣,自主探究。

导语:走出"字词趣味园",我们又来到了"字词游戏宫"(点击课件)。配音:欢迎同学们参加"合作闯关"字词游戏。请看游戏提示:

> A. 组成"读读认认"自学小组，选组长，分任务。
> B. 在小组内用自己喜欢的方式认字、记字，比谁认得准，记得快，互相检查。
> C. 火眼金睛说发现：从这些字中你发现了什么？
> D. 小组商量怎样抢答汇报学习结果。
> E. 学写，考考你。
> F. 做快乐说话游戏。

②当众汇报小组学习结果，鼓励每个组用不同的方式汇报，教师随机指导。如：

组一："月｜夫＝肤，皮肤的"肤"。

组二："肤"字是由"月"字和"夫"字组成的。

组三："月"加"夫"是"肤"字，月字旁，跟人的身体有关。

组四："肤"字是形声字，"月"表形，"夫"表声。

③做发现比赛游戏。以小组为单位，说说发现了什么特点？如：

新字是由两个熟字组成的；它们都是形声字；左边一组都是形旁在左，声旁在右；右边一组形旁在下，声旁在上。

④模仿。你能写出这样的字吗？

⑤做快乐组词、说话游戏。先隐去新字的拼音，用它组一个新的词，再用这些词说一句话。分小组听音乐传字片，音乐停，拿卡片同学依次进行组词、说话练习。

[教学意图] 通过"合作闯关"游戏活动的设置，给学生主动探究、合作体验提供了空间，培养了学生的合作意识。鼓励学生以不同的方式汇报和学写环节的安排，调动起学生自主发现、创意表达、动脑思考的积极性。而抢答的形式，符合学生争强好胜的心理，容易引发学生学习欲望，既让学生享受到成功的快乐，又能促进教学效果的最优化。

（2）我会填。

过渡：祝贺同学们识字闯关成功，让我们到语文天地"精美语句园"去吧。同学们积累了那么多词语，会用它们吗？

①比一比。出示两组意思相近的词，学生自由读，说说每组两个词的意思。（发明—创造；发现—发觉。 优美—美好；美丽—好看）

②读一读。把每组的两个词都放在句子中读一读，看看哪一个词能使句子表达得清楚。学生独立思考，该怎么填，为什么这样填。

③填一填。学生自主选词填空。

④议一议。集体评析，交流这样填的原因。

⑤用一用。自选一个词说一句话。

[教学意图] 语言能力的发展重在实践。本环节设计，以比、读、填、议、用等多种形式，为学生在具体语言环境中学习语言、感悟语言和运用语言搭建了平台，有助于学生语感能力的培养。

（3）板书设计。

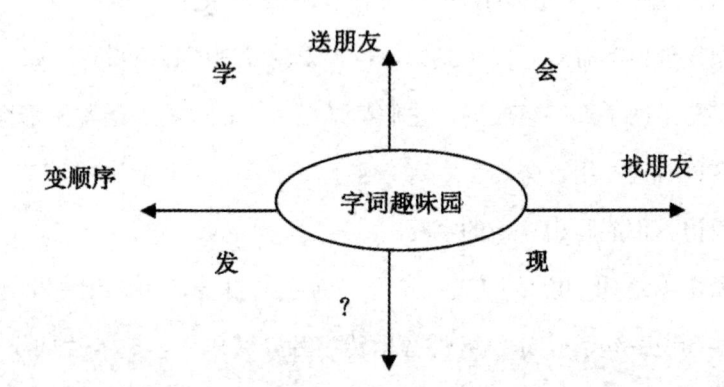

```
            送朋友
       学           会

变顺序  ←  字词趣味园  →  找朋友

       发           现
            ？
```

[教学意图] 本板书依据教材的特点而设计，意在发挥学生的观察力和想象力，具体地说是：①形式新颖，引人入胜。从形式上说，这个板书成放射式，颇具开放的意味，给人以视角上的冲击。从内容上说，变顺序、送朋友、找朋友指明了学习的方法，而"？"则能引发学生展开丰富的想象，于是学生就联系生活，踊跃发言，说出许多类似的词语。②引导发现，用心观察。教学"我的发现"，重在引导学生用自己的独特视角去观察事物，用心去发现事物的特点和变化。所以，学生不仅能发现课文中的每一

对词的特点：两个字相同，只是交换了前后位置，意思却不一样，还发现自己的生活中也有这样的词。于是，人人争做发现者，人人都是发现者，在掌握知识、丰富认识的同时，体验到成功的快乐。

第二课时

1. 教学"我会读"。

（1）交流资料，引入课题。

①先让学生把课前收集到的有关鲁班的资料进行交流，讲一个鲁班的故事。

②教师导言后，板书《鲁班造伞》，学生齐读。

[**教学意图**]交流资料，讲鲁班故事，其目的就是让学生对鲁班有个初步的认识，为阅读短文做好情意共融的心理准备。

（2）试读课文，整体感知。

①学生自由朗读课文，要求遇到生字多读几遍，直到读准，把课文读连贯、正确。

②由小组长负责在小组内检查生字读音，全班正音。

③再读课文，边读边想：课文讲了一件什么事？并画出不懂的地方。

④检查，反馈。

[**教学意图**]"读"是语文学习最基本，也是最有效的方法，即便是一篇小短文的阅读，也不例外，使学生从中感受到读书是多么重要，从而养成良好的阅读习惯。

（3）自读自悟，探究发现。

①布置自学要求：A. 认真仔细阅读课文；B. 思考：鲁班怎么想到要造伞的，为了造伞，他是怎么想，怎么做的，结果怎样？C. 可画出文中的相关语句，独立思考或在同学间交流。

②交流学习所得。

A. 指名回答以上思考问题。

B. 根据学生回答，相机引出相关段落，重点理解好以下语句：

a. 他先用竹条扎好架子，再蒙上羊皮……

b. 鲁班冥思苦想，做了许多次，终于造出了能开能收的伞。

在引导学生理解语言的同时，加强朗读指导，让学生反复练读，读出人物说话或思想时应有的语气来。

③讨论交流：鲁班为什么能造出伞来呢？

[教学意图]"学习园地"中的短文阅读，是培养学生独立阅读能力的重要窗口，必须还自学机会于学生。教师要做的只是适当的点拨和必要的提示，使他们能把在课堂上学到的学习方法成功运用于具体的文章阅读中。

（4）质疑定向，练习说话。

①读了课文，你还有不懂的问题吗？学生提出问题，学生能解答的自己解答，不能理解的同桌交流，互相解答，有的在教师帮助下解决。

②读了这篇课文，你有什么感想？你从中得到了什么启示？和同学说一说。

[教学意图]发现一个问题比解决一个问题更重要，质疑问难能力的培养贵在坚持。与同学交流阅读感受，让学生体验到了阅读的快乐，也提高了学生的口头表达能力。

（5）总结升华，拓展延伸。

①查一查资料：鲁班还发明了什么东西？

②课外阅读一些介绍鲁班发明故事的文章，如：《鲁班巧设鱼挑梁》和《小草和锯子》等。

[设计意图]得法于课内，受益于课外。从课内到课外，不仅丰富了学生的知识视野，也促进了学生阅读能力的提高。

（附鲁班的教学资料：

鲁班，中国古代建筑工匠，姓公输，名般。他是鲁国人，因与班同音，故又称鲁班。他大约生活在春秋末期到战国初期。

鲁班出身于世代工匠家庭，从小就参加木工劳动。据传说，他发明了攻城用的云梯和磨粉用的石磨，以及很多木工工具，如锯、曲尺、墨斗、刨子、凿子、铲子等。据说锁也是他发明的。数千年来，鲁班的名字已成为劳动人民智慧的象征。）

2. 教学"展示台"。

（1）展示物品，简要介绍。学生展示自己收集的物品，并简要介绍其内容。

（2）组内交流，分类准备。根据学生的搜集，进行简要的分类，并将学生按资料类别分成若干小组。如：邮票组、名言组、玩具组、饰物组、标本组等，在组内做有关介绍。教师巡视点拨，引导学生说清从哪搜集的，内容是什么，说明喜欢它们的原因，从中学到了什么或受到哪些启示，不清楚的地方同学间互相发问或补充。

（3）自主介绍，展示最佳。各小组根据自己组收集的物品特点，商讨展示的形式，力求富有个性，展现特色。如名言组可以写成书法作品；标本组可以为标本撰写广告语或说明词；邮票组可以把邮票归类，形成系列专题，再起个好听的名字等。还要说清收集资料的途径及筛选、保存办法，使大家明白可以通过查阅报刊、上网、购买等多种途径获取信息，在多方获取信息后要进行筛选，用记录、剪报或知识卡片等形式保存下来，便于查找。

（4）教师小结，鼓励评价。教师与学生一起介绍其他有意义的课外学习内容，鼓励学生拓展收集范围，拓宽展示内容，从多方面展示自己的学习成果。

（5）专题展示，课外延伸。布置指导学生做好专题小展览的准备工作，提示学生写上资料标签、内容简介．讲解词，想好版面设计形式等。可举办"标本世界"、"锦绣山河"等专题性的小展览，供学生参观，以拓宽学生的知识面，丰富学生的学习生活，激发学生的成功体验。

[教学意图]努力营造和谐交流的氛围，积极创造多种形式，为学生搜集的物品充分展示创造机会。学生自选展示内容，自定展示方式，在游戏

中体验成功的喜悦，感受收藏的快乐和语言的魅力。

二、口语交际教学。

（一）教学内容略说。

对于语文教师来说，口语交际既熟悉又陌生。说熟悉，是因为 2000 年来，它已首次写入《语文课程标准（实验稿）》，并在小学语文教材的各个年级各个单元都安排了相应的训练内容；说陌生，是因为口语交际教学难度较大，需要教师具有较高的课程设计能力、语言指导能力、课堂驾驭能力，许多教师真是"想说爱你口难开"。于是，虽然也有过一阵子的集中学习、讨论、研究和实践，但终因实际教学效果不佳、难以全面推广而不了了之，现如今简直就是"谈口语交际色变"。

口语交际的核心是"交际"二字，注重的是人与人之间的交流和沟通，是一个听方与说方双向互动的过程。对口语交际教学来说，学生只有在动态的双向或多向互动中，才能真正展开交际，学习交际，提高交际能力。这就像学习游泳一样，学习者只有自己真正到水中去游，才能学会游泳的技巧，提高游泳的本领。而设置生动有趣、层层推进的互动情境，是决定交际质量的重点环节。因此，在口语交际教学中，应想方设法创设教学情境，让学生在交际时互动起来。

（二）教学策略建议。

1. 创设交际情境。口语交际是在特定的环境里产生的言语活动，这种言语交际活动离开了"特定的环境"就无法进行。因此，口语交际教学应精心创设符合生活实际的交际情境，惟有如此，才容易使学生有一种身临其境、似曾相识的感觉，情绪也会因此变得高涨起来，参与互动的主动性就会被激发出来，学习的动力才会增加和持续。他们就会带着情感，怀着兴趣，走进"交际情境"，去作进一步的体验。比如教学《代人购物》一课，可创设自己替人代买文具盒却拿不定主意，想请同学们帮忙，"打电话"征求购买人的意见，与售货员讨价还价这样三个贴近生活、互为联系的情境。使学生不知不觉中进入了角色，通过实际练习，学会面对不同的交流对象，确定不同的谈话内容、谈话方式和谈话重点，在真正有效的双向互动中，提高口语交际能力。

2. 灵活使用教材。语文教材中"口语交际"内容为口语交际教学提供了凭借，但是，这些内容所隐含的互动性因素很不一样，有的是显性的，一看便知；有的是隐性的，易被忽略；有的看上去并不是能双向互动，令人无从下手。这就要求教师必须认真钻研教材，把握教材，创造性地使用教材，并精心设计实施策略，让学生在交际时互动起来。一是抓"显点"，顺势引导。如二年级中的《买文具》，有这样的文字提示：你到商店买文具，都说些什么？售货员会说些什么？教学时，只要让学生弄清这个话题的提示要求，分别让学生扮演顾客和售货员，按照问题的顺序，连说话带动作演起来，就可以进入互动状态。二是挖"隐点"，巧作勾连。如一年级《我会拼图》，教学时如果只关注"我"怎样说话，那么这个话题就失去了互动性，变成了"看图说话"。因此，在教学中要巧作勾连，不仅要引导"我"说话，让他"能言善说"，而且要让听的学生说话，让他"能提善问"，这样，交流起来才不会变成"独角戏"。三是找"支点"，优化整合。如一年级《找春天》，该如何让学生双向互动起来呢？可紧扣"找"字，将学生分成"花园"、"校园"、"百木林"等几个小组去不同的观察点，分别重点观察花草、池水和树木。课堂上先问大家找春天时都找到了什么，再互相发问，学生提出的诸多问题也自然地变成了交际话题，互相的问答过程就是双向互动的口语交际过程。

3. 增强导练力度。教师的"导"主要体现在以下方面：一是教导。学生在与人交流中遇到困难，沟通难以顺利进行时，教师直截了当地教给学生解决的办法。二是诱导。口语交际训练也要体现学生学习的自主性，学生遇到一些问题，教师不包办代替，而是通过语言暗示、问题探究等手段，启发学生自我解决。如《学习推销商品》一课，学生往往只注意向对方介绍商品的性能、用途、价格，而忽视了"推销"的目的，教师一句"别忘了自己是干什么来的，最后还要说一句什么"的提醒，使学生恍然大悟，赶紧补上："我建议您买下它，相信您一定会喜欢的。"三是辅导。可以是教师以学习者的身份与"学困生"结成学习伙伴，为其提供一些必要的语言、内容上的支援，对其听说习惯、交际方式、态度、情感、礼仪等作指点或示范，通过手把手的教使之也受到有效的训练。还可以"长"带"短"，即让那些思维敏捷、善于表达的学生发挥他们的积极影响作用，通过学生间的互动、交流以及示范，去影响、带动部分表达、交流有困难和障碍的学生。由于学生之间的交流没有隔阂，容易沟通，也更加无所顾忌，这样就更有利于学生的模仿和吸纳，效果也往往更好。

（三）教学课例呈现。

《父母不在家，我该怎么办？》教学实录

【教学目标】

1. 创设生活情境，调动学生生活经验，激发学生相互交流的兴趣，乐于发表自己的看法，形成良好的交际情感和态度。

2. 在出主意想办法的交际过程中，体会语言的特点和技巧，培养学生说话大方、听话认真的习惯。

【教学过程】

1. 联系生活，明确图意。

师：小朋友们，你们有一个人在家的时候吗？

生：有。那一次，爸爸出差，妈妈临时有事出去了，就我一个人在家。

生：有一回，奶奶生病住院了，爸爸妈妈去看望她，我只好一个人在家做功课了。

师：你们一个人在家时，心情怎么样？

生：家里就我一个人，我有点害怕。

生：我也是这样，门外有一点动静，我的心就怦怦直跳，怕有坏人来。

生：爸爸妈妈一走，我就躲在房间里不敢出来，好希望爸爸妈妈能早点回来。

师：今天啊，也有一个叫小明的小朋友跟大家一样也是一个人在家。请看大屏幕。（出示放大的课文插图）认真观察，说说这几幅图讲了一件什么事？

生：这几幅图讲一位小朋友自己一个人在家做作业时，有个大人来敲门，对小朋友说："我是你爸爸的朋友。"小朋友不知道自己该怎么做。

生：这几幅图讲的是小明独自一人在家写作业时，有人敲门，他有些不知该怎么办了。

生：这几幅图讲的是小明正在家做作业的时候，有个自称是爸爸好朋友的人找上门来，小朋友不知道这个人说的是真是假，所以不知道该怎么做。

师：还懂得用上"自称"这个词，真棒！是啊，这个小朋友该怎么做呢？（板书课题）

[教学意图] 李吉林老师曾说："言语的发源地是具体的情境，在一定的情境中产生语言的动机，提供语言的材料，从而促进语言的发展。"所以，为学生巧妙创设情境，使学生饶有兴趣地主动投入到说话训练中去，积极地观察、思考、想象，这样，他们的语言才会如涓涓细流，流出心田。教学伊始，我就出示图画，创设了"小明面对来客，不知开门还是不开门"这两难情境，并让学生帮忙想个办法。这样就把口语交际的训练置于真实情境中，安排给学生确定的交际任务，用任务带动学生的口语交际活动，从而激发学生表达欲望，学生愉快地进入了学习活动。

2. 小组讨论，全班互动。

师：我们班上的小朋友都是热心肠的人，都愿意帮助别人。小组先讨论一下，你觉得小明该怎么办呢，大家帮他出出主意吧。

（小组讨论）

师：经过讨论，各小组肯定都有自己的办法了。各组派一个代表说自己组的办法，同组同学可以补充，其他组同学有不明白或有不同意见的，可以提出来让说的同学回答。哪组先来？

生：我们组觉得，开不开门要看小明认识不认识这个人。

师：那好，我们先来说说第一种。如果不认识呢？

生：如果不认识，那肯定不能开门。谁知道他是好人还是坏人。

生：对，爸爸妈妈都跟我们说过，不认识的人来，不能给他们开门。

生：对，如果他是坏人，让他进来不就完了？

生：可是我也有个问题，小明不认识这个人不等于他就不是小明爸爸的朋友啊。如果这个人真是爸爸的朋友，你不让他进来，不就太没礼貌了吗？

生：说不定小明爸爸知道了这事，还会骂他呢。

师：是啊，这确实让人为难啊！

生：不管他是不是爸爸的朋友，大人不在家时，只要自己不认识的人就是不能让他进门。

生：我支持这样做。宁可被大人批评也不能随便开门。

生：我觉得还是不能开门。老师平时说过，安全最重要。

生：只要自己跟爸爸说明一下，爸爸肯定不会骂的，说不定还会得到表扬呢！

师：那如果小明认识这个人呢？

生：认识的人怎么能不让他进来呢，那才没礼貌呢。

生：那肯定要让他进来，还要倒水给他喝。

生：我觉得也不一定。

师：为什么？

生：这人是找爸爸的，爸爸不在家，你让他进来干什么？

生：对，有道理。再说，认识的人也不等于他不会干坏事。我从电视上知道，有个小学生就是被自己认识的人拐骗了。

生：我不同意。如果这人跟小明非常熟悉，不开门怎么行啊！以后还要不要见面哪！（众笑）

生：就是，那不成了不讲礼貌的孩子了？以后见了面多不好意思呀！

生：不一定。报纸上说了，有个小孩子还是被自己的叔叔给绑架了呢。是安全重要还是面子重要？（众大笑）

生：如果这人讲道理，他应该不会怪小明的。

生：我觉得不开可以。因为他是来找爸爸的，爸爸不在，让他进来也没用。但说话一定要热情。

[教学意图] 口语交际教学的根本目的是提高学生语言技能和交际素养，而这一切都必须通过真实的多向互动才能得以锻炼和提高。因此，要努力创造条件使学生由单向个体转化为不同个体的双向互动，建立生生互动、师生互动的交际关系，形成多向互动的交际方式，并在多向互动中进行动态的口语交际训练。所以，在这一环节，我就设置了"开还是不开"的矛盾点为双方辩论的话题，引导学生围绕这一问题展开多层次、多维度的互动，同桌说、全班说、争辩说、补充说。一系列的互动活动，使学生"跳出"自己所置身的课堂环境，积极主动地参与交际，互动中锻炼了语言表达能力，也学会了交际的基本礼仪。

3. 情景表演，深入交际。

师：看来大家的意见不统一，方法不一样，但都有自己的理由。下面，你们自己选择其中一种方法进行表演，注意要求：①分配好角色；②表演时可以加上自己的语言、动作、表情。先在小组里练习，待会儿请大家进行现场表演，看谁表演得好。

（小组准备、练习）

师：掌声有请第一组。

生：（做敲门状）嘭嘭嘭，有人在家吗？

生：（从椅子上起来，透过门镜往外看）你是谁啊？

生：我是你爸爸的朋友，请你开开门。

生：对不起，不认识你啊。

生：你不认识我，我可认识你，你就是小明吧。快开门，我可是你爸爸的好朋友黄叔叔。

生：我爸说了，不认识的人不能开门。你回去吧！

师：大家觉得怎么样？

生：两个人的动作都演得好。

生：我觉得他们都能把话说清楚，说明白。

生：但我觉得演小明的同学说话没有礼貌。不让别人进门可以，但不能这么没礼貌。

师：那该怎么说？

生：可以这样说：黄叔叔，我爸不在，有什么事请您告诉我，等他回来我一定转告。

生：最后还要补一句：叔叔再见，等我爸爸在家时再来啊！（学生笑）

生：还可以说：叔叔，请您留个电话，让我爸爸给您打电话。

师：这些建议都不错，既保护了自己，又显得礼貌待人。再请一组。

生：（做敲门状）嘭嘭嘭。

生：来了，来了，是谁啊？

生：是小明吧。快开门，我是你黄叔叔啊。

生：（做看门镜状）呦，是黄叔叔啊，（做开门动作）快请进！

生：你爸呢？

生：真不巧，我爸爸妈妈都出去了。您请坐，我给您倒茶。

生：那就算了，我不打扰你做作业了。小明，再见！

生：黄叔叔再见，有空再来啊！

……

[教学意图] 这个环节的表演，是更深层次的交际。因为讨论还基本上局限于语言的表达，而表演却融语言表达、姿态仪表、肢体语言于一体，更接近于日常的交际情景，也更全面地训练学生口语交际的综合素养，当

然也更具难度和挑战性。可表演这一形式因其生动活泼、充满情趣而备受学生喜欢。在这样声情并茂、言行兼备的交际氛围中，学生的表达、情感、仪态、应对等口语交际所需要的综合素养都能得到有效的训练和培养。

4. 口编故事，开展比赛。

师：这几幅图很有意思，每个人的想法不同，编出的故事就不一样。下面，请各小组根据刚才讨论的结果，按自己的想法集体编个故事。编好后，先在小组里讲一讲，练一练，再推选一个同学参加班级的讲故事比赛。

（各小组合作口编小故事，后推举一名参加全班讲故事比赛，引导学生评出最佳故事、最佳合作小组、最佳讲故事小能手）

[教学意图] 有了前面环节的多向互动，学生把图画内容编出来已不是件难事了。而且，这里面编写故事是建立在充分说的基础上，也避免了写的困难。更重要的是，要求学生编好故事后，还要在小组里讲一讲，练一练，再进行全班故事比赛和评选。这实际又给学生提供了一次口语交际的机会，也强化了训练的精度和力度。

5. 联系实际，拓展延伸。

师：在生活中，你是如何礼貌待客的?

生：客人到家，我就给他们倒水喝。

生：客人走了，我都跟他们说再见。

生：爸爸妈妈和客人说话，我都没有插嘴。

师：面对陌生人，你又是如何做的?

生：有一次在路上，有个青年人要跟我说话，我看他高高的个子，吓得转身就跑。

生：有回在家里，有人敲错了门，我躲在家里不吱声。不一会儿，那人就走了。

师：小朋友，通过这节课的学习，你明白以后该怎么做了吗?

生：我懂得了遇到自己不认识的人，不能随便给他开门，但也要讲礼貌，不能态度很坏。

生：我懂得了不管他是陌生人还是自己熟悉的人，都要礼貌待人。

生：我懂得了自己独自面对他人时，一定要机智灵活，不要慌张，想出办法解决。

生：还要把话说明白，让别人听懂你的意思。

生：我明白了要想办法保护自己，因为生命安全比什么都重要。（掌声）

师：希望大家以后遇到这样的问题时，多用自己的智慧和方法，合理而正确地加以处理。

[教学意图] 正如叶老所说，"教是为了不需要教"。口语交际能力作为一种综合能力，它的培养训练应该与社会生活融合在一起，不能局限于课堂，在课堂中止步。所以每一次结课，我们还应将学生的视角指向社会生活的各个方面，引导学生在真正的社会大课堂中进行口语交际，从而使学生形成积极、富有成效的与人交往的能力和处理事情的能力。

附录：语用教例的多维审视

一、语用理念评述。

强化语用教学　培养语用素养
——从《狮子和鹿》一课看特级教师刘仁增的语用教学

《语用，让语文回家》一书，集著名特级教师刘仁增老师近30年的教学实践与研究成果。刘老师从"作为一个普通的社会人，你学习语文干啥呢"这一命题出发，认为语文教学的"本然"，其实就是言语应用，语文教学的根本任务必须定位在"语用"上，这是语文教学的根本出路。语用教学主要以语言运用为学习语言的起点与终点，让学生在学习语言运用中运用语言，从而形成言语能力。本文试以刘老师所执教的《狮子和鹿》一课，管窥其语用教学理念。

（一）顺学而导，唤醒语用经验。

所谓的"经验"，可以理解为在个体反复的活动实践中获得的知识与技能。由此敞开来说，所谓的"语用经验"，就是指学习者在持续不断的语文实践活动中，获得相应的语文学习知识与技能。当个体面临具体情景而需要作出应对时，其原有经验便可以发挥作用，为问题的最终解决提供某些具体的策略性的知识与技能。经验的获得与实践的历练，是一个相互促进，相互提升的过程。语文学习过程能否顺利推进，与是否持有相应的语用经验密切相连；而语用经验的唤醒，若有与之匹配的语用事件发生，则可达到事半功倍之效。

[教学片段]

师：大家回忆下，在以前课文的学习中，你们是怎么表达一段话的意思的？

生：可以找出这段话中的关键词，再加上自己的话概括。

生：如果一段话中有概括全段话的句子，就直接用这句话概括。

师：很好。那课文的第2自然段讲什么？

生：这一段讲，有一天，一只鹿去河边喝水，发现自己的影子很美。

师：你发现了这段话中的"发现"一词，用它概括意思，这方法果然好用。

关于"语用经验"，笔者认为可以从两层面去理解：一是获取言语实践规律的行为图式，如"怎样概括段意"；一是运用言语实践规律的行为图式，如"如何表达段意"。"练习概括段意"是三年级阅读的一个教学重点，学习本课时，刘老师将之作为教学的重点目标之一。此前，学生已初步学习并掌握了概括段意的某些方法。如果教学中，教师重起炉灶，再指导学生学习一些概括段意的方法，显然是不必要的。于是，刘老师以"大家回忆下，在以前课文的学习中，你们是怎么表达一段话的意思的"一问为引子，唤醒学生已有的语用经验，以相应的语用事件激活学习思维，让学生再一次运用所拥有的知识经验来解决现实问题。果然，学生在原有语用经验的作用下，准确而迅速地把握了段落的主要意思。刘老师的教学引问，看似浅显，实是具有一石二鸟之功：既重温"如何表达一段话的主要意思"的语用策略，又用此种策略去进行语用操练。这里体现的是刘老师教学中关于"语用"的自觉实践思想。

（二）点化归结，巩固语用常识。

一般地，我们可以将关于某事或某物的一些约定俗成的认识或看法视为常识。对于常识的认识，应当秉持辩证的观点来对待：有些常识需要持续强化，有些常识则需要在事物不断发展运用中加以修正。行为常识的外化往往需要通过行为图式来表现。所谓语用常识，本文指的是用于解决语文学习中具体问题的具体策略，或者是具有一般意义的，具有普适价值的某些做法。这一类的语用常识，具有较稳定的实用价值，需要在实践中不断地加以总结与强化，以期达到"自动化"反应。

[教学片段]

生：这一段写鹿讨厌自己的腿太长了，配不上两只美丽的角。

师：你为什么用上了"讨厌"这个词？

生：因为课文说鹿"撅起了嘴，皱起了眉头"。

师：能够通过课文的句子所表现出来的意思选择词语概括，很好。

生：老师，我觉得不用"讨厌"，用"抱怨"更好。

师：说说理由。

生：第5自然段的第一句话这样写："鹿开始抱怨起自己的腿来。"这句话中的"抱怨"就是讲上面一段话。

师：大家都能联系下文中的词语概括段的意思，这种联系上下文的学习方法值得鼓励。

刘老师指出，"阅读就是要运用已有的图式吸纳新知识，从而实现新的知识建构。如果阅读者没有相关图式支撑，理解文本含义显然是不可能完成的任务"。同样，欲较为迅捷地解决某项"语文事件"，即时利用原有、相对稳定而有效的行为图式,必然能够提高行动效益。语文学习活动中,学生不时会潜意识、不自觉地运用某些行为图式,但他们并不确切地认同行为图式的正确性、必要性与有效性。教学中,教师应当敏锐地捕捉教学信息,及时把学生表现的语用行为图式加以归纳、总结、巩固。本节教学中的"大家都能联系下文中的词语概括段的意思,这种联系上下文的学习方法值得鼓励"一言,刘老师便是有意识地把学生语文学习过程中所运用到的语用常识即时地挑了出来,在肯定学生的正确行为的同时加深记忆。

(三)引导体验,感悟语用现象。

在某种意义上,语用现象,就是指语言运用的现象。尽管语言表达"无定法",但是仍有诸多具备典范性的表达手法,这也为学习者的言语实践提供了某些便利。现象的背后是本质,语言现象的背后便是语言规律。也就是说,语言现象的背后潜藏着语言规律。关注语言现象,不仅要知其形,会其意,更要用其神。教学中,从语言现象着手,由表及里,发现并掌握其语言规律,对提高个体语用的软实力具有重要意义。这也是刘老师语用教学的一大亮点。

[教学片段]

师:像叮叮叮、咚咚咚这样表示声音的词才是象声词。老师告诉你们,"咦"、"啊"、"哎",这是语气词。(板书)给这三个语气词做上记号。(学生圈画)

师:课文为什么要用上语气词呢?自己读一读,感觉感觉。(学生自由、轻声地读)

生:老师,第一句话用"咦"是不是说鹿很惊讶?

师:去掉"咦"读一读看。(学生边读边琢磨)

生:对了,我读着,发现没有"咦",好像不怎么怀疑。有了"咦",鹿惊讶、怀疑的意思就很清楚了。

生:我觉得有了"咦",鹿又惊讶又欢喜的感觉就读出来了。

师:看来,用读来感觉词语或句子的意思,确实是一个好方法。谁来

读出自己的感觉来？（学生有感情地读）

师：你来说第二句。

生：第二句中的"啊"，是表示开心的意思。（学生读这句话）

生：不仅开心，还有惊喜。

师：那"哎"呢？

生：是说很讨厌、厌倦、失望。

生：鹿对自己难看的细腿感到非常失望。

师：读出鹿的失望来。（学生读）

师：原来，用不用语气词，就是不一样。有了语气词，就能把鹿的内心想法表现得更真实、更生动了。

刘老师指出，"语用型"教学的首要任务就是要借助文本，通过发现、感受、领悟、欣赏语言现象，感受语言使用的精妙与特点，发现语言规律，继而在熟练掌握语言规律的前提条件下，掌握语境使用语言的规则，即言语规则。本节教学是关于"语气词"使用价值的探寻。教学中，刘老师以"课文为什么要用上语气词呢？自己读一读，感觉感觉"为导学，并略加点拨："去掉'咦'读一读看。"学生在教师有效的学习导引下，亲历"语言事件"，用自己的手去圈画，用自己的口去念诵，用自己的心去体悟，终而从感官上真切体察到语气词的妙用。这一教学处理直观地体现了语用教学的基本策略——让学生"亲历"和"历练"言语实践。也就是说，语言运用规律的把握，不是"空对空"的直白，而是强调"在游泳中学游泳"。

（四）迁移尝试，积累语用技能。

技能，是从事某种行为的技术与能力。故而，语用技能着重指言语实践的技术与能力。语用技能是个体进行言语创造的能力，是在持续性言语实践活动中练就的。衡量一个人的语文水平，语言应用能力是一个非常重要的指标：说出来的话得体与否，写出来的文漂亮与否。简而言之，语言的表现高低是评判一个人语文素养的标杆。语言学习不能停留在"吸纳"的单向层面，需要将常规认知转化为程序性、策略性、外显性的"技能"，并适时通过具体"语言事件"来物化。

[教学片段]

师：好，下面我们来试一试。

[投影出示：当鹿灵巧地把狮子远远甩在后面时，狮子灰心丧气不想追了："（　　），_____。"]

生：哎，鹿你怎么跑得这么快啊，看来我老了，没用了。

生：哎，到嘴的美食就这么丢了，真是不甘心啊。

……

师：狮子灰心丧气，而鹿呢？

[投影出示："（　　），_____。鹿长长地舒了口气。"]

生：哈，我真是命大啊！

生：哼，想吃我，没那么容易！

……

刘老师认为，"语用型"教学以语言运用为学习语言的起点与终点，让学生在学习语言中运用语言，也即将学生学习过程中所感受到的言语现象转化为语用的实践。教学进行中，教师需要创设具体的语用情境，迁移从文本感受到的言语现象，以提高学生言语表达能力。本节教学，在充分感受"语言现象"的前提下，刘老师设计"从理解语言文字向运用语言文字转化的练习"，及时进行相应的言语操练。由认知体验，到实践应用，符合语言学习的基本规律，不仅有效促进言语图式认知的内化，还实现将隐性的言语图式认知转化为显性的言语图式迁移。语用技能的形成便是在持续的积累与运用中练就的。

在某种意义上，语文素养也就是语用素养。综观本课教学，我们不难发现，语文学习的过程，便是培植语用素养的过程。教学实践中，教师只要"处心积虑"地强化语用意识，适时生成语用事件，何愁学生语用能力无法提高。

（福建石狮市祥芝镇教委办　黄军荣）

二、语用策略赏析

运用是为了提升
—— 刘仁增老师《给予树》教学片段赏析

语文教学到底要给学生什么？也许答案会因人而异，但有一点是共同的，那就是：培养学生基本的听说读写能力，让每个学生从学校毕业后能够运用祖国的语言文字进行社会交际，满足生活、工作、继续学习的阅读和表达的基本需要。而听说读写能力的形成和提高靠什么？舍言语历练别无他途！可见，作为言语"演练场"的语文课堂，运用该是何等重要。因为，运用是为了提升！这是我听了特级教师刘仁增执教《给予树》（人教版三年级上册）一课后的深切感受。

"说"、"写"并重，重锤敲打"一直盼望"

（投影出示："后来，我看到了一棵援助中心的'给予树'。树上有很多卡片，其中一张是一个小女孩写的。她一直盼望圣诞老人送给她一个穿着裙子的洋娃娃。于是，我取下卡片，买了洋娃娃，把它和卡片一起送到援助中心的礼品区。"）

师：读读这句话，你读到了哪些信息？

生：我知道援助中心"给予树"上有许多卡片。

生：我知道每张卡片上都写着一个人的心愿。

生：我知道有个小姑娘很想得到一个穿着裙子的洋娃娃。

师：你怎么知道这个小姑娘很想得到？

生：我是从"一直盼望"看出来的。"盼望"就是非常希望，再加"一直"，说明她想的时间太长了。

生："一直盼望"可以看出这个小姑娘想洋娃娃想得太苦了。（众鼓掌）

师：你来读一读这个句子？（学生读）

师：她会怎样"一直盼望"呢？请看屏幕。

（投影：小姑娘多么想拥有一个穿着裙子的洋娃娃啊。睡觉前，她＿＿＿＿＿＿＿＿；睡梦中，她＿＿＿＿＿＿＿＿；醒来了，她＿＿＿＿＿＿＿＿。）

生：睡觉前，她瞪着大大的眼睛，望着屋顶，希望洋娃娃能从天而降；睡梦中，她抱着洋娃娃，左看一下，右看一下，爱不释手；醒来了，她发现枕边什么也没有，不禁伤心地流下了眼泪。

生：睡觉前，她把破枕头当作洋娃娃，紧紧地搂在怀里，不知不觉进入了梦乡；睡梦中，她看到一个穿着裙子的洋娃娃蹦着跳着来到她的身边，笑得乐开了花；一觉醒来，她发现身边空空的，哪有洋娃娃的影子，不由得叹了口气：唉，什么时候才会有洋娃娃啊！

师：带着这样的渴望读读这句话。（学生有感情地读）

师：想象一下，你觉得这是一个什么样的小姑娘？

生：这一定是个失去亲人的孤儿，她很希望有个洋娃娃给她做个伴。

生：可是家里太贫困了，连吃都没有保证，哪里有钱给她买这样一个穿着裙子的洋娃娃呢？

生：这个小姑娘可能有个卧病在床的小妹妹，她想得到一个穿着裙子的洋娃娃送给自己可怜的小妹妹……

师：不管怎样，这一定是个需要别人帮助的可怜女孩。你觉得她会在那张卡片上写些什么呢？请大家动笔，替她写一写。（学生写）

师：谁来读一读你自己写的？

生：（读卡片）亲爱的圣诞老人：您好！我是一名没有父母的孤儿，没有人陪我玩，没有人关心我，我好孤单啊。好几年了，我就有一个愿望，那就是有一个穿着裙子的洋娃娃，给我的生活带来一些快乐。您能满足我的愿望吗？

生：（有感情地读卡片）亲爱的圣诞老人：圣诞节又到了，很多小朋友又会得到他们喜欢的圣诞礼物了。每当这时，我的心里就特别难过，特别想有一个穿着裙子的洋娃娃。可是，一年又一年过去了，我的愿望总是没有实现。求求您，亲爱的圣诞老人，送给我一个洋娃娃好吗？如果那样，我会很快乐的！

……

【赏析】

泰戈尔说过："爱是理解的别名。"金吉娅对陌生小女孩的爱正是来自于对她心愿、处境的理解。只有让学生理解金吉娅的"理解"，才能明白金吉娅的爱是怎么"长"出来的。可是，课文对陌生小姑娘的描写惜墨如金，仅用"一直盼望"寥寥四字一带而过。因此，重锤敲打"一直盼望"，从这"单薄"的文字中读出画外之音，言外之意，成了教学的着力点。"情境想象练说（怎样'一直盼望'）→想象这小姑娘是个怎样的人→替小姑娘把'一直盼望'的心愿具体化（书写卡片）"这三个教学环节，环环相扣，层层深入，让学生通过移情体验、想象再造，把"薄书"读"厚"。就在学生的读、悟、想、说、写中，简简单单的"一直盼望"被还原成一个具体可感的人物形象——"需要别人帮助的可怜女孩"。

"言"、"意"融合，细细咀嚼"给予"内涵

（出示："我紧紧地拥抱着金吉娅。"先后有几名学生反复读这句话）

师：看这道填空题，你准备填哪个词？

[出示："我（　　　　　）极了，紧紧地拥抱着金吉娅。"]

（生：感动、激动、高兴、喜悦、自豪。）

师：是啊，此时，感动、激动、高兴、喜悦、自豪、骄傲，复杂的情感化成了妈妈的一个动作。

生：（读）"我紧紧地拥抱着金吉娅。"

师：请大家找找，金吉娅的妈妈刚开始心情怎样？

生：担心。

生：还有生气。

（板书：担心　生气　高兴）

师：请同学们准备一下，你能否把"担心、生气、高兴"这三个词语连起来说成一段话，说的时候要注意讲清楚妈妈担心是为了什么？生气是为了什么？高兴又是为了什么？（学生自己练说）

师：谁先来？

生：妈妈担心是因为圣诞节快到了，要给孩子们买礼物，可只攒了一百美元，却要给五个孩子分享；妈妈生气是因为金吉娅只买了一些棒棒糖——那种五十美分一大把的棒棒糖；妈妈高兴是因为金吉娅非常懂事。

师：谁再来说？（一学生又说，意思和前一位基本一样）

师：能不能换种说法，非常自然地把这三个词连起来说，不要总是妈妈什么是因为什么。听老师来示范一下：妈妈为只攒了一百美元，买不起圣诞礼物而担心。谁来继续说？

生：妈妈为只攒了一百美元，买不起圣诞礼物而担心；妈妈为金吉娅只买了一些棒棒糖——那种五十美分一大把的棒棒糖而生气；妈妈为金吉娅不但送给大家棒棒糖，还把洋娃娃送给陌生的小姑娘而高兴。

生：我还可以换一种说。妈妈的心情是变化的。开始是担心自己只攒了一百美元，买不到好礼物；接着是生气金吉娅只买了棒棒糖，不知把钱花到哪里去了；最后是为金吉娅懂得关心亲人和陌生人而感到喜悦和自豪。（众鼓掌）

师：你们为什么鼓掌？

生：他先说了一个总起句，再具体说。

生：具体说时，还用"开始"、"接着"、"最后"把妈妈心情的变化有顺序地说下来了。

师：有这样一个好女儿，妈妈能不激动吗？一起读。

生：（齐）"我紧紧地拥抱着金吉娅。"

师：还因为——

生：（齐）"这个圣诞节，她不但送给我们棒棒糖，还送给我们善良、仁爱、同情和体贴，以及一个陌生女孩如愿以偿的笑脸。"

师：是啊，这个圣诞节，金吉娅给别人的实在太多了。谁来说说这句话？

（出示：这个圣诞节，金吉娅给予陌生小女孩的是＿＿＿＿＿＿；给予家人的是＿＿＿＿＿＿；给予我们的是＿＿＿＿＿＿。）

生：这个圣诞节，金吉娅给予陌生小女孩的是她如愿以偿的笑脸；给予家人的不仅是棒棒糖，还有善良、仁爱、同情和体贴；给予我们的是让我们懂得了爱是温暖的，生活离不开爱。

生：这个圣诞节，金吉娅给予陌生小姑娘的是可爱的洋娃娃；给予家人的是棒棒糖，以及善良、仁爱、同情和体贴；给予我们的是要学会关爱，人人献出一份爱，世界就更加美丽。

生：这个圣诞节，金吉娅给予陌生小姑娘的是圣诞节的快乐；给予家人的不仅是棒棒糖，还有善良、仁爱、同情和体贴；给予我们的是她使我们懂得了要把爱送给需要帮助的每一个人。

师：是的，难怪金吉娅的妈妈会这样说——

生：（有感情地读）"这个圣诞节，她不但送给我们棒棒糖，还送给我们善良、仁爱、同情和体贴，以及一个陌生女孩如愿以偿的笑脸。"

【赏析】

在文中，"我"的心情变化是一条暗线，贯穿课文始终。它既是对金吉娅爱的情怀和优秀品质的有力反衬，也是对"给予"内涵的强化与补充。为了让学生领悟妈妈的心情是随着金吉娅的表现而变化这一内容，刘老师引导学生以"担心"、"生气"、"高兴"这三个表现妈妈情感变化的词语为思维支点，让他们变化说法连起来说一段话。就在这补白式的说话练习中，引发学生与"我"的情感共鸣。我想，这样的设计是含有深意的：让学生感受"我"对金吉娅的理解、尊重和赞许——"我"的行为也是爱；才八岁的金吉娅这么富有爱心，除了善良的本性之外，更多的是家庭教育熏染所致！而这样的深意却不露痕迹。也许，三年级的孩子还不能完全明白，但刘老师的"有心"必将在他们心中沉淀成一个信息：爱不仅是给予、付出，还是理解、尊重和赞许……爱可以复制爱；爱，创造和谐！课堂至此，已臻佳境。孩子们对"给予"的丰富内涵的感悟已如鲠在喉、不吐不快了。刘老师设计转换表达语言训练："金吉娅给予陌生小女孩的是＿＿＿＿＿；给予家人的是＿＿＿＿＿；给予我们的是＿＿＿＿＿。"给"给予"留下广阔的空间，让孩子们多角度地揭示"给予"内涵，直抒胸臆。这样，融"言""意"为一体的不显山不露水的引导不得不叫人拍案叫绝啊！

（福建连江县实验小学　谢恩）

巧引妙导　匠心独运
——刘仁增老师《矛和盾的集合》词语教学赏析

《矛和盾的集合》是人教版三年级上学期的一篇课文，写的是发明家手持矛和盾，在与朋友对打比赛时，由矛和盾的长处想到了发明坦克。用此事实说明了"谁善于把别人的长处集于一身，谁就会是胜利者"的道理。刘仁增老师在教学本课词语时，巧引妙导，匠心独运，给人留下了深刻印象。

【片段一】

师：谁来读一读写盾自卫的句子？

生："对方的矛如雨点般向他刺来，发明家用盾左抵右挡，还是难以招架。"

师：这个句子中有两个词要特别注意，第一个是"左抵右挡"，什么叫"左抵右挡"？

生："左抵右挡"的意思是左边防御，右边防御。

生："左抵右挡"的意思是发明家用盾左边挡一下，右边挡一下。

师：现在听老师读前半句，请一个同学来读后半句。不过，老师读时会有变化，看他有没有根据老师的意思来读。谁愿意挑战？

师：对方的矛像雨点般向他左边刺来。

生：发明家用盾左边挡。

师：对方的矛像雨点般向他右边刺来。

生：发明家又用盾右边挡。

师：对方的矛像雨点般向他上面刺来。

生：发明家又用盾往上面挡。

师：对方的矛像雨点般向他下面刺来。

生：发明家又用盾往下面挡。

师：这就是什么？

生：左抵右挡。

师：只是左边跟右边吗？那是什么？

生：是指不同的方向。

生：是上下左右都要挡。

生：没有规律的，全身各个部位都可能。

师：左抵右挡在这里可不单单是一个动词了。从中，可以看出他的心情是怎样的？

生：很紧张、不安。

生：处在被动状态。

师：对了，这是他的处境。从这个词可以看出非常危险，非常被动。从这个词又可以看出他神态的变化，大家猜测他的神态可能是什么样的？

生：很害怕。

生：心里很慌张。

师：因为对方的矛——（齐读）"如雨点般向他刺来"。

生：我有个问题，他为什么不攻击？

师：为什么不攻击，他攻击得了吗？

生：无法攻击。

师：为什么发明家不攻击？

生：因为发明家左抵右挡，处在被动状态，还有时间进攻吗？

师：对啊，腾不出手来啊，所以课文中说"还是难以招架"。什么是

"难以招架"?

生：没办法。

师："难以"是没办法，"招架"是指什么？

生：抵挡。

师：自己抵挡都顾不过来了，毫无还手之力了，你说还能刺对方吗？

生：自己能防御已经很好了。

师：所以，这个时候，发明家就遇到了一个困难，一起读——

生："发明家左抵右挡，还是难以招架。"

【赏析】

语文教学"应让学生在主动积极的思维和情感活动中，加深理解和体验"，而这关键在于教师的巧妙引导。词语教学要结合具体语境进行，提高学生理解词语的能力。此片段教学，就是一个很好的范例。在教学中，教师扣句抓词，词语教学极具层次性和针对性。一开始，学生对词语"左抵右挡"的理解仅停留在表面意思上。教师顺学而导，师生根据具体语境合作对读，化抽象语言为形象画面，再现了发明家和朋友用矛和盾比赛的场景，使学生顿悟"左抵右挡"要抵挡的不只是左右，而是不同方向，全身各处都有可能。并通过朗读想象，进一步理解"左抵右挡"不仅是动作，它还反映出人物当时处境中的心情、神态，体会到紧张危急的状况。这样一来，"难以招架"一词也就不难理解了。教师引导学生层层深入，感受到了语言表达的丰富内涵、意蕴，使教学生动有效。

【片段二】

师：现在我们来研究坦克的发明。作者是这样写的，一起读——

生：（齐读）"坦克把盾的自卫，矛的进攻合二为一，在战场上大显神威。"

师："合二为一"这里的"二"指什么？"一"指什么？

生："二"指矛和盾，"一"指坦克。

师：能不能说得更完整？

生："二"指的是矛和盾，"一"指的是矛和盾结合成的坦克。

师：你的意思是说矛和盾合在一起就成了坦克了，是这样吗？

生："二"就是盾的自卫、矛的进攻，"一"是它们合起来成了坦克。

师：对了，他的回答跟前两个同学回答不一样在哪里？自卫和进攻是坦克的优点，而不能随便把两样东西合在一起就行了。

生：坦克集合了矛和盾的功能。

师：谁能用数学等式把合二为一表达出来？

生：（写等式）自卫+进攻=坦克。

生：机动性。

生：还有轮子。

师：如果这样子说，那就不是合二为一，应该是合三为一，合四为一了。其实，最重要的是几个啊？

生：两个。盾的自卫、矛的进攻。是矛和盾的结合。

师：这句话中还有一个词，"大显神威"。围绕这个词，请大家再读读后面的句子，说说"大显神威"从哪些地方表现出来了？

生：（读）"1916年，英军的坦克首次冲上战场。德国兵头一回见到这庞然大物，吓得哇哇直叫，乱成一团，一下子退了十公里。"

师：谁能找些关键词说一说大显神威表现在哪里？

生：哇哇直叫。

师：怎样才是"哇哇直叫"？

生：妈呀，这家伙是什么呀？打不烂，还可以杀伤我们。

师：这是从敌人的语言来写坦克的神威。

生：我从"一下子退了十公里"看出坦克的神威。

师：具体说说。

生："十公里"相当于一万米。敌人一下子退出了这么远的距离，可见他们的害怕，坦克威力有多大。

师：这是从距离远来表现坦克的神威。还有吗？

生："乱作一团"是说德国兵见了坦克以后的慌张害怕的情景，这也说明坦克的威力很大。

师：这是从人们的反应来写坦克的神威。再来读读这句话，读出坦克的神威来。

【赏析】

苏霍姆林斯基曾说过："学习言语，要让词深入到儿童的精神生活里，使词在儿童的头脑和心灵里成为一种积极的力量，成为他们意识中带有深刻内涵的东西。"体会课文中关键词句在表达情意方面的作用是中段阅读教学的重要目标。词语教学是与阅读活动紧密结合的，它常借助具体的语境来进行。刘老师根据教学实际，充分利用课文中具体形象的语言环境，引导学生来理解关键词语。在此教学片段中，教师结合课文内容，联系上下文理解"合二为一"、"大显神威"的意思。"大显神威"是引导学生联系下文，从人物言行、神态、逃离距离及战斗结果等方面来体会的。"合二为一"的教学先是联系上文理解"二"、"一"的含义，接着又以算式来表示，训练学生的科学思维。在此过程中，教师用追问反诘，不断启发学生，激活学生思维，加深了学生对课文的理解，使词语教学活了起来。

（浙江宁波市海曙中心小学　姚霞飞）

余论
语用教学的现实困境

语用教学经历十余年的研究、探索与实践，虽然取得了一定的成效，得到学界的赞赏和教师的认可，但也面临着一些亟待解决的困境。

一、知识困境：用以指导学生语用实践活动的有效知识大量缺席。

多年来由于受苏联俄语教学的影响，语文教师热衷通过理性的分析帮助学生掌握汉语的规律，大讲语法知识，进行孤立刻板的词句训练，这就出现了一个发人深省的现象，学生对语文知识的概念头头是道，用起来就捉襟见肘。比如教学比喻句，只满足于学生认识比喻句，知道本体、喻体是什么，怎么辨别是不是比喻句，至于为什么要这样比喻是不管不顾的，结果学生能说出比喻的名称，却在说话和写作中难以写出好的比喻句。又如，"有感情朗读"早已写进了当代语文课程教学大纲和标准之中，但是，什么叫有感情朗读？有感情朗读的达成标准是什么？如何才能做到有感情朗读？这些必须面对的实际问题，至今仍然没有一个令人满意的学术共识，以及将其转化为中小学语文课程的基本内容和教学策略。还有，课程标准中提出了多种实用的阅读类型，如概括课文的主要内容、体会重点语句的表达效果、把握文章的表达顺序等等，这不能不说是中小学语文课程与教学理念上的长足进步。但是，要想达成这些阅读教学新目标，也亟需相应的、有利于帮助学生形成读写能力的动态性知识和技能的指导。像概括大意,不同文体的课文就有不同的概括方法,记叙性文章就得抓住事件的起因、经过、结果来说,说明性的文章就得抓住事物的不同方面说,等等。像篇章结构学习,叶圣陶先生曾经教给我们一个妙招:"用'切'的方法,分清节与节的关系,段与段的关系,句与句的关系,句中各成分的关系。这样一层一层往下'切'……语法和篇章结构方面的问题,也一一得到解决。"这个方法是根据汉语句法、段法和章法的特点,而提出的一种十分有利于训练学生读解句子和语篇的、具有动态操作性能的程序性知识。因为它可以有效地指导学生按照语言的组织规律,在切分与组装、分析与综合的思维操作中去理解语意。如果把这些必需的概念、规则、技能都推给一线教师在教学实践中去摸索,去研究,必将给语文课程建设和教学实效带来不可言说的困窘。

二、认识困境:语文教学走入了思维误区和实践盲区。

自《让语文回家——刘仁增语用教学新思路》出版之后,"语用教学"的理念和主张开始走入人们的视野,并逐步引起更多人的关注、思考和借鉴。可随之而来的却是,不少教师把"语用教学"与"读写结合"画上了等号。再加上"学习语言文字运用"这一语文课程性质定位的推动,读写结合越来越成为一种时尚和潮流,频频出现在当下的语文课堂里。这与以往那种"读"得多"写"得少的语文教学相比,自然是一种进步,但是,在其"繁荣"的背后,其实隐藏着一些不为人关注和警觉的认识误区和实践盲区。

语用教学就是"读写结合"吗?答案是否定的。"写"固然是一种"用","读"何尝不也是一种"用"呢?指向于"语言文字运用"的语用教学,应涵盖语言文字的"理解"和"表达"两个层面。落实"语言文字运用",未必都要"写一写",听说读写都属于"语言文字运用"的范畴。

"一学就要用"吗?有些教师由于误解了"学以致用"的意思,于是,不管是不是适合"写",也不论学生是否有可写的内容和想写的心理,都来个"即学即写",似乎不"写"就不是语文课了。这种为"写"而"写"带来的结果是,许多学生在做"小和尚念经,有口无心"的事,根本无助于学生语用能力的提高。其实,让学生通过课文的阅读认识,积累一些必要的语用知识,虽然没有现场"写"、马上"用",可这也是为"用"打基础、做准备,是一种特殊的"用",即"前运用"。

"读写结合"就是语言形式模仿吗?可能是受到传统的读写结合观念的影响,不少教师把课文当成"例子",作为在某个读写知识上仿效的对象。比如,读《穷人》,让学生模仿练写人物的"心理描写";读一个总分构段很有特色的课文,让学生写一段总分结构的段落。这种把"所读"作为某种写作知识的例子来模仿,通过它将写作知识或语言形式"具体化",自然是"读写结合"的重要形式,但不是唯一形式。其实,站在写的角度看,除了这种把课文当作"例文",主要是某些写作点子的"例子",读与写在作品的"形式"——"怎么写"上结合的形态之外,课文还有两种使用形态:第一种,把课文当作"用件",读与写在作品的"内容"——"写什么"上结合。比如,作品的内容与学生课余生活有关,就让学生选择自己或伙伴课余生活使你一直感兴趣的一个方面来写。这样,作品就成了一个蕴藏着无穷写作点子的"材料库"。第二种,把课文当作"定篇",它既不是写作材料的仓库,也不是写作方法的程式,而是写作的目的——写作是为了更好的阅读。比如,学习《学会看病》,让学生以母亲和儿子的身份,给儿子和母亲分别写一封信,把当时儿子独自去看病时,双方的内心想法告诉对方。这看起来似乎并不难,但是,要写好它,学生至少要细细阅读《学会看病》,有必要的话还得去参阅教材中的选读课文《剥豆》,才能很好地完成这个练习。这个练笔就是阅读的进一步深化与拓展,目的是为了更彻底、清晰、明确地领会作品。

三、转化困境:学难以致用。

在现实教学中,我们常常遇到这样的事情:这种读法或写法明明在语文课上教过，学生也练过，可是，一旦学生自己真要用了，却突然变成不懂得用了，甚至连有这样的读法、写法都不记得了。比如说，总分、递进、并列、因果、承接等是构段的基本形式，在小学语文教材和其他课外文章中经常见到，小学中年级不仅学过而且还进行过专项的模仿迁移练习，按理说，使用起来应该不成问题。可实际状态是，许多学生遇到类似的段落却不知道调用已有的阅读策略去读，写作文也不懂得可以用上这些基本的构段方法写一段话，所以，连一段话都写得不清楚、不具体的大有人在。如此"学""用"两张皮，"学"难以致"用"的根本原因在哪里呢？

一方面，语文课堂上的语用活动，充其量只是在仿真或者虚拟的生活情境状态之下进行的，不论多么逼真，但毕竟是在教室里，在课堂上，有教师的指导和帮助。即便你说得再生动，写得再形象，这些所说所写不见得在生活中就能用得到。因为，语用的情境、对象、话题、心态都是不一样的。课堂场域中的语用与真实生活情境下的语言交流的差异性，使得同样一种说法或者同样一句话，可能在课上说是适当的，可一换到生活里可能就不合适了；或者说在课堂上能这么说，而生活中却不会这样说的情况大量存在。这种课堂语境与生活语境的不对称性，一定程度上阻隔了语用知识的迁移和运用。

另一方面，在课堂的语用活动中，学生练的目的是要完成某一项知识要求，根本不要考虑自己说的或写的是否适用于生活。比如学说比喻句，可以说"这些树像一个个战士一样守护着我们的校园"，也可以说"像带子一样的小河绕城而过"，还可以说"我妹妹的脸像苹果一样圆"，只要能反映比喻特征的句子就算大功告成，教师也会认可甚至夸奖。至于这些句子能不能在生活中用得上，可以在什么情况下用，教师不关心，学生也不在乎。如此，学生学到的无非是普遍性的类别知识，而不是特别状态、特别情境下所需要的个别知识。而语文学科中的概念和规则不像数学与自然学科中的概念与规则，后者的运用少有例外，学生只要掌握了共性的普遍性的概念和规则，一般都能解决相同或相似的问题，迁移达成度比较高。而语文概念与规则运用时有许多例外，也就是特殊性，学到了普遍性知识，并不等于就能满足学生个别的、特殊的、用于表现生活的语用需要。这是符合矛盾的普遍性和特殊性的原理的：普遍性寓于特殊性之中，即特殊性包含着普遍性。普遍性只能存在于各种特殊性之中，而不能在种种特殊性之外独立存在。所以，如果仅是停留在普遍性知识的迁移与运用，即使学生在课堂上掌握再多的普遍性的"这一类"语用技能，也不能保证在生活中就能自如、自觉地运用于个体的"这一个"表达。这就不难解释为什么一个在课堂上说得不错、写得不错的孩子，到了现实生活中竟然不是这么一回事这样的问题了。

可见，要想让学生在现实生活中自由地运用课文中学到的语用知识，必须解决"课堂语用"与"生活语用"无缝链接的问题。

所谓"课堂语用"，是指发生在课堂上的语言运用活动，它是仅仅以满足学生获取与存在于课文中的语言知识相类似的语用知能为目的，意在对某一类知识的迁移与运用的语用；所谓"生活语用"，则是发生在真实的现实生活中，常常会在遵循共性的知识规则前提下，依据表达的需要，进行个性化、有创意的语言运用的语用。在"课堂语用"与"生活语用"之间有效地架设贯通的桥梁，就成了语用教学未来必须力求突破的新挑战。

突破的路径之一可能在于，"课堂语用"必须结合具体的某一种"生活语用"进行。这样，具体的、个别的"生活语用"因为有了"类"的归属和"普遍性"知识的指引，满足了教学的需要；普遍性的"课堂语用"因为有了具体的、个别的"生活语用"而不会流于空泛。普遍性与特殊性在具体语用教学中的统一，也使"课堂语用"与"生活语用"相互联结，使"课堂语用"能满足学生"生活语用"的需要。

突破的路径之二还需要我们认识、了解现代语文学这一门新兴的学科，并在此基础上，把关注和研究的目光投向"生活语用"。如果说，传统的语文活动基本上属于所谓的文化人、读书人等个别群体的话，那么，随着时代进步和社会发展，语文已全面进入社会生活的各个领域。不论是从事何种工作，只要你不生活在真空中，只要你不与世隔绝，你就必须与语文打交道，否则，你就无法与他人进行正常的沟通、交流，也就难以在这个社会中立足。这样，现代社会生活突破了传统语文活动的阈限，已经、正在构建新的语文社会。这就突破了以往研究只局限于本本，即从书本到书本，而是根据现代语文紧密联系社会生活的特性，将整个语文学科置于现代社会生活之中，观察学科建设中碰到的问题、需要面对并解释的现象，由此，语文社会之说应运而生。现代语文学认为，语文社会广泛存在于人们的现代社会生活之中，几乎没有人能够走出它的现实存在：阅读、写作、说话等。现代语文是一种社会生活，一方面是指无法将社会生活与语文活动分割开来：如果存在语文活动，表明社会生活正在进行，而社会生活是其内容；如果存在社会生活，表明语文活动正在进行，而语文活动就是其表征。语文活动与社会生活之间的这种互相融合关系，启示我们语文教学必须要把现代社会生活与课堂语文教学作为一个整体来研究、来考虑，割裂这种整体关系，有可能犯"只见树木，不见森林"的错误。另一方面，这一判断也表明：现代语文是鲜活的。有什么样的生活，就会有什么样的语文；语文有什么，生活也就有什么。因此，研究并关注语文教学，其实就是对现代社会与生活的研究与关注。

读书报告会就是一种有益的尝试。读书报告会是指在教师定期指导下，学生预先在课外阅读书目，撰写读书笔记，并在课堂上进行阅读心得交流的一种读书形式。其主要特点是：教师有效指导、学生定时阅读、心得及时反馈、读写有效结合。在这一过程中，学生不仅要阅读相关的书籍，还要完成读书笔记，拟写交流发言提纲，展开相互交流，展示读书成果，生生提高解答，师生点评评价。其间，读书笔记写作环节，既可概述原著内容，也可摘录精彩语句，但重点应放在读书心得的表述。阅读鉴赏水平较高的学生甚至可以就此写成研究性学习论文；交流发言提纲的写作与讲解环节，述一点作家作品概略，命一个有文采且有意义的标题，列几点鲜明而独特的感受，录一些原文精彩的语段，谈一点运用实例，最后用一两句富有个性的话做总结。这样，带着学习任务、怀着交流欲望所形成的读、思、写、说、评等一系列言语交流、表达活动，突破了"课堂语用"的诸多局限，每个学生都可以根据自身的阅读感受，选择自己熟悉的语言材料，用自己的言语表达方式，自由地、畅快地进入"生活语用"的状态。

后 记
一路走来一路歌

"刘老师,看到新的课标了吗?"

"还没有,怎么啦?"

"告诉你,新课标把语文课程性质定为'学习语言文字运用'啦!"

"哦,前不久听一位专家提起过,还说是正在讨论呢。现在确定啦?"

"对啊。看来,你这些年来一直坚持研究和探索的语用教学路子是对的,我们杂志一直关注语用教学的办刊思路和做法也是对的。"

这是《义务教育语文课程标准》(2011年版)刚刚颁布时,一位编辑和我的对话。尽管我一直坚定地认为,作为一个普通的社会人,学习语文目的其实没那么复杂,那就是形成基本的语文能力,供自己一生的学习、生活、工作之需,用我的话说就是"语用能力"。可是,当我获知语用观点被具有国家教育法规性质的语文课标所吸纳的时候,心头还是不免泛起欣喜的涟漪。

或许是源自心底的喜欢吧,细细想来,语用教学的探索,从发轫到产生一定影响的今天,十多年来既不曲折,也无阻碍,一切都是那样顺风顺水,水到渠成,真可谓是一路走来一路歌。

上世纪90年代末,工作了十多年的我开始对语文教学产生了兴趣,却惊悚地发现,语文教学在许多教师的思想观念和课堂实践中,竟然就是读读字词,抄抄段意和中心,做做阅读题。好容易迎来了新课改,"泛语文"、

"泛人文"的"乱花渐欲迷人眼"课堂怪象，又让人眼花缭乱，心神不定，不知语文之归处。有回参加以"新课程·新理念·新教法"为主题的阅读教学展示活动，课堂上学生忙个不停，或者一问一答理解不停，或者模拟表演课文情节，或者精美课件吸引眼球，或者小组合作有形无实，就是不怎么见学生静下心来好好地和语言打打交道，对话对话。总算要读课文了，语文教师也成了音乐教师，打着手势，挥着拳头，指挥学生时高时低、时长时短、时急时缓地"唱"读起来。一时间，奇异的腔调，怪异的节奏，诡异的氛围，在大厅里弥漫，听得人直起鸡皮疙瘩。这样的读，"乐感"似乎是有了，"美感"却完全没了。一个教师教学《威尼斯的小艇》"船夫的驾驶技术特别好"一段，学生四人小组，一个人做船夫，其他学生当游客进行合作表演。当船夫的要吆喝招揽生意，千方百计吆喝好；当游客的听了吆喝后，有什么想问的直接问船夫。于是，"你的船免费吗"、"你的船会不会涨价"、"你是个女的，你有力气驾驶吗"之类的问题，以及"我的技术很好，如果你满意就给，不满意就不给"、"那就看你的路程有多远了，太远了当然要加钱！游客重的话，也要加一点钱"之类的啼笑皆非的问答出现了。初看，蛮好玩有趣的，细想，不对呀，这与这一段话的学习有关吗？惶惑之中，疑问顿生：这是语文课吗？

那么，语文课应该是什么样的？没人给出答案。好在有书可读。张志公说："在普通教育阶段，这门功课应当教学生在口头上和书面上掌握切近生活实际，切合日常应用的语言能力。"夏丏尊说："我们学习国文所当注重的，并不是事情、道理、东西或事情的本身，应该是各种表现方式和法则。""学习国文，应该着眼在文字的形式上，不应该着眼在内容上。""学习国文，目的就在学得用文字来表现的方法，他们只着眼于别人所表现着的内容本身，不去留心表现的文字形式，结果当然是徒劳无功的。"王尚文说："仅仅关注课文'说什么'，不是语文课；即使着眼于'怎么说'，却旨在把握'说什么'，也不是及格的语文课。只有以课文的言语形式为纲要，自觉而明确地指向提高学生正确理解和运用语言文字的能力，才是真正的语文课。"曹文轩说:"语言应用问题、文章作法问题——技巧方面的、修辞方面的,都是语文所要讲授的,这是语文课非常重要的层面。现在语文课实质上不怎么讲这些,主要讲人文,这是一个非常大的误区。"而能力形成规律也告诉我们,语文学习有自己的规律,学生从最初在书本上接触知识到最终完全内化、变成自己的技能需要一个过程。这个过程不是从知识到技能的一条线,而是"知识—感知—体验—练习—技能",只有在不断的言语"历练"中,变静态的言语为活生生的言语,才能使学生获得属于自己的语文能力。

懵懵懂懂的,似乎有点开窍了,语文教学应该是培养学生以语言能力为核心的语文能力的吧。既然如此,语文课不教语言而搞那么多与语言无关的表演、游戏、活动干什么呢?不过,怎么教语言呢?摸着石头过河呗,课堂不就是最好的实验田?于是,教《白杨》,重点抓住爸爸、哥哥和妹妹三人对话,学习这段话中的"哪儿……哪儿……"、"不管……不管……总是……"等语句,理解其意思,体会其表达,再用这两个句式分别说说课文人物和身边的典型人物;教《曼谷的小象》,利用阿玲指挥小象拉车、洗车时只有动作描写没有语言描写的空白,引导学生展开想象,补充阿玲动作所蕴含的意思;教《爬山虎的脚》第三自然段,理解"触"、"巴"等关键字词意思后,借助动作演示弄懂爬山虎往上爬的原理,完成语言转化练习:爬山虎的脚由"直"变"弯曲",使茎和墙的距离(   ),所以产生了(   )力,把嫩茎(   )一把,使茎(   )在墙上,最后讨论这段文字中哪些字词用得好,如果换成别的词好不好?并对照板书,当堂背诵……这样的教学一多,惊奇地发现,这样以语言学习和运用为着眼点的教学,学生学得有劲,听课教师也觉得耳目一新,效果还蛮好的。

渐渐的,胆子就这样大了起来,不仅走出小小县城到其他区县和省城,甚至远赴外省市,借教学讲座和课堂教学的机会把自己的所想所作和教师们做了交流,反响不错。窃喜中暗地估摸着要给自己的教学摸索起个名字。啥名好呢?不曾想,嘀咕中来了灵感:"用语言,用语言,用语言,用语言，不就是'语用'吗？"从此，"语用"二字开始现身于我的文章之中，并频频亮相于多家教学刊物，还以此为书名出版了自己的第一本教学专著：《让语文回家——刘仁增语用教学新思路》。

就这样，"语用教学"这几个字渐渐为人所认识，所熟知。好事总是多磨，或许是语用教学这一新生事物难以为长期以来形成的理解至上、感悟为重的教学观念所接受和认同，或许是语用教学的"异军突起"对某些人的"权威"和"霸权"造成了冲击和危害，或许是语用教学确实毛病不少，还或者兼而有之吧，总之，一时间，有人提出质疑，有人不屑一顾，甚至还有人恶意诋毁。可那能怎么样呢？"任尔东西南北风，我自岿然不动。"还跟原来一样，我该怎么解读文本就怎么解读文本，该怎么设计教学就怎么设计教学，该怎么课堂实施就怎么课堂实施，该怎么撰写文章就怎么撰写文章。

当然，不妄自菲薄中也不自我陶醉，反思、改进，都是正常，实践不是检验真理的唯一标准嘛？就让事实说话嘛，我坦然地面对着、接受着。

坚守就这样进行着。但坚守不是固守，也不是一成不变，上课、读书、反思、改进、优化、提升、总结，一篇篇语用教学论文相继发表，一次次语用教学讲座备受欢迎，一节节语用教学课堂广受关注。《让语文回家》的市场畅销并荣膺国家级教学优秀成果一等奖，第二本个人教学专著《课文细读：指向文本秘妙》的好评如潮，连江县刘仁增名师工作室的成立，还算丰硕的成果快乐着我的教学生活。2011年8月，我成为福建省首届名师培养对象，加入余文森教授的研究团队。不久，《义务教育语文课程标准（2011年版）》正式颁布，关于"语文课程是一门学习语言文字运用的综合性、实践性课程"的课程性质定位，与语用教学的主张不谋而合，从政府层面确认语用教学的正确性，由此兴起的语用课堂全国性探索，更给予我继续前行的激情和动力。

当然，任何一种教学都不可能是完美无缺的。我很清楚语用教学在课程理念和实施策略上还有许多改进、提升的空间。在不断反思、摸索、改进、提高的基础上，我对语用教学的研究有了更为广阔的视野和更为系统的思考，形成了相对比较完善、全面、成熟的语用教学体系。"十月怀胎一朝成。"又是在一个春节——蛇年春节的 20 来天里，我断断续续地写，陆陆续续地改，这一本书就这样新鲜出炉了。如果说《让语文回家》还主要集中在语用教学的理念阐述和做法呈现上，那么，本书已将研究的视野扩大到了语用教学的内在机制、理论支撑、体系架构、课型创新、课堂重建、现实困境等诸多方面的思考与实践上。其观点更为深刻全面，策略更为丰富有效，构思更为系统融通，阐述更为活泼精致，案例更为典型多样。

现在回想起来，在"××语文"满天飞，"乱花渐欲迷人眼"的教学乱象中，对语用教学之所以还能如此执着，或许是因为自己始终保持着一个"不为时尚所惑，不为积习所蔽"的清醒头脑吧。甘于平淡，不畏寂寞，无意中成就了语用教学。它是如此简单——简单得近乎洁净透明，犹如七彩光归一还原为纯洁的白光那样，回归本然。这似乎可以看成是天人合一和天人感应的自然的朴素的事物的原生型，至少应该是我们理论回归的一个集中视点。当然，回归本然绝非无所作为的退回原点，而是几经挫折、几番努力之后到达的一个全新起点。

一路走来，一路欢歌。感谢所有的人，祝福和鼓励给我加油助力，质疑与不解令我躬身反思，责难与诋毁让我勇气倍增。信笔至此，眼前浮现了一个老人的身影，那就是深爱着我、我也深爱着他的老父亲，他不仅给我生命，更以他的宽厚、慈爱和善良让我懂得如何做人、如何做事、如何生活。如果他在天有灵，得知他的爱子又学有所进、教有所成，该会是怎样的舒心与欣慰。

行者无疆，路在脚下；向着远方，且歌且行！

2013 年国庆节于凤城鲤鱼山下

参 考 文 献

1. 索振羽编：《语用学教程》，北京大学出版社，2000。

2. 曹明海主编：《语文教学本体论》，山东人民出版社，2007。

3. 吴忠豪：《国外小学语文教学研究》，上海教育出版社，2009。

4. 魏国良：《现代语文学》，上海教育出版社，2005。

5. 王荣生：《语文科课程论基础》，上海教育出版社，2005。

6. 朱作仁、祝新华：《小学语文教学心理学导论》，上海教育出版社，2005。

7. 余映潮：《余映潮阅读教学艺术50讲》，陕西师范大学出版社，2005。

8. 《叶圣陶语文教育论集（上）（下）》，教育科学出版社，1982。

9. 李宇明主编：《语言学概论》，高等教育出版社，2000。

10. 刘仁增：《让语文回家——刘仁增语用教学新思路》，福建教育出版社，2009。

11. 刘仁增：《课文细读：指向文本秘妙》，福建教育出版社，2011。

12. 陆俭明：《语文教学之症结与出路》，载《课程·教材·教法》，2006年第3期。

13. 王元华：《语文教学的实质是语用教学》，载《语文建设》，2008年7—8期。

14. 吴红耘、皮连生：《语文教学科学化，路在何方？》，载《课程·教材·教法》，2013年第2期。

15. 潘涌：《论汉语文课程名称的归正与大陆母语教育目标的重建》，载《首都师范大学学报（社会科学版）》，2011年第5期。

16. 刘仁增：《以"语言应用"为核心的阅读教学新视野》，载《课程·教材·教法》，2009年第11期。

17. 黄桂林：《体味语言　增强感悟》，载《云南教育（小学教师）》，2008年第10期。

图书在版编目（CIP）数据

语用：开启语文教学新门/刘仁增著. —福州：福建教育出版社，2015.5（2019.5重印）
ISBN 978-7-5334-6752-4

Ⅰ.①语… Ⅱ.①刘… Ⅲ.①小学语文课—教学研究 Ⅳ.①G623.202

中国版本图书馆CIP数据核字(2015)第011708号

Yuyong: Kaiqi Yuwen Jiaoxue Xinmen

语用：开启语文教学新门

刘仁增　著

出　　版	福建教育出版社
	（福州市梦山路27号　邮编：350025　网址：www.fep.com.cn
	编辑部电话：0591－87812652
	发行部电话：0591－83721876　87115073　010－62027445）
出 版 人	江金辉
印　　刷	福州泰岳印刷广告有限公司
	（福州市鼓楼区白龙路5号　邮编：350003）
开　　本	710毫米×1000毫米　1/16
印　　张	21.25
字　　数	294千字
插　　页	2
版　　次	2015年5月第1版　2019年5月第3次印刷
书　　号	ISBN 978-7-5334-6752-4
定　　价	45.00元

如发现本书印装质量问题，请向本社出版科（电话：0591-83726019）调换。